U0947061

▶ 中国博士后科学基金资助项目（资助编号：210470231）

天津科技大学法学文库资助项目

天津科技大学法学文库

罪过情感研究

温建辉 著

人民出版社

目　录

方 法 篇

实 践 篇

影　响　篇

前　言

自18世纪中叶资产阶级刑事古典学派系统提出罪过理论学说至今，在其发展的四个历史阶段，情感因素一直未能有效参与到罪过理论之中。罪过理论中情感因素的缺失，首先得之于自由意志罪过理论生成期间的先天不足。而在认识主义罪过理论、相对意志自由罪过理论和期待可能性罪过理论相续沿革的时期，亦受之于后天的营养不良。

传统罪过理论中没有情感因素的名分和地位，它的这一缺陷引起了当下对完善罪过理论的关注。而将情感因素纳入罪过理论必须坚持两个前提：第一，必须严格区分感情性反应过程中的情绪和情感的原则；第二，必须严格区分情感动机和罪过情感的原则。而判断将情感因素纳入罪过理论成功与否的标志是：是否将罪过情感确立为罪过的要素，使其与认识因素、意志因素一起承担起分析行为人罪过心理的功能，并且能够在司法定罪中发挥作用。

在罪过理论中纳入罪过情感的概念具有非常重要的理论价值和实践意义。第一，可以保持学科间的一致性；第二，可以实现罪过理论的自洽性；第三，可以解决罪过理论与司法实践的脱节问题；第四，可以实现正确定性率性犯罪。

而罪过情感概念的提出亦初步显示出其日见深远的影响。首先是对犯罪论颠覆性的影响，第一表现在对罪过本质及其种类观念的革新上；第二表现在对刑事责任能力概念的重塑上；第三表现在对犯罪本质及其种类的反思上；第四表现在对犯罪既遂标准的重新审定上；第五表现为共同犯罪观念的完善。其次对刑事责任论也具有根基性的影响，特别是在对刑事责任根据论的影响方面。

总之，本书是一部自成体系的原创性学术专著，其对于指导当前的司法实践具有重要的应用价值。而其多方面的基础性理论研究,必然努力挣脱传统习见等方面的制约,为相关刑事立法的修订提供理论支撑,并在应用上全面施展指导作用,可期为司法实践的正确定罪量刑提供论证理由。

理　论　篇

第一章　绪　　论

传统罪过理论中没有情感因素的任何名分，它的这一缺陷不时地暴露出来，导致了传统罪过理论与其他科学理论之间的抵触，并且对一些犯罪的罪过不能做出适当的说明。这一状况引起了当代一些刑法学者对完善罪过理论的关注。例如我国刑法学家姜伟教授主张重视情感因素对罪过的作用与影响，并试图把情感作为罪过心理的第三要素。❶ 储槐植教授指出，犯罪心理学和罪犯改造学都重视情感因素研究，刑法学也需重视这个问题。❷ 陈兴良教授也指出，在传统的罪过理论中，没有注意到情感因素。而随着现代心理学的发展，情感对于认识与意志具有不可忽视的影响这一原理已经不可动摇，因而将情感纳入罪过心理势在必行。❸ 袁彬教授在其博士论文中提出，"并非我国刑法立法和司法没有对情绪情感进行评价，而是我们没有很好地挖掘它。"❹日本的大冢仁教授指出了故意犯罪中包含情意性因素。❺ 俄罗斯学者亦指出："人心理的情绪（感情）因素是人的包括犯罪在内的每一行为的必要成分。立法者未将情绪列为罪过形式的定义，但是它们仍然是构成罪过的心理态度的内容。"❻等等。

---

❶ 参见姜伟：《罪过观的历史沿革和发展趋势》，载赵秉志主编：《刑法新探索》，群众出版社 1993 年版，第 189 页。

❷ 储槐植：《刑事一体化与关系刑法论》，北京大学出版社 1997 年版，第 389 页。

❸ 参见陈兴良：《刑法哲学》，中国政法大学出版社 2004 年版，第 3 页。

❹ 袁彬：《刑法的心理学分析》，中国人民公安大学出版社 2009 年版，第 125 页。

❺ 参见［日］大冢仁：《刑法概说（总论）》，冯军译，中国人民大学出版社 2003 年版，第 183 页。但他对情绪的东西在故意中的地位和作用没有做具体的说明。

❻ 俄罗斯联邦总检察院编：《俄罗斯联邦刑法典释义》，黄道秀译，中国政法大学出版社 2000 年版，第 44 页。

第一节 罪过情感及其与相关概念的区分

当传统罪过理论的缺陷逐渐暴露出来的时候，当人们逐步意识到完善传统罪过理论必要性的时候，当学者们提出将情感因素纳入传统罪过理论的呼声日益高涨的时候，这种状况之下，反观犯罪学的历史发展，我们发现犯罪学家对情绪、情感已多有论述，以及当代刑事立法和刑法学者关于情绪、情感与刑事责任能力的规定和见解都似乎与此相关。这里面所包含的前人思想与成就是否表现了已然将情感因素纳入罪过理论之中或能够给予我们努力方向的启示？因此，对于这些现象我们不能视而不见避而不谈。

一、犯罪学上关于情感动机的论述

犯罪学上的情绪和情感与罪过理论中所说的情感是不同的。犯罪学上对情绪和情感的论述是从犯罪原因或犯罪动机的角度出发的，它所联系的对象是犯罪行为；而罪过中的情感指向的对象是危害结果，两者是有区别的。

(1)罪过情感

心理决定行为，行为表现心理。人的心理活动一旦以行为表现出来，就要接受社会规范的评价。行为招致严重危害结果是罪行，心理认可这种危害结果就是罪过。罪行是刑法规范谴责的行为，罪过是刑法规范谴责的心理。罪过反映的是行为人面向危害结果的心理事实，所以，无论认知、情感或者意志都反映的是面向危害结果的心理活动。换言之，作为罪过的行为人心理活动的对象是危害结果的发生。只有认可危害结果发生的情感才是罪过情感，也只有这种罪过情感才能纳入罪过理论之中。

(2)情感动机

在日常生活中，人的各种活动都受动机支配，人们常常使用“动机”一词来指行为的原因。在心理学上动机指发动、指引和维持躯体和心理活动的内部过程。[1] 犯罪动机是指刺激、促使犯罪人实施犯罪行为的内心起因或思想活动，它回答犯罪人基于何种心理原因实施犯罪行为，故动机的作用是发动犯罪行为，说

---

[1] 孟昭兰主编:《普通心理学》,北京大学出版社 1994 年版,第 358 页。

明实施犯罪行为对犯罪人的心理愿望具有什么意义。[1] 行为的动机不同于行为。无辜的动机也可能实施犯罪,如饥寒交迫的人去行盗窃;相反,邪恶的动机,也可能表现为善行,如出于对女人的不良企图,而主动帮助女人(向女人献殷勤)。行为的动机有好有坏,它与行为善恶并不一致。所以,难以用动机去评价行为的善恶。而且,动机不是直接关乎危害结果,它不是认可危害结果发生的心理。因而,作为动机的情感不能成为罪过的内容。

当代心理学家邱国梁指出,情感型犯罪是由于不良的情感或者情绪导致的犯罪。这种犯罪在司法实践中以年轻犯罪人居多。一些情感和情绪可以直接影响犯罪行为,以犯罪动机的形式出现,或者在一些犯罪动机中包含着某些情感和情绪因素,如嫉妒、憎恨、好奇心、自尊心、自卑感、友情、愤怒、恐惧等都可以成为犯罪动机,或影响犯罪动机的产生、变化。[2] 事实上,犯罪学上对情绪、情感的关注,由于其学科的性质,是仅仅作为犯罪的动机而言的。例如,切萨雷·龙勃罗梭对犯罪人的情感和冲动的论述是用来说明犯罪原因的,[3]因而,龙氏所说的犯罪人的情感和冲动等表现属于犯罪人的犯罪动机,而不是罪过情感。

二、刑事立法上和刑法学者关于情绪、情感影响刑事责任能力的规定和见解

刑事责任能力主要是指行为人承担刑事义务的主体条件。我国刑法规定行为人承担刑事义务必须具备以下两个条件:(1)能辨认自己行为的性质(能预见自己行为的后果);(2)能控制自己的行为(能抗拒自己行为的后果)。这两个条件即人们常说的行为人对于自己行为的认识能力和控制能力。[4] 由此可见,情绪、情感虽然对于行为人认识能力和控制能力有影响,但这种影响属于刑事责任能力的内容。

刑事责任能力属于犯罪构成中的主体要件,而罪过属于犯罪构成中的主观要件。刑事责任能力和罪过分属犯罪构成的不同要件,不应混淆。犯罪主体要件解决刑事责任能力的问题,犯罪主观要件解决罪过的问题。刑事责任能力与

---

[1] 张明楷:《刑法学》,法律出版社 2003 年版,第 251 页。
[2] 孟昭兰主编:《情绪心理学》,北京大学出版社 2005 年版,第 289 页。
[3] 参见[意]切萨雷·龙勃罗梭:《犯罪人论》,黄风译,中国法制出版社 2005 年版,第 106 页以下。
[4] 陈忠林:《刑法散得集》,法律出版社 2003 年版,第 244 页。

罪过分属犯罪构成的两个方面,两者之间的区别是明显的。

因此,尽管当代一些国家的刑事立法中存在关于情绪、情感因素的规定,但这些规定是关于情绪、情感对刑事责任能力以及适用刑罚的影响,所以,这些内容不能看作立法规定已经将情感因素纳入了相关罪过的规定。例如,丹麦刑法第八十五条规定:“犯罪行为在强烈情绪激动,精神平衡之一时障碍,或在其他特别状态之影响下实施者,如该行为在通常之情形所生之可罚性显然轻微,不宜科以法定刑罚时,减轻其刑;倘法定刑最高为拘役者,得免除其刑。”而当代刑法学者关于情绪、情感对刑事责任能力影响的见解❶,同样的道理自然也不是已经将情感因素纳入罪过理论之中的表现。例如,学者韩铁认为人的情感对人的行动起着支配和调节的作用,情感因素因在一定程度上能削弱行为人的刑事责任能力,因而对这样的行为应适当从宽处罚。❷

第二节　罪过情感地位确立的探索及简评

当代一些刑法学者为将情感因素纳入罪过理论进行了积极的探索。对于他们的思虑得失及其是非功过,我们应当进行具体的分析。当前将情感因素纳入罪过理论的具体探索,主要有如下典型观点,笔者将逐一予以评论,以汲取前人探索的成功经验并记取其失败教训,作为我们继往开来探寻前进道路的借鉴。

一、陈兴良教授将情感因素纳入罪过理论的尝试

(一)陈兴良教授主要观点简述

在罪过的心理事实中,情感是一个不容忽视的因素。而在传统的罪过理论中,没有注意到情感因素,因而陈教授指出将情感纳入罪过心理势在必行。其主要观点如下:❸

---

❶ 参见姜伟:《罪过观的历史沿革和发展趋势》,载赵秉志主编:《刑法新探索》,群众出版社 1993 年版,第 189 页;黄丁全:《刑事责任能力研究》,中国方正出版社 2000 年版,第 148—149、203—205、211—217 页;韩铁:《情感因素影响刑事责任的理论探讨》,载《河北法学》2000 年第 1 期;周振杰:《论激情犯的若干问题》,载陈泽宪主编:《刑事法评论》(第一卷),中国人民公安大学出版社 2004 年版;皮艺军、郭玉川:《情绪及其对刑事责任影响的多学科分析》,载《犯罪研究》2005 年第 5 期;等等。

❷ 参见韩铁:《情感因素影响刑事责任的理论探讨》,载《河北法学》2000 年第 1 期,第 52 页。

❸ 参见陈兴良:《刑法哲学》,中国政法大学出版社 2004 年版,第 33—36 页。

1.心理学研究表明,处于激情状态下,人的认识活动的范围往往会缩小,人被引起激情体验的认识对象所局限,理智分析能力受到控制,控制自己的能力减弱,往往不能约束自己的行为,不能正确地评价自己行动的意义及后果。因此,激情对于主观罪过程度有一定的影响。

2.心境对人的行为具有重大影响,积极良好的心境使人向上,而消极不良的心境则使人厌烦消沉,甚至导致违法犯罪。一个人固然要对自己的心境负责任。因为心境作为人的性格与意志的重要内容之一,有一个培养与锤炼的问题。

3.在应激的情况下,很难实现符合目的的行动,容易做出不适当的反应。犯罪也就往往是在应激的情绪状态中发生的。所以,在处罚时应当考虑应激这一情绪状态。

4.一定的情感虽然是任何罪过心理中必不可少的内容,但其法律意义与认识因素和意志因素相比较,却显然是等而下之的。在一般情况下,认识因素与意志因素决定着主观恶性的有无,而情感因素只决定着主观恶性的大小。当然,在个别情况下,情感因素可能成为排除罪过的事由。

(二)对陈兴良教授观点的简评

陈兴良教授对将情感因素纳入罪过理论的探讨,有助于罪过理论进一步发展和完善。陈兴良教授的罪过理论兼收并蓄了犯罪学家关于情感动机的论述和刑法学者关于情绪、情感影响刑事责任能力的见解。但是它的全部问题也正出在这里。有鉴于此,笔者对陈兴良教授将情感因素纳入罪过理论之中的观点不赞同。现分述如下:

1.笔者认为陈兴良教授将情感因素纳入罪过之中的要害是其认为情绪、情感能降低行为人的责任能力。而情绪、情感对于行为人认识能力和控制能力的影响属于刑事责任能力的内容。这样,陈兴良教授在罪过的论域之中对情绪、情感的讨论,实质上已不再是对罪过的探讨,而变成了对刑事责任能力的讨论。刑事责任能力与罪过分属犯罪构成的两个方面,两者之间具有明显的区别。因此,对于能否在罪过的论域中对刑事责任能力进行讨论,是笔者与陈兴良教授的商榷之一。

陈兴良教授讲到在激情状态下和应激情况下,人会做出的一些过激行为,但我们知道,动机不是罪过的内容,所以这些过激行为的情感动机并不属于罪过。陈教授还谈到"消极不良的心境则使人厌烦消沉,甚至导致违法犯罪",这里的心境也是作为犯罪动机来谈的,因而同样不属于罪过心理。

2.陈教授对感情性反应过程中的情绪、情感没有区分。现代心理学把区别于认识活动、有特定主观体验和外显表现,并同人的特定需要相联系的感性反应统称为感情;感情是标示这一感情性状态和反应的普遍的概念。它一般地包容着情绪和情感的综合过程,既有情绪的含义,也有情感的含义。无论情绪、情感或感情,指的是同一过程和同一现象;在不同的场合使用情绪或情感术语时,指的是这同一过程、同一现象所侧重的不同方面。情绪代表着感情性反应的过程。也就是说,感情性反应作为心理活动的过程,用情绪这一术语来标示。而情感经常被用来描述社会性高级感情。一般认为,具有稳定而深刻社会含义的感情性反应叫做情感,它标示感情的内容。[1] 可见,作为感情性反应过程的情绪,是没有社会意义的。它不应也不能成为罪过的内容。但陈兴良教授对此没做区分,径自将没有社会意义的情绪也确立为罪过的内容,这是笔者与陈兴良教授的另一个商榷之处。

3.陈教授既然意在将情绪、情感纳入罪过理论之中,当然地,情绪、情感作为罪过心理的一个要素,应该与罪过心理中的认识因素、意志因素同样地成为分析行为人罪过心理的要素,并能够在司法定罪中发挥作用。而不应是陈教授所说的"其法律意义与认识因素和意志因素相比较,却显然是等而下之的。在一般情况下,认识因素与意志因素决定着主观恶性的有无,而情感因素只决定着主观恶性的大小。"这是笔者与陈兴良教授又一个不同意见。

二、李安、沈琪两位学者对刑法罪过的心理学分析

二位学者认识到罪过理论中情绪因素没有得到应有的重视,但在试图将情绪纳入罪过之中的努力中,笔者认为,其存在如下一些问题。[2]

1.二位学者认为,"由于意志与人的情绪体验经常交织在一起,就情绪和意志的关系而言,两者是密不可分的,由此形成人的心理过程情由意生,或意由情生。所以情和意可以合在一起,称为情意。"

笔者认为,首先,这种认识有违现代心理学的通识。现代心理学认为,心理

---

[1] 孟昭兰主编:《情绪心理学》,北京大学出版社 2005 年版,第 7—8 页。

[2] 参见李安、沈琪:《刑法罪过的心理学分析》,载《杭州师范学院学报(社会科学版)》2004 年第 2 期。

过程指心理活动的动态过程，即人脑对客观现实的反映过程。它包括认识、情感和意志等活动过程。❶ 换言之，认识、情感和意志是人的统一心理过程的三个不同的方面，它们是互相联系，互相制约的。❷ 三者本来就是紧密联系的一个整体心理过程。仅仅因为情与意有着密切联系，就将情与意合并，而与知并列，是说不通的，因为，三者有着同样的密切联系。

其次，三者本来就是密切联系的一个整体心理过程。将它们区分开来是我们认识事物时采用的分析方法。在每一次分析过程之中都隐含着一次划分作为分析的前提。这个划分就是将心理过程区分为知、情、意三个方面。该二位作者在罪过心理分析过程中，将其分为认识因素与情意因素的做法，从形式逻辑上讲，也是违反逻辑的。

2.该二位学者认为，“认识—情意—认识—情意是一个连续的锁链。”这也有违心理学的常识。现代心理学认为知、情、意作为一个统一的心理过程是同时存在同时进行的。人为地将知、情、意划分为几个阶段，是不客观的。

3.二位学者在谈到罪过理论忽略了情绪、情感因素的同时，特别指出，“有些国家在刑法中就规定了情绪因素，如《德国刑法典》第三十一条规定：‘行为人由于惶惑、恐怖、惊愕，致逾正当防卫之限度者，不罚’，在刑事司法中考虑情绪因素的情况就更多了。”由此可见，该二位学者所言情绪、情感仍然属于刑事责任能力的范畴，以致在将情绪、情感纳入罪过之中的努力上误入歧途。

三、李兰英教授对故意概念中希望和放任的诠释

李兰英教授为将情绪、情感纳入罪过理论之中也做了积极的努力，❸但对于她的具体观点和论证思路，笔者的具体商榷意见如下。

1.对感情性反应过程中的情绪、情感没有区分

我们已经知道，感情一般地包容着情绪和情感的综合过程，既有情绪的含义，也有情感的含义。情绪代表着感情性反应的过程。而情感经常被用来描述社会性高级感情。一般认为，具有稳定而深刻社会含义的感情性反应叫做情感，

---

❶ 高玉祥等编著：《心理学》，北京师范大学出版社 1995 年版，第 2 页。

❷ 高玉祥等编著：《心理学》，北京师范大学出版社 1995 年版，第 4 页。

❸ 参见李兰英：《探问“意欲”为何——对故意概念中希望和放任的新诠释》，载《法律科学（西北政法学院学报）》2005 年第 5 期。

它标示感情的内容。而且,她自己也知道:情绪是人类与生俱来的本能与特点,它是一种复杂而又难以用语言形容的生理反应及心理感受。❶ 可见,作为感情性反应过程的情绪,是没有社会意义的。那么,为什么还将没有社会意义的情绪确立为罪过的内容呢?

2.对于希望和放任在相应的立法规定中的语意与刑法理论中的语意没有区分

李教授对立法规定和刑法理论不加区分,认为我国刑法理论将"意欲"理解为意志,并主张情绪应在刑法理论的意志中得到确认。对此,笔者认为,立法概括性的规定不同于理论分析。例如,立法中的"希望"固然可以概括情感和意志两个方面的意思。因而,希望可划分为情感上的希望和意志上的希望。而正所谓"仁者见仁,智者见智",传统刑法学者则只取意志上的希望之意。这也有学者李海东的见解❷为佐证。为什么就说我国刑法理论将意欲理解为意志?罪过理论中情感因素的阙如有着特定的具体的时代条件等原因,而提出将情绪在意志中进行确认(即将刑法理论中的希望仅具有意志上的意思解释为兼具情感和意志上的意思),却可能将历史上形成的理论不足引向错误发展的道路,致使问题得不到预期的解决。

3.论述逻辑似显混乱

李教授立论之初是要在罪过中确立情绪的地位,理所当然地,情绪应在分析罪过和定罪中起作用,但其结论却认为,情绪只是影响量刑的因素,此其一。其二,其立论之初是要在罪过中确立情绪的地位,但结论却认为,情绪不能作为被谴责的对象。而罪过正是社会规范谴责的心理,不受规范谴责的心理因素还怎么成为罪过?

四、俄罗斯学者对罪过的见解

对于《俄罗斯联邦刑法典》关于罪过及其形式的规定,俄罗斯学者首先讲到"罪过——这是刑法以故意和过失形式规定的行为人对所实施的行为的故意和过失的心理态度。罪过的心理内容在说明罪过特征的各种基本范畴中占据中心

---

❶ 李兰英:《探问"意欲"为何——对故意概念中希望和放任的新诠释》,载《法律科学(西北政法学院学报)》2005年第5期,第50页。

❷ 参见李海东:《刑法原理入门(犯罪论基础)》,群众出版社1992年版,第58页及以下。

地为。在具体犯罪中表现出来的心理态度的成分是意识和意志。意识和意志比重的改变构成罪过的形式。罪过的内容是智力、意志的总和及其对比决定的。”❶这说明在俄罗斯的传统罪过理论中,罪过形式是由认识因素和意志因素构成的。

然后进一步说明道“人心理的情绪(感情)因素是人的包括犯罪在内的每一行为的必要成分。立法者未将情绪列为罪过形式的定义,但是它们仍然是构成罪过的心理态度的内容。”❷这又说明尽管俄罗斯刑法典没有在罪过中明确规定情绪因素,但其学者已经认识到实际上情绪、情感要素是罪过内容的组成部分。

俄罗斯学者不仅认识到了传统罪过理论中情感因素阙如的事实,而且也对情绪、情感因素与罪过的具体关系进行了探讨,但当他们将情绪、情感纳入罪过理论之中的时候,他们最终没有走上正确的道路。其认识的偏差和不足主要体现在如下三个方面:

1.没有区分感情性反应过程中的情绪和情感

如前所述,对感情性反应过程中的情绪和情感不加区分,就不能正确地将情感因素纳入到罪过理论之中。事实上,情绪因素不能成为罪过的内容,任何试图将情绪纳入罪过之中的努力,都是不可能做到的。

2.对情绪在罪过中作用的认识不足

俄罗斯学者指出,“在犯罪行为中,情绪所起的作用是:动机(仇恨、害怕、残忍等等);智力和意志过程发生的背景;激情——与对于主体具有的重要意义的生活情况的变化联系在一起的,能够产生犯罪的强烈的较短时间的情绪状态。”但笔者认为,这些作为行为动机的情绪、作为智力和意志过程发生背景的情绪以及由生活情况的变化引起的情绪状态,这些所有的情绪活动的对象都不是行为所可能引起的危害社会的结果,所以,这些情绪都不属于罪过心理。

3.对情绪在罪过中地位的认识不到位

俄罗斯学者前面说情绪是罪过的内容,后面却说“刑法典分则对这些或那些犯罪的描述总是包含着(或假定包含着)一定的罪过形式。因此,从一般犯罪

❶ 俄罗斯联邦总检察院编:《俄罗斯联邦刑法典释义》,黄道秀译,中国政法大学出版社2000年版,第44页。

❷ 俄罗斯联邦总检察院编:《俄罗斯联邦刑法典释义》,黄道秀译,中国政法大学出版社2000年版,第45页。

学说的角度，罪过形式被称为必要要件。罪过的其余因素（动机、目的和情绪）在描述犯罪时很少规定，因而使人们将它们列入任意性要件。”笔者认为，既然你认为情绪是罪过的内容，那么你对知、情、意就应该同等对待，使它们在罪过心理中居于同样重要的地位，并在分析罪过心理中同样成为必要因素。

区分情感因素是否在罪过理论中得到确认的标志是看情感因素能否与认识因素、意志因素同样承担起分析罪过的功能，并在定罪中发挥作用。遗憾的是，俄罗斯学者没有做到这一步。

五、袁彬教授对此问题的观点

袁彬教授在其博士论文中具体地阐述了其对罪过中情感因素的认识，对于在罪过中确立情感因素地位的探索，其中的一些商榷性意见亦同前述，主要包括情感因素仅具有量刑的意义、情绪是一个罪过的排除因素、刑事立法中情绪对刑事责任能力的影响等，现仅就袁教授独有的观点提出一些商榷性意见如下。

1.袁彬教授的观点

袁教授认为：“只要犯罪故意与犯罪过失中存在着知、情、意三个过程中的一个过程，其他的过程就一定存在，要不就是三个过程都没有。因此，在我国刑法的罪过中，犯罪的直接故意、间接故意和过于自信过失都包含了知、情、意三个过程。只有在疏忽大意过失中由于行为人缺乏对行为结果的认识，所以三种心理过程才都不存在。”❶

2.与袁彬教授的商榷

对此，笔者认为，第一，认识有辨别能力、意志可以产生目的，它们都能有明确的对象，而情感不能辨别事物、不能产生目的，因而需要借助认识产生情感。根据认识的不同程度，又可以产生有明确对象的情感和无明确对象的情感，也可称为具体情感和抽象情感。情感体验的这种特点进一步表现为，其中的具体情感可以同认识过程和意志过程相一致；而抽象情感可以同认识过程和情感过程相脱离，因为抽象情感没有明确的对象，也就是抽象情感与有明确对象的认识过程相脱离。具体而言，疏忽大意过失中漠不关心的情感态度就是这样一种抽象情感。虽然说人们对事物的认识和评判是情绪、情感产生的直接原因，但疏忽大

---

❶ 袁彬：《刑法的心理学分析》，中国人民公安大学出版社 2009 年版，第 122 页。

意过失中的认识仅仅是认识到行为对象或行为客体的存在或其他一些状况，而不是行为对象或行为客体的情况会变糟（即发生危害结果），疏忽大意这种罪过心理，没有认识因素的内容（即没有对危害结果的认识，如果有认识，就不再是疏忽大意的过失了）。而且，疏忽大意过失行为人情感态度的对象是包括行为对象或行为客体的情况变糟（发生危害结果）在内的一切情况及其变化。当然，我们所取的是其行为对象或行为客体情况变糟（发生危害结果）的情感态度。❶第二，换言之，如果以袁教授所认为的疏忽大意过失犯罪没有知、情、意任何一种的罪过内容，那我们又何以对其追责、对其定罪呢？

第三节　罪过理论中确立情感因素的原则

上面是对当前将情感因素纳入罪过理论具体探索的评析，从中我们可以看出，尽管当代刑法学者中的一些人已经认识到了罪过理论中情感因素阙如的状况，但是一旦他们试图在罪过理论中确立情感因素的具体地位时，在具体讨论情感因素的实际作用时，各种各样的错误就出来了，终致情感因素不能与认识因素、意志因素一起承担起分析行为人罪过心理的功能，并在司法定罪中发挥作用。这说明情感因素在罪过理论中的地位仍然没有得到确立。

综合前述对刑法学者们将情绪、情感纳入罪过理论探索之路的具体分析，笔者认为，要想成功地将情感因素纳入罪过理论之中，我们必须坚持如下三个原则。

一、严格区分感情性反应过程中的情绪和情感的原则

从前述的试图将情绪、情感纳入罪过理论的学者的探索中，我们看出，他们普遍存在的一个误区是没有将感情性反应过程中的情绪和情感区分开来。而这一区分在将情感因素纳入罪过理论之中是如此重要，以至于任何对此二者不加区分或混为一谈，他们的所有努力都将不会产生任何有意义的结果。因为只有用来描述社会性高级感情的情感才具有社会意义，才能够纳入罪过理论之中；而作为感情性反应过程的情绪，是没有社会意义的，是不能够纳入罪过理论之中

❶ 谢勇、温建辉：《破解疏忽大意过失罪过性的两难之题》，载《河北法学》2007 年第 3 期，第 37 页。

的。但它可以影响行为人的认识能力和控制能力,因而可以划归刑事责任能力中来讨论。可见,对情绪和情感不加区分或混为一谈,就必然导致在罪过的论域中进行刑事责任能力的探讨。而且,它也是导致一些学者认为他们所谓的罪过中的情绪、情感不应受谴责的错误根源。

二、严格区分情感动机和罪过情感的原则

从前述的评析中,我们也看到,这些探索者们普遍存在的另一个误区是没有区分情感动机和罪过情感。情感动机仅仅关涉犯罪行为,而罪过情感面向的是危害结果。区分情感动机和罪过情感的关键是看两者中的哪一个直接关乎危害结果,也即哪一个是认可危害结果的发生。只有认可危害结果发生的情感才是罪过情感,也只有这种罪过情感才能纳入罪过理论。而情感动机是引起犯罪行为的情感起因,一是因为它直接关涉的是犯罪行为,不是危害结果;二是因为动机的好坏与行为的善恶并不一致,难以从动机出发得出对行为的伦理评价,所以情感动机不能归属于罪过范畴。情感动机和罪过情感的区分同样重要。在对犯罪原因的认识和分析中,犯罪学家看中的是情感动机;而刑法学者或司法人员在对罪行的定性中,着重分析的是罪过情感。两者的区分使两者各有自己的意义。

还要指出,对感情性反应过程中的情绪和情感不加区分或混为一谈,也就不能做到将情感动机和罪过情感区分开来。不能区分行为中的情感动机和罪过情感是对感情性反应过程中的情绪和情感不加区分的另一个恶果。

三、坚持知、情、意并重的原则

长期以来,心理学对情感研究的落后和匮乏状况,是罪过理论没有同等重视情感因素的心理学背景。现在,正是我们对情感因素同等重视和完善罪过理论的时候了。

《心理学》认为,心理过程指心理活动的动态过程,即人脑对客观现实的反映过程。它包括认识、情感、意志等活动过程。[1] 认识是人的最基本的心理活动过程。感觉、知觉、记忆、思维、想象等都是人脑对客观事物的反映,统称为认识过程或认识活动。人对客观事物所持的态度体验,是情绪、情感的表现形式。人

---

[1] 高玉祥等编著:《心理学》,北京师范大学出版社 1995 年版,第 2—4 页。

自觉地确立行动的动机与目的，并据此调节支配行动，努力克服困难以实现目标的心理过程就是意志。认识、情感、意志是人的统一心理过程的三个不同的方面，它们是互相联系、互相制约的。因此，心理过程要么不划分，要么就应划分为知、情、意三个方面。

既然已经将情感因素纳入罪过之中，那么我们在对罪过心理的分析中，就不应重视一种因素而偏废另一种因素，应统筹兼顾，全面考虑。同时，我们也应坚持辩证唯物主义关于矛盾的特殊性理论的指导。罪过的性质，应由居于主导地位的心理因素来决定。在对待行为危害结果的态度里，知、情、意都存在对危害结果肯定与否定两种态度倾向，其中对危害结果肯定的态度就是罪过的内容。在知、情、意三种心理要素对危害结果肯定的过程中，最为显著的心理要素就决定了罪过的性质。

总结探索得失，明了前进方向。我们应当将罪过情感确立为罪过的要素，使其与认识因素、意志因素一起承担起分析行为人罪过心理的功能，并且能够在司法定罪中发挥作用。也只有如此，情感因素才能真正在罪过理论中占据一席之地，并发挥其应有的作用。当然，将情感因素纳入罪过理论还牵涉相关刑事立法、刑事司法等诸多问题，笔者为此呼吁，以期引起对刑法罪过理论、刑事立法以及刑事司法等相关方面的深入探讨和全面完善。

第二章　罪过情感的概念

罪过是行为过程中,认可危害结果发生的心理态度,这种心理态度是知、情、意的综合体现。罪过情感即是其中的三因素之一。依据行为人罪过情感的强烈程度,罪过情感可划分为四个类别,它们是痴狂型罪过情感、痛快型罪过情感、冷漠型罪过情感和漠不关心型罪过情感。而根据情感态度的对象是否明确,罪过情感可划分为具体的罪过情感和抽象的罪过情感。

第一节　罪过情感的本质

一、罪过的本质

理性看待罪过心理,必须认识到罪过的本质,而传统罪过理论对于罪过本质的认识具有先天不足,因此对罪过本质的认识,应当打破传统习见。在客观归罪的历史时期,人们没有主观罪过的观念,也自然没有对罪过本质的思考。对于罪过本质的拷问始于主观归罪之时,而关于罪过本质的理论说明直到罪过理论产生之后才开始形成。当代的罪过理论自觉寻求心理学的知识支持,认为罪过心理是包括知、情、意三因素在内的心理活动的综合体现。

(一)罪过本质的历史考证

自18世纪中叶刑事古典学派系统提出罪过形式学说迄今,也即在罪过理论相续沿革的时期,是处在19世纪中叶以至整个20世纪,而这一时期正是科学心理学的创建时期,[1]科学心理学着重研究的是情绪的产生和发展的生理本质问题,其对情感研究的匮乏状况,使它不能向罪过理论输送成熟的情感研究成果,以至于罪过理论中情感因素的缺失,不仅得之于先天不足,亦受之于后天持续的

---

[1] 参见李汉松编著:《西方心理学史》,北京师范大学出版社1988年版,第15—16页。

营养不良。

1.自由意志罪过理论的本质观

自由意志罪过理论基于“理性人”的经验假设，强调人根据理性选择行为的自由，把刑事责任的本质视为对自由选择为“恶”意志的非难。该理论孕育和形成于18世纪中期资产阶级古典学派（即旧派）的刑事责任理论之中，大致衰落于19世纪末。在自由意志罪过理论的语境中，罪过的本质是行为人对造成危害结果行为的自由意志。

2.认识主义罪过理论的本质观

认识主义罪过理论派生于近代实证派刑法学（即新派）的社会责任论，以实证主义的决定论为建立理论的根据。自19世纪50年代后，为适应和累犯作斗争的需要，资产阶级新派刑法学者以认识主义作为确定犯罪故意的标准，只要行为人认识到自己的行为是犯罪行为，并实施这种行为，就认为是故意犯罪；对过失犯罪则采用客观标准，不以犯罪人的主观做标准，凡是正常人能够预见的，行为人也应当预见，只要行为发生危害社会结果，就是犯罪过失。在认识主义罪过理论的语境中，罪过的本质是行为人行为之时对造成危害结果有认识或应当认识的心理状况。

3.相对自由意志罪过理论的本质观

相对意志自由罪过理论[1]对应于心理责任论阶段，其主要流派有马克思主义的相对自由意志罪过理论和西方折衷主义的相对意志自由罪过理论。20世纪前半叶，在无产阶级取得革命胜利后，马克思唯物主义的决定论思想就统帅了社会主义各国的刑法罪过理论，逐步形成了马克思主义相对意志自由罪过理论。在西方，自认识主义罪过理论产生后，随着西方垄断资本主义继续发展，到20世纪特别是20世纪中叶以来，道义责任论和社会责任论相互融合，逐渐地形成了折衷的态度和立场，出现了折衷主义的相对意志自由罪过理论。在相对自由意志罪过理论的语境中，罪过的本质是行为人对造成危害结果行为的相对自由意志。

4.期待可能性罪过理论的本质观

期待可能性罪过理论[2]发端于德国，缘起于1897年帝国法院做出的一个被

---

[1] 参见谢勇、温建辉：《罪过理论历史沿革初探》，载《刑事法学》2007年第7期，第58页。

[2] 参见谢勇、温建辉：《罪过理论历史沿革初探》，载《刑事法学》2007年第7期，第58页。

称之为“劣马脱缰案”的判例。期待可能性罪过理论是一种对罪过严格限制的理论,对行为人置身的客观环境和行为条件之于行为的影响和作用给予了高度重视。该理论认为,即便行为人具有故意或过失,但因为存在特殊情状,致使行为人不能做出正常的意思决定时,非难可能性不明显,就应减免对其的刑罚。这样,该理论排除了一部分基于特定条件下意志的罪过性。在期待可能性罪过理论的语境中,罪过的本质是行为人违背实施合法行为可能性而对造成危害结果行为的相对自由意志。

(二)当代关于罪过本质的观点和评析

1.关于罪过本质的观点

当代关于罪过本质的观点,理论上也是向无定论,主要有以下三种观点:一是结果标准说,认为罪过是人对自己所实施的行为危害社会结果的一种故意或者过失的心理态度。在责任主义的语境中,结果无价值论者必然坚持结果标准说。二是行为标准说,认为罪过是犯罪主体对他所实施危害社会行为的一种故意或者过失的心理态度。在责任主义的视野下,行为无价值论者必然秉承了行为标准说。三是复合标准说,认为犯罪的主观罪过就是指犯罪主体对他所实施的犯罪行为及其危害结果所持的故意或过失的心理态度。❶

2.对罪过本质诸观点的评析

关于罪过的本质,笔者认为,第一,人的行为受思想意识支配,而人的心理活动一旦以行为表现出来,就要接受社会伦理和法律的评价。行为招致严重危害结果是罪行,心理认可这种危害结果就是罪过。而人的心理活动包括认知、情感和意志三个方面,无论认知、情感或者意志反映的都是面向危害结果的心理活动。而且运动是一切事物的根本特征,所以罪过也就是对“危害结果发生”认可的心理态度。而凡是笔者在文中所措“危害结果”之词,也仅仅是“危害结果发生”的简略语。第二,对罪过的评价以行为人对危害结果的心理态度为标准,与我国刑法第十四条、第十五条的规定相符合。换言之,我国刑法第十四条、第十五条的规定是立法对危害结果标准说的确认。

在行为人对行为的心理态度与对行为结果的心理态度相一致的情况下,对两者同时或择一进行分析并不影响对行为的定性;但是在行为人对行为的心理

❶ 参见高铭暄、马克昌主编:《刑法学》,北京大学出版社 2000 年版,第 110 页。

态度与对行为结果的心理态度不一致的情况下，对两者就只能择取其一作为认定行为性质的标准。否则，必然产生不可克服的自相矛盾。笔者认为，评价行为的性质，关键是看行为的结果，因为危害结果是行为具有危害性的确证，因此，罪过的性质也应看行为人对行为结果的心理态度，而不是对危害行为的心理态度。例如，甲用钢针敲掉乙的一颗门牙，就甲的这一行为，你如何判断甲的行为是何罪过？当我们得知甲是一名牙医、乙是一位需要拔牙的患者这样的医患关系后，虽然甲是故意拔掉乙的一颗蛀牙，但甲的心理根本谈不上有任何罪过。而假设医生甲过失造成患者乙伤残的结果，对于这样的医疗事故，难道能说医生甲是故意吗？

3.结论

笔者认为，罪过的本质是在行为过程中，认可危害结果发生的心理态度，而且这种心理态度是包括知、情、意三种因素在内的心理活动的综合体现。因为行为人对于危害结果的发生存在知、情、意三种心理过程或活动，所以罪过心理也就是知、情、意这三种因素的综合体现。罪过的本质具有如下几个基本的特点：第一，它是行为人在犯罪活动过程中的心理态度。罪前态度和罪后态度都不属于作为罪过的心理态度，例如，激情犯的激情因为是作为犯罪动机的罪前心理而不属于作为罪过的心理态度。第二，它是行为人在犯罪活动过程中的主体意识。只有表现主体意识的行为，人才能对行为的结果负责。第三，它是行为人在犯罪活动过程中认可危害结果发生的心理态度。例如，交通肇事罪的罪过是对交通事故发生的过失心理，而不是违犯交通规章的故意心理。第四，它是行为人在犯罪活动过程中包括知、情、意三者的综合体现。因为有的犯罪如果不考虑情感态度的话，就不能科学解释犯罪的主观罪过。

二、罪过情感的本质

（一）罪过情感的本质

感情是一种包含情绪和情感的综合过程，情绪和情感本是同一过程或同一现象，在不同的场合使用情绪或情感，指的是同一过程或同一现象的不同方面。然而，情绪和情感也有差别：第一，情绪的生理性和情感的社会性。情绪更多是与生理需要满足与否相联系的心理活动，而情感则是与社会性需要满足与否相联系的心理活动。如在饥饿时有食物吃就会很高兴，这是一种情绪反应，而不能说他产生了热爱食物的情感。情绪是原始的,是人和动物(尤其是高级动物)所共有的,情感则是人类所特有的心理活动,具有一定的社会历史性。如民族自豪感是与对本民族的爱相伴而生的社会性情感。第二,情绪的过程性和情感的内容性。情绪代表着感情性反应的过程,而情感经常被用来描述具有稳定而深刻社会含义的高级感情。情绪是这一体验和感受状态的活动过程,而情感是对感情性过程中体验和感受的内容。换言之,情绪是情感的外部表现,情感是情绪的具体内容。从这两点区别可见,只有情感才具有社会性的内容,才能够反映行为人的心理善恶。

人的情感主要包括道德感、理智感和美感等。其中道德感是用一定的道德标准去评价自己或他人的思想和言行时产生的情感体验。它和道德信念、道德判断密切相关,具有明显的社会性和阶级性。罪过情感作为人类情感的一种,必然具有情感的一般特点,特别是道德感的特点。

在传统的罪过理论中,存在否定危害结果发生的罪过心理。例如对于轻信过失的罪过心理的阐释,刑法学界通说认为:"过于自信过失的行为人既不希望也不放任危害结果的发生,而是对这种结果的发生持否定态度,即自认为凭自己的能力、客观条件等,这种结果就不会真的发生。"❶笔者认为,如果行为人既不希望也不放任危害结果的发生,还利用了有利的主客观条件来避免危害结果的发生,而危害结果竟然发生了,那只能说是不可抗力,而不是有罪过的犯罪;或者如果行为人认为危害结果不会发生,而危害结果最终发生了,也只能是意外事件。所以,在知意二因素罪过理论的语境下,对轻信过失的罪过性,根本不能自圆其说。罪过心理必须是肯定危害结果发生的心理态度,这样的心理才值得谴责。

罪过情感作为罪过心理的一个要素,必然兼具作为普通人心理和犯罪人罪过两者的规定性。简言之,罪过情感是在犯罪过程中认可危害结果发生的罪过心理中的情感要素。

(二)理解罪过情感的要点

1.罪过情感与内疚感呈负相关,此强则彼弱

罪过情感与内疚感相反。罪过情感是认可危害结果发生的情感态度,它或

---

❶ 马克昌主编:《犯罪通论》,武汉大学出版社 2003 年版,第 358 页。

者对行为可能引起的危害结果积极肯定或者对危害结果的发生消极肯定。而内疚感是道德感的一种，它是一个人对自己的过错或过失的情感体验，就是对于做了不应该做的事情或没有做应该做的事情，造成了他人或社会的某种损害，因而感到自己应当承担道义上的责任，感到的一种内心痛苦。内疚感使人避恶从善。

例如，1985 年陕西省商洛地区商县杨峪河乡（现商洛市商州区杨峪河镇）王堋村村民龙治民与妻子共同在家中谋害 48 人案发。医学专家认为，明显可见龙的杀人具有实际目的：一是谋取财物；二是获取劳力；三是满足性要求。到了后期演化为杀人成瘾，从杀戮中获取快感。陕西省公安厅及地县刑事技术人员反复对现场进行勘验，提取各种证物 1006 件，对 48 具尸体逐一进行了科学鉴定。1985 年 8 月 30 日，陕西省检察院商洛分院以故意杀人罪，将龙治民夫妇提起公诉。9 月 20 日，商洛地区中级法院判处二人死刑。二人提出上诉，陕西省高院提审后驳回上诉，维持一审判决。9 月 27 日，龙、闫二犯被处决。据办案人员回忆，龙治民对所犯罪行毫无悔意。在法庭上得知被判处死刑，龙治民说："我想不通。"法官："为什么想不通，你杀了那么多人……"龙治民："人家黄巢杀人八百万，都没判死刑，为何给我判死刑呢？"从这个案件我们可以看到，犯罪人完全丧失了内疚感，因而其能够杀人成瘾，从杀戮中获得快感。

2.正确认识罪过情感还需要对罪过情感和情感动机严格区分

犯罪动机是引发犯罪行为的内心起因，它直接联系的是犯罪行为，而罪过是对危害结果发生的心理态度，它直接联系的是危害结果，这是两者的区别。像犯罪学上常讲的激情犯中的激情就是作为犯罪动机存在的。恩格斯在《英国工人阶级状况》中指出："蔑视社会秩序最明显、最极端的表现就是犯罪"，据此，有一些刑法学者主张犯罪是对社会秩序敌视或者蔑视的态度，需要注意的是，这里所说的"敌视或者蔑视的态度"也只是引起违法犯罪行为的起因，是作为动机存在的，也不属于罪过的范畴。

3.罪过情感与罪过中认识因素和意志因素的关系

人的心理活动包括认知过程、情绪情感过程和意志过程，或者说人的心理包括知、情、意三个要素，它们本来是人完整心理的统一过程或者说是一个活动，只是从不同的侧面或者说是不同的功能角度给予的人为划分。知、情、意三因素各司其职、各功其能，它们比较全面地反映了人的心理全方位的功能和全面的过程。

传统罪过理论认为认知和意志反映了人的情感态度,[1]所以在罪过中没有援引情感态度的必要。笔者认为知、情、意这三者功能各异、过程有别。如果说在理智和情感相一致的情况下,认知和意志可能反映情感态度,但是在理智和情感不一致的情况下,认知和意志又怎么能反映情感态度呢?例如,三国演义中诸葛亮挥泪斩马谡的故事,诸葛亮为严明军纪,出于理智使他决定执行军令状,而从情感上而言,诸葛亮又爱惜人才,但最终是理智占据上风,因此挥泪斩马谡。可见,认为认知和意志可以反映情感态度是说不过去的。

第二节　罪过情感的种类

一、积极的罪过情感和消极的罪过情感

罪过情感是行为人实施犯罪行为过程中罪过心理中的情感态度。依据行为人罪过情感的强烈程度,罪过情感可划分为四个类别,它们是痴狂型罪过情感、痛快型罪过情感、冷漠型罪过情感和漠不关心型罪过情感。其中痴狂型罪过情感和痛快型罪过情感属于积极的罪过情感,积极的罪过情感可以支配人的行为;冷漠型罪过情感和漠不关心型罪过情感属于消极的罪过情感,消极的罪过情感不支配人的行为,只是一种伴随行为认可危害结果发生的情感态度。

(一)积极的罪过情感

1.痴狂型罪过情感

痴狂型罪过情感指行为人在犯罪活动中持有的这样一种情感态度,其情感长时间处于亢奋状态,甚至于对自己行为的性质不能正确认识,并且不顾一切地实施痴狂行为,以致造成危害社会的结果。痴狂型罪过情感可分为三种:(1)情迷心窍,不能自持;(2)痴迷癖好,不能自拔;(3)仇恨社会,报复社会。

第一种:情迷心窍,不能自持。这是一种丧失理智的情感痴迷。具有这种痴狂型罪过情感的人严重缺乏道德感,自私自利,情迷心窍,并因此不能产生正常的认识和判断,不仅没有内疚感,反而习非成是。例如,"法轮功"痴迷者接二连三地制造了一系列令人发指的刑事案件,其中尤以傅怡彬残忍地弑父杀妻伤母案件与李亭杀害双亲的案件给世人的震撼最大。"法轮功"痴迷者伤害他人时,

---

[1] 赵秉志等:《刑法学》,北京师范大学出版社 2010 年版,第 115 页。

他们甚至认为杀死亲人是为了把他们“度”到天国去,免得在世间受罪。再如,据《欧洲时报》2012 年 10 月 31 日报道,50 岁的巴西男子乔治、其妻子伊丽莎白以及他 25 岁情妇因相信邪教理论“吃人肉可净化灵魂”,肢解并烹食了 9 名女子。该案的犯罪人罪过心理中即具有强烈的痴狂型罪过情感。

第二种:痴迷嗜好,不能自拔。对违法犯罪形成癖好,以盗窃癖为多。例如,河南省滑县一名李姓女子从 14 岁开始就频频因盗窃出入公安局,2012 年 5 月 24 日,河南省滑县人民法院一审判决被告人李某犯盗窃罪,判处拘役三个月,并处罚金人民币 2000 元。该被告人 2003 年 12 月 19 日因敲诈勒索被滑县公安局行政拘留十日,2005 年 7 月 31 日因盗窃被滑县公安局警告,2005 年 9 月 7 日因盗窃被滑县公安局决定拘留十五日,2005 年 9 月 12 日被安阳市劳动教养管理委员会劳动教养一年又三个月,2009 年 3 月 18 日因盗窃被滑县公安局行政拘留十日,并处罚款人民币 500 元。2012 年 4 月 5 日 14 时许,被告人李某去自己朋友赵某家玩,趁赵某家中无人之际,将一条带坠钯金项链、一枚钯金戒指、一对钯金耳钉盗走。经滑县价格认证中心鉴定:被盗物品价值合计人民币 1741 元。法院经审理认为,被告人李某以非法占有为目的,秘密窃取他人财物,数额较大,其行为已经构成盗窃罪。可见,喝酒、抽烟会上瘾,盗窃也会上瘾,而这其中的痴迷情感就是痴狂型罪过情感的一种。

第三种:仇恨社会,报复社会。反社会的报复行为通常缺乏明确的指向对象,无辜的不相关者被当成了泄愤对象。犯罪心理学将这类违法犯罪的心理机制称为“反社会人格”。这其中对危害社会结果的强烈情感是痴狂型罪过情感的一种。例如,2004 年 2 月 1 日,震惊全国的皖、冀、鲁、豫系列杀人案件在河南省洛河市中级人民法院开庭审理,根据检察机关的指控,制造这一系列杀人案件的犯罪嫌疑人杨新海,在四年时间内横跨四省作案,作案 26 起,杀死 67 人,法院经过审理认定犯罪嫌疑人杨新海构成故意杀人罪、抢劫罪、故意伤害罪、强奸罪等罪名,判处杨新海死刑。在法庭上,杨新海交待:“犯罪主要还是一种报复心理,报复女人。我在杀人的时候我只是感觉到自己心里有一种欲念促使我去杀人,就是这样。至于杀人,他们该不该死,那都不是我关心的问题。我好像脱离社会,我不关心社会。我并不说那个社会对我怎么样,我只为我自己,我可没想到社会。”再如 2001 年 3 月 16 日,发生在河北省石家庄市的一起恶性爆炸刑事案件,造成 108 人死亡,38 人受伤。案犯靳如超此前还在云南谋杀 1 人。根据靳如超日记所述,其听力障碍及家庭纠纷是其心态扭曲的直接原因,“从孤独与猜忌,到仇视与报复,再到残忍与狡猾,可以说是靳如超这一生思想演变的人生轨迹”。

2.痛快型罪过情感

痛快型罪过情感指行为人在犯罪活动中以他人痛苦为行为人快乐的情感态度。我们知道,率性犯罪❶的罪过心理中存在罪过情感,而率性犯罪可以分为纯正的率性犯罪和不纯正的率性犯罪。纯正的率性犯罪是指在通常情况下其罪过心理中罪过情感居于主要方面;不纯正的率性犯罪是指在通常情况下这种犯罪是理性犯罪❷,而在特殊情况下才构成率性犯罪。痛快型罪过情感在这两种率性犯罪中都有存在。

第一种:纯正率性犯罪中的痛快型罪过情感。像聚众淫乱罪、引诱未成年人聚众淫乱罪、聚众斗殴罪、寻衅滋事罪、猥亵侮辱妇女罪、猥亵儿童罪等犯罪属于纯正的率性犯罪,它们罪过心理中的主导方面都是痛快型罪过情感。例如,2009年5月21日凌晨,在宣武区南新华街附近,4人发现一名避雨的陌生妇女(丁女士,殁年36岁)。他们将该陌生妇女随身携带的112元钱抢走后,以殴打对方的方式取乐,并将对方虐待致死。法庭上,犯罪少年与公诉人有这样一段对话,“你们去找茬儿是什么目的?”“就是找完对方茬儿以后,打她玩。”“除了打她玩以外,还有别的目的吗?”“没有了,就是打她玩,以寻求打人的乐趣。”“那你们为什么让她脱光衣服,还用打火机烧头发呢?”“闲得没事干了,也是为了图乐。”“你们为什么非要采取打人的方法图乐呢?”“就是在打人时,看到对方痛苦的样子,心里痛快。”❸在这个案件中,四个犯罪少年罪过心理中罪过情感的因素特别突出。

第二种:不纯正率性犯罪中的痛快型罪过情感。需要注意的是,罪过情感存在的范围与罪名没有必然的联系,在通常情况下属于理智占上风的故意犯罪,有时也有罪过情感占据主导地位的时候。例如故意杀人罪中也有痛快型的罪过情感。在前述陕西省商洛地区商县杨峪河乡(现商洛市商州区杨峪河镇)王垌村

---

❶ 参见温建辉:《率性犯罪的发现》,载《社会科学家》2011年第1期,第84页。

❷ 参见温建辉:《犯罪本质新论》,载《理论探索》2012年第1期,第136页。

❸ 杨昌平、张勇杰:《四少年残忍虐杀妇女　称看到对方痛苦就快乐》,载《北京晚报》2007年6月29日。

村民龙治民与妻子共同在家中谋害 48 人的案件中，龙治民在故意杀人的后期演化为杀人成瘾、从杀戮中获取快感，这种以他人的死亡来产生快感的心理态度就是痛快型罪过情感。

（二）消极的罪过情感

1.冷漠型罪过情感

冷漠型罪过情感指行为人负有对他人关照的义务，也认识到危害结果可能发生，而对自己行为危害他人持有的冷漠无情的情感态度。冷漠型罪过情感可分为两种：（1）冷漠以待的罪过情感；（2）冷酷无情的罪过情感。

第一种：冷漠以待的罪过情感。冷漠以待的罪过情感表现为对危害结果的发生持冷漠以待的情感态度，它存在于纯正的率性犯罪中。冷漠以待的罪过情感居于罪过心理主导方面的犯罪是冷漠型率性犯罪。例如，某中年男子遗弃他年迈多病的父母，可以成立遗弃罪。这个遗弃罪主要谴责的是行为人利他情感的缺乏。换言之，谴责遗弃罪首当其冲的是犯罪人的冷漠以待的情感态度。如果仅仅谴责其是故意犯罪，我们会感到没有谴责到位。“刑法之罪应尽可能地与道德之恶求取一致。这是从立法到司法都必须确立的目标。”[1]我们必须谴责遗弃罪行为人冷漠以待的情感态度，才能符合我们对遗弃罪谴责的道德观念。

第二种：冷酷无情的罪过情感。冷酷无情的罪过情感表现为对危害结果的发生持冷漠无情的情感态度。冷酷无情的罪过情感存在于故意犯罪这样的理性犯罪的罪过心理中。在直接故意犯罪和间接故意犯罪中，因为犯罪人对危害结果的发生都有认识，所以认可这样的具体的危害结果是冷漠型罪过情感，但是在故意犯罪中冷漠型罪过情感仅占据罪过心理的次要地位。

2.漠不关心型罪过情感

漠不关心型罪过情感指行为人在犯罪活动中对危害结果的发生持有的漠不关心的情感态度。漠不关心型罪过情感存在于疏忽大意过失犯罪、过失危险犯、事故型犯罪和结果加重犯等犯罪的罪过心理中。

第一种情况：漠不关心型罪过情感通常存在于疏忽大意过失犯罪的罪过心理中。由于这种犯罪对危害结果的发生没有预见、也没有对危害结果发生的意志，所以这种犯罪与意外事件难以区分。正确区分这两种行为的关键是看行为

---

[1] 冯亚东：《罪与罚的探索之道》，中国检察出版社 2005 年版，第 160 页。

人心理中是否存在漠不关心的情感态度。如果事件的发生可归因于漠不关心的情感态度,就是疏忽大意过失犯罪;而如果事件的发生不存在漠不关心的情感态度,就是意外事件。例如,某男在抱自己刚满月婴儿时,不慎失手将自己的孩子跌到地上,致孩子死亡。该事件是否构成过失致人死亡罪就在于行为人是否存在漠不关心的情感态度。在这个案件中,亲生父亲不可能对自己孩子的生死持漠不关心的情感态度,因此,失手摔死孩子应当是意外事件。

第二种情况:过失危险犯的罪过心理也存在漠不关心型罪过情感。疏忽大意过失的过失危险犯的罪过形式是一种特殊的疏忽大意过失。在疏忽大意过失的过失危险犯犯罪中,行为人完整的心理活动和过程是:对行为违法有认识,对重大事故或者严重危害结果的发生没有认识或认为不会发生;对行为违法持希望或放任的意志态度,对重大事故或者严重危害结果的发生没有意志;对行为违法持冷漠的情感态度,对重大事故或者严重危害结果的发生持漠不关心的情感态度。[1]

第三种情况:事故型犯罪的罪过心理也是漠不关心型罪过情感。例如,2010年暑假,21岁大一学生小付到通州农村的爷爷家玩,与村民马某和其父亲马老汉发生口角,双方情绪激动,很快争执就升级成撕扯,小付挥拳打向马某和马老汉头部、胸部。这时马老汉突然倒地,老汉因心肌梗塞引起心脏破裂经抢救无效死亡。[2] 对小付来说,他在非法殴打他人时对于可能引发意外的伤亡后果没有预见、也没有希望或放任的意志,只是由于漠不关心的情感态度导致其没有预见可能发生的危害后果,并因此导致这种结果发生,小付的主观心态就是漠不关心型罪过情感。

第四种情况:结果加重犯行为人对加重危害结果的发生持有漠不关心的情感态度。在结果加重犯中,行为人完整的心理活动和过程是:对基本的危害结果的发生有认识,对加重危害结果的发生没有认识;对基本的危害结果的发生持希望或放任的意志态度,对加重危害结果的发生没有意志;对基本危害结果的发生持冷漠以待的情感态度,对加重危害结果的发生持漠不关心的情感态度。[3]

---

[1] 温建辉:《过失危险犯的罪过心理分析》,载《法治研究》2013年第2期,第46页。

[2] 王秋实:《大学生拳打老汉致其发病身亡,审理时磕头求原谅》,http://edu.people.com.cn/GB/14701008.html,访问日期:2012年4月28日。

[3] 温建辉:《结果加重犯的罪过形式》,载《中国刑事法杂志》2012年第1期。

二、具体的罪过情感和抽象的罪过情感

认识反映的对象必须清晰才是认识、意志确立了目的才称为意志，也即认知和意志它们都有明确的对象。而情绪、情感的产生以人们对事物的认识和评价为前提，但情感自身又不能辨别事物，因而需要借助认识产生情感。根据认识的不同清晰程度，可分别产生有明确对象的情感和无明确对象的情感，这可称为具体情感和抽象情感。既然情感的产生有此特点，那么，根据情感态度的对象是否明确，可以将罪过情感划分为具体的罪过情感和抽象的罪过情感。

（一）具体的罪过情感

1.具体罪过情感的种类

具体的情感罪过指在犯罪行为实施过程中对明确的可能发生的危害结果认可的情感态度。痴狂型罪过情感、痛快型罪过情感、冷漠型罪过情感这三种罪过情感因为都针对明确的危害结果，所以都属于具体的罪过情感。痴狂型罪过情感存在于痴狂型率性犯罪中；痛快型罪过情感存在于痛快型率性犯罪中；冷漠型罪过情感存在于冷漠型率性犯罪中。

在理性犯罪的故意犯罪中也存在冷漠型罪过情感，但是在理性犯罪中，因为理智的作用大于情感的作用，所以罪过情感不能成为理性犯罪的本质。例如，2010 年 10 月 20 日 23 时许，大学生药家鑫驾驶红色雪佛兰小轿车从西安外国语学院长安校区返回西安，当行驶至西北大学长安校区西围墙外时，撞上前方同向骑电动车的张妙，后药家鑫下车查看，发现张妙倒地呻吟，因怕张妙看到其车牌号，以后找麻烦，便产生杀人灭口之恶念，遂从随身背包中取出一把尖刀，上前对倒地的被害人张妙连捅 8 刀，致张妙当场死亡。药家鑫持刀杀人固然是在理智的支配下的理性犯罪，但其罪过心理中亦有对致人死地冷酷无情的情感态度，否则便不会有连捅被害人 8 刀的连贯行为。药家鑫对致人死亡冷酷无情的情感态度就是其故意杀人罪过心理中的冷漠型罪过情感。

2.具体罪过情感主观恶性的程度

具体罪过情感的罪过程度依痴狂型罪过情感、痛快型罪过情感、冷漠型罪过情感的顺序依次降低。例如，法轮功痴迷者在痴狂型罪过情感的支配下，丧失理智，超度自己的亲人到天国里去享永久的福乐而杀人害命的；杀人成瘾，杀人取乐的行为；以及对他人的死亡持冷漠情感态度的故意杀人。这三种杀人行为所蕴涵的罪过情感依次降低：即痴狂型杀人罪过情感的主观恶性大于痛快型杀人

罪过情感的主观恶性，而痛快型杀人罪过情感的主观恶性大于故意杀人中冷漠型罪过情感的主观恶性。

（二）抽象的罪过情感

1.抽象罪过情感的特点

抽象的罪过情感没有明确的指向对象，也即其认可的危害结果是否发生或者发生什么样的危害结果都不确定、不明确。疏忽大意过失犯罪的主观罪过是漠不关心的情感态度，这种漠不关心的情感态度属于典型的抽象的罪过情感。

有学者认为："只要犯罪故意与犯罪过失中存在着知、情、意三个过程中的一个过程，其他的过程就一定存在，要不就是三个过程都没有。因此，在疏忽大意过失中由于行为人缺乏对行为结果的认识，所以三种心理过程都不存在。"❶笔者认为，抽象情感因为没有明确的对象，即抽象情感不需要借助明确的认识产生，所以抽象情感的产生过程和认识过程可以两不相关。也就是说无明确对象的抽象情感与有明确对象的认识过程可以相脱离。具体而言，疏忽大意过失中漠不关心的情感态度就是这样的抽象情感。虽然说对事物的认识和评判是情绪、情感产生的直接原因，但疏忽大意过失中的认识仅仅是认识到行为对象或行为客体的存在或其他一些状况，而不是行为对象或行为客体的情况会变糟（即发生危害结果）。疏忽大意过失这种罪过心理，没有认识因素的内容（即没有对危害结果的认识，如果有认识，就不再是疏忽大意的过失了）。而且，疏忽大意过失行为人情感态度的对象是包括行为对象或行为客体的情况变糟（发生危害结果）在内的一切情况及其变化。当然，我们所取的是其行为对象或行为客体情况变糟（发生危害结果）的情感态度。也就是说对这样的情况可以产生抽象的罪过情感，但不能认为有对危害结果发生的认识。

2.抽象罪过情感的分析运用

为深入领会抽象的罪过情感，我们运用抽象罪过情感来分析如下几种相似行为的性质：示好行为致特异体质人死亡、非法殴打致特异体质人死亡、过失轻伤行为致特异体质人死亡。因为它们是日常生活中常见易发的现象，对它们的分辨不仅有利于正确认定罪与非罪的界限，也可以显示罪过情感在认定犯罪中的巨大作用。

---

❶ 袁彬：《刑法的心理学分析》，中国人民公安大学出版社2009年版，第122页。

第一种情况，即示好行为致特异体质人死亡。例如，甲和乙两个多年未见面的好朋友，偶然街头邂逅，甲兴奋异常地向乙胸部砸了一拳，不料想乙因特异体质突发心脏病，不治而亡。乐极生悲，好事变坏事。对此案笔者认为，因为两人是一种友好的关系，甲砸乙一拳是一种示好的行为，而不是对乙可能死亡漠不关心的情感态度，所以，甲的行为不构成犯罪。

第二种情况，即非法殴打致特异体质人死亡。例如，甲和乙同是走在人群熙攘的大街上，甲不小心踩了乙的脚，两人为此发生口角，争吵越来越激烈，矛盾随之升级，甲开始动手打人，甲向乙胸部打了一拳。这个非法殴打本不构成伤害而属于治安管理中的非法行为，但恰好乙患有心脏病，并因这一拳老病突发不治而亡。对此案笔者认为，甲虽然没有预见到乙患病并因一拳而可能死亡的结果，但甲对乙的死亡持有漠不关心的情感态度，如果不是漠不关心的话，他就会预见到这一拳可能造成意外的伤害后果，而不会出手伤人。可见，甲挥拳打人时持有的是漠不关心的情感态度，即抽象的罪过情感。甲因此构成过失致人死亡罪。

第三种情况，即过失轻伤行为致特异体质人死亡。过失行为致人重伤或死亡才构成犯罪，而过失行为致人轻伤不构成犯罪，只是一种违法行为，但是过失轻伤的行为导致特异体质人死亡如何认定，在司法实践中难度较大。笔者认为，过失轻伤行为致特异体质人死亡如果构成犯罪，只能是事故型犯罪。但是因为事故型犯罪成立的第一个条件是行为人对违法行为持有故意的心理态度，[1]过失行为显然不是，所以过失轻伤行为不是事故型犯罪，也即不构成犯罪。因为过失轻伤行为致人死亡不构成犯罪，那么过失轻伤行为也就没有任何罪过心理，包括没有抽象的罪过情感。

[1] 温建辉：《事故型犯罪的罪过形式》，赵秉志主编：《刑法论丛》第23卷，法律出版社2010年版，第58页。

第三章　罪过理论缺失情感因素的成因

自18世纪中叶资产阶级刑事古典学派(亦称旧派)系统提出罪过理论学说至今,大体上经过了自由意志罪过理论、认识主义罪过理论、相对意志自由罪过理论和期待可能性罪过理论等四种形态的历史沿革,就历史发展的总体而言,罪过理论对罪过心理的揭示越来越切合实际、越来越走向完善和合理,但情感因素却一直未能有效参与到罪过理论的建设之中。笔者发源析流,知古鉴今,深入研究罪过理论形成之时的历史背景和思想渊源,以探究其在理论形成过程中的得失及其历史成因。

第一节　罪过理论历史沿革的阶段划分

当代学者对罪过理论中情感因素的阙如已经有了广泛的认识。[1] 认识到罪过理论之中情感因素阙如之后,将情感因素纳入罪过理论之中固然重要,但我们首先应该搞清楚现行罪过理论中为什么缺乏情感因素,它是如何形成的? 罪过理论产生之初是否吸纳了情感因素? 在罪过理论沿革的进程中是否有容纳情感因素的阶段? 只有有了这样的认识基础,有了进一步探索研究的起点,我们才方便其他一切完善罪过理论的工作。

对任一现成的静态的"结构"的理解,均离不开对其生成过程的了解。[2] 罪过理论中情感因素缺失的原因存在于传统罪过理论的形成过程之中,因而,对情

---

[1] 参见陈兴良:《刑法哲学》,中国政法大学出版社2004年版,第3页;李安、沈琪:《刑法罪过的心理学分析》,载《杭州师范学院学报(社会科学版)》2004年第2期;杨书文:《复合罪过形式论纲》,中国法制出版社2004年版,第25页;黄道秀译:《俄罗斯联邦刑法典释义》,中国政法大学出版社2000年版,第45页,等等。

[2] 谢勇:《宏微之际:犯罪研究的视界》,中国检察出版社2004年版,第1页。

感因素在罪过理论中的阙如也只有从罪过理论形成过程之中寻找根源和进行说明。不了解历史，就没有发言权。在这个问题上，脱离罪过理论的历史沿革进程及其赖以产生的具体历史条件，任何的主观擅断都是不可取的。

一、划分罪过理论历史阶段的要求

探究罪过理论形成的历史过程需要解决两个问题：其一，罪过理论在各个历史时期的形态，即罪过理论有何阶段性；其二，罪过理论发展变化的原因，即什么样的历史条件和思想文化渊源塑造了这一时期特定的罪过理论。第一个问题的解决，可使我们高屋建瓴地总揽罪过理论形成的全部过程，并为进一步深入了解罪过理论沿革的原因找准切入点；第二个问题的解决是对第一个问题的全面深化，而且罪过理论中情感因素阙如的原因要从这个问题的解决中得到说明。因此，本研究首先着手解决第一个问题，旨在刻画出罪过理论在各个历史时期的形态，为进一步探索罪过理论中情感因素阙如的原因找准落脚点。

首先，应考虑某一罪过理论在特定历史阶段的典型性。作为一种典型形式，这一罪过理论要能代表相应历史时期的罪过理论形式。即在其兴盛时期，应为多数文明国家所认可和接受。例如，当下的人格责任论在日本很流行，但在世界范围内影响不大，所以人格责任论不足以代表一种罪过的历史形态。一种罪过理论能代表什么时期，如何截取？笔者认为，这不仅要看到罪过理论形成之际，更要注意到其兴盛之时。例如，期待可能性罪过思想在 19 世纪末即已产生，但它的广泛流行却是最近的事情，因而被列为罪过理论沿革的最后阶段。

其次，该罪过理论要能体现一种历史的连续性，即要与其前后的罪过理论形态在历史发展进程中有衔接关系。因为某一形态的罪过理论是以其兴盛时期来确定其所代表的时期的，所以罪过理论的连续性体现为它们各自兴盛时期的更替。

再次，罪过理论不能脱离它们同时代的刑事责任理论，但更应该具有自己独立的品格。关于刑事责任理论的历史沿革，笔者采用道义责任论、社会责任论、心理责任论、规范责任论的四阶段划分。[1]

依据上述划分要求，笔者将罪过理论的发展划分为自由意志罪过理论、认识

[1] 参见童德华：《刑法中的期待可能性论》，中国政法大学出版社 2004 年版，第 2—6 页。

主义罪过理论、相对意志自由罪过理论和期待可能性罪过理论等历史阶段。

这里要说明罪过理论为什么以自由意志罪过理论为开端。同我国刑法中责任制度的发展轨迹相近似，西方国家刑法在从古代到近代的发展演变过程中，责任制度的发展也经历了绝对结果责任时代——相对结果责任时代——犯意责任时代等阶段[1]。而最早系统提出罪过形式学说的是18世纪中叶反映资产阶级刑法思想和刑事政策的刑事古典学派（亦称旧派）。所以，笔者认为这一时期的自由意志罪过理论是罪过理论历史沿革的真正开始阶段。

对罪过理论历史阶段的命名首先是出于指称的方便，命名的过程亦并不是主观任意的杜撰。以对认识主义罪过理论历史阶段的命名为例，乃是基于如下理由：

（1）虽然这一理论形式与社会责任论相对应，但如果以社会责任罪过理论称呼这一罪过理论，则不能显示出这一罪过理论的特殊性。

（2）如果以意志必至罪过理论称呼这一罪过理论，则因为既然意志必至，就显然包含有其不应受谴责和非难的意思，使这一称呼有自相矛盾之嫌。

（3）更为笔者看中的是，这一罪过理论在认定罪过时，仅仅考虑罪过心理中的认识因素，即无论是认定犯罪故意或犯罪过失都只从认识因素上说明，而不需要意志因素或其他心理因素。

（4）事物的发展是对自身的否定和扬弃，因而历史的发展具有某种历史的相似性。在古代刑法中就产生了认识主义的罪过观，而近代实证派刑法学说中的罪过理论在新的历史条件下，使这一思想获得新生。所以，笔者出于对历史的尊重，对这一罪过理论仍冠以“认识主义罪过理论”。

关于有没有无罪过的犯罪或曰严格责任问题，笔者做两点说明。第一，严格责任不是罪过推定。对于晚近出现而备受学界关注的严格责任问题，有学者认为，在严格责任的场合，仍然是以行为人在实施违法行为时具有故意或过失的罪过心理为基础的，只不过是为了保护较大的公众利益，对这种罪过心理采取了严格推定的态度。只要没有有力的证据证明行为人毫无过失，就推定其有过失，从而认定其存在罪过心理[2]。对此，笔者认为，在当今罪刑法定已成时代主流的情

[1] 参见杨书文：《复合罪过形式论纲》，中国法制出版社2004年版，第25页。

[2] 张智辉：《刑事责任通论》，警官教育出版社1995年版，第264页。

况下，我们必须有这样的思路：既然罪刑法定，则罪行法定；既然罪行法定，则罪过法定；既然罪过法定，则不容对罪过心理进行推定。第二，严格责任的罪过原则并无特殊之处。对于严格责任，一般而言，可分为实体法上的严格责任和程序法上的严格责任。对于实体法上的严格责任，笔者认为，它适用于动作与罪过心理具有明确的客观一致性，即适用于动作与罪过心理两者不可分割的情况下。例如，考场作弊，作弊动作与作弊的故意是客观一致的。也就是说实体法上的承担严格责任的罪行是在被认为有过错的基础上加以禁止的。对于程序法上的严格责任，笔者认为，应予承担程序法上的严格责任的罪行同样是在被认为有过错的基础上加以禁止的。它仅仅是一种举证责任分配的特殊形式，如果被告人能提出证据，清楚地证明自己没有过错，则不承担刑事责任。所以，笔者认为，严格责任的基本精神与同时代的罪过理论是相一致的，并无创新之举，不足以形成一种新的罪过理论形态。

二、罪过理论的历史形态

	自由意志罪过理论	认识主义罪过理论	相对意志自由罪过理论	期待可能性罪过理论
期　间	18 世纪中期到 19 世纪末	19 世纪中叶到 20 世纪中叶	兴起于 20 世纪中早期	当代主流罪过理论
代表人物	意大利的贝卡利亚 德国的康德 英国的边沁	意大利的菲利 德国的李斯特 日本的牧野英一	德国的威尔泽尔 日本的小野清一郎 苏联的特拉伊宁	德国的 E.修米特 日本的佐伯千仞 中国的童德华
思想基础	绝对意志自由论	决定论	相对意志自由论	期待可能性理论
对应的责任理论	道义责任论	社会责任论	心理责任论	规范责任论
核心理念	人在自由意志的支配下实施的犯罪行为应承担道义的非难	虽然犯罪是被决定的，但为了防卫社会，只要对自己的行为有认识或应当认识，就应予以制裁	人因其相对的意志自由实施犯罪而应承受非难	只有行为人在行为时的具体情况下可以被期待为合法行为，才应承担刑罚非难
经典著作	《犯罪与刑罚》	《实证派犯罪学》	《作为伦理学的刑法学、关于刑罚的本质及其他》、《犯罪构成的一般学说》	《责任概念的构成》、《刑法中期待可能性思想》

为了对本罪过理论沿革表做到充分理解，笔者再做如下补充说明。

自由意志罪过理论孕育和形成于18世纪中期资产阶级古典学派的刑事责任理论之中，大致衰落于19世纪末。这一时期，正处在人类社会发展的近代史阶段。而情绪、情感在近代伦理观念中的地位是受严重贬斥的❶。近代伦理学显示出对认识论的异常的忠诚，而认识论又致力于贬斥理性权威之外的其他一切权威，并把它们从人们的生活中完全驱逐出去。伦理学在对待不人道的、残酷的现实方面与崇拜理性相联系的作用在近代表现得最为充分。近代伦理学提高理性的地位以肯定义务、责任和公正而牺牲爱好、利益和感情的时候，它旨在建立对于那种一个阶级统治另一个阶级，大多数个人在其社会存在中异化于自身的社会来说是典型的行为模版。在这种文化背景下，情感因素在自由意志罪过理论中的或缺便成为一种历史的必然。自由意志罪过理论的生成先天不足。

认识主义罪过理论派生于近代实证派刑法学的社会责任论。它以实证主义的决定论或曰意思必至论为其建立理论的根据。自19世纪50年代后，资产阶级新派刑法学者为适应和累犯作斗争的需要，扩大故意的范围，遂以认识主义作为确定犯罪故意的标准，只要认识自己的行为是犯罪行为，并实施这种行为，就是故意犯罪。过失的概念采用客观标准，也就是正常人能够预见的，他也应当预见，只因疏忽大意而没有预见，因而发生社会危害结果，就是犯罪过失，学术上称为客观说。❷

相对意志自由罪过理论对应于心理责任论阶段，其主要流派有马克思主义的相对自由意志罪过理论和西方折衷主义的相对意志自由罪过理论。在20世纪中早期的无产阶级世界革命中，马克思主义被作为指导思想和革命的旗帜。在取得革命胜利后，它的唯物主义的决定论思想就在社会主义各国的刑法罪过之中生根发芽，形成马克思主义相对意志自由罪过理论。在西方，自认识主义罪过理论产生后，随着西方垄断资本主义继续发展，到20世纪特别是20世纪中叶以来，由于人们思想观念的转变，西方刑法学者在融合道义责任论和社会责任论的基础上，逐渐地形成了折衷的态度和立场，相应地出现了折衷主义的相对意志自由罪过理论。

---

❶ ［苏］A.古谢伊诺夫等：《西方伦理学简史》，刘献洲等译，中国人民大学出版社1992年版，第513—515页。

❷ 宁汉林、魏克家：《大陆法系刑法学说的形成与发展》，中国政法大学出版社2001年版，第66—67页。

期待可能性罪过理论发端于德国，缘起于 1897 年德国比锡法院做出的一个被称之为“劣马脱缰案”的判例。“期待可能性”意指：对于各个具体行为，如果行为人具有在客观因素制约的范围内选择合法行为的可能性，而行为人按照自己的意志选择了违法行为，那么国家就有理由要求行为人对之承担刑事责任；如果行为人在客观因素的制约下不可能或者无法选择合法的行为，即使行为人认识到自己所实施的是法律所不允许的行为，也不能要求行为人对自己的行为承担刑事责任；如果行为人在客观因素制约下选择合法行为的可能性很小，就只能要求行为人承担较轻的责任，反之就应承担较重的责任❶。以期待可能性为核心的规范责任论在大陆法系国家的刑事责任论中已成通说。而在非大陆法系国家里也大有蔓延之势。

需要指出的是，认识主义罪过理论、相对意志自由罪过理论和期待可能性罪过理论相续沿革的时期，处在 19 世纪中叶以至整个 20 世纪。而这一时期正是科学心理学的创建时期。❷ 科学心理学着重研究的是情绪的产生和发展的生理本质问题。而对情感研究的匮乏状况，使它不能向罪过理论输送成熟的情感研究成果，以至于罪过理论中情感因素的缺失，不仅得之于先天不足，亦受之于后天的营养不良。

三、罪过理论演变的规律

（一）认识因素为主，意志因素为辅，没有情感因素

自由意志罪过理论以“理性人”为前提，强调人根据理性（本质上即是人的认识能力）选择行为的自由，从而把刑事责任的本质视为对这种自由选择中为“恶”的意志的非难。

认识主义罪过理论产生后，资产阶级新派学者为适应和累犯做斗争的需要，扩大故意的范围，遂以认识主义作为确定犯罪故意的标准，即只要认识到自己的行为是犯罪行为，并实施这种行为就是故意犯罪。这一概念只从认识因素来确定犯罪故意，而不考虑其意志因素。而对过失犯罪则采用客观标准，也就是不以犯罪人的主观做标准，而凡是正常人能够预见的，行为人也应当预见，只要是因

❶ 张智辉：《刑事责任通论》，警官教育出版社 1995 年版，第 177 页。

❷ 参见李汉松主编：《西方心理学史》，北京师范大学出版社 1988 年版，第 15—16 页。

疏忽大意、没有预见而发生危害社会的结果,就是过失犯罪。

相对意志自由罪过理论产生于自由意志罪过理论与认识主义罪过理论的调和与折衷,它认为人的意识、意志是受他周围的条件的制约,指出人有相对的意志自由,人的行为是个人意识、意志的自由选择的外在表现和结果。因此,人要对自己的行为负责。

期待可能性罪过理论是一种对罪过严格限制的理论。该理论认为,即便行为人具有故意或过失,但因为存在特殊情状,致使行为人不能做出正常的意思决定时,纵然行为人的决定违反了义务,由于非难可能性不明显,就不能对其科以刑罚。这样,该理论排除了一部分基于特定条件下意志的罪过性。

从上述四种罪过理论形态上看,它们的罪过要素有的以认识因素为主,意志因素为辅,如自由意志罪过理论、相对自由意志罪过理论和期待可能性罪过理论,有的干脆只需要认识因素,如认识主义罪过理论。然而,上述四种罪过理论都没有论及情感因素。

(二)理论前设从假设到现实

从上述四种罪过理论的内涵可以看出,自由意志罪过理论假定人是“理性人”,有绝对的意志自由;认识主义罪过理论从一个极端走向了另一个极端,它对犯罪故意的认定采用认识主义,只要认识自己的行为是犯罪行为,并实施这种行为,就是故意犯罪。它对过失的概念采用客观标准,也就是正常人能够预见的,他也应当预见,只因疏忽大意而没有预见,因而发生社会危害结果,就是犯罪过失;相对意志自由罪过理论则较其前的罪过理论客观一些,承认人既有主观能动性,亦受客观环境的影响;期待可能性罪过理论对行为人的责难就不仅考虑行为人的罪过心理,而且充分考虑行为人行为时的实际情况能否期待其为合法的行为。可见,从自由意志罪过理论到期待可能性罪过理论,理论基础有一个从假设到现实的过程。

(三)由用刑宽泛到用刑节约

自由意志罪过理论因为假设人是“理性人”,人都是有自由意志的,因而人应对其行为承担责任,这就极大地扩大了刑罚的适用范围。当用现代实证研究方法武装起来的近代心理学否认了自由意志的存在,认识主义罪过理论就摈弃“理性人”的假设。认识主义罪过理论转而以认识主义确定犯罪故意的标准,其理论基础较之自由意志罪过理论相对要客观一些,用刑范围从总体上讲有所收缩。相对意志自由罪过理论基于行为人受自身条件和各种客观环境的制约,认为人只能有相对的意志自由,行为人的罪过也就基于这个相对的意志自由。可见,相对意志自由罪过理论要较自由意志罪过理论和认识主义罪过理论的基础要客观得多。期待可能性罪过理论认为,对行为人的非难,不仅要基于行为的故意或过失,还要考察行为时的附随情状。如果只具有故意或过失,却因为存在特殊情状,致使行为人不能做出正常的意思决定时,纵然行为人的决定违反了义务,由于非难可能性不明显,也不能对其科以刑罚。从这一点上看,期待可能性罪过理论更具有刑法的人文关怀,因而用刑更加节俭。

第二节 罪过理论缺失情感因素成因探析

各个历史形态的罪过理论的形成以及罪过理论之中情感因素的阙如有着特定的历史条件和思想渊源。我们必须首先全面而深入地了解这一具体的历史进程,然后才能准确认识传统罪过理论,并为进一步完善罪过理论奠定一个比较坚实的基础。

一、自由意志罪过理论缺失情感因素的成因

研究任何问题,最可靠、最必需、最重要的"就是不要忘记基本的历史联系"。因为"考察每个问题都要看某种现象在历史上怎样产生、在发展中经过了哪些主要阶段,并根据它的这种发展去考察这一事物现在是怎样的。"[1]研究刑法中罪过的问题,同样必须遵循这一认识事物的基本方法。在谈到罪过理论中情感因素的缺失成因时,脱离罪过理论的历史沿革进程及其赖以产生的具体历史条件,任何的主观擅断都是不可取的。

罪过理论从无到有、从古到今有着不同的阶段,有着不同的形态。从它的历史沿革,我们大体可将其划分为自由意志罪过理论、认识主义罪过理论、相对意志自由罪过理论和期待可能性罪过理论等历史形态。凡事都应循序渐进,此处笔者首先择取罪过理论的第一个发展阶段——自由意志罪过理论的发展阶段,并深入到自由意志罪过理论形成之时的历史背景和思想渊源,以探究其在理论

[1] 《列宁选集》第四卷,人民出版社 1995 年版,第 26 页。

形成过程中的得失及其历史成因。

（一）理论形成的经济条件

对上层建筑合理性的认识，仅仅从上层建筑自身上找原因，是不可能得到全面和真实的说明的。经济基础对上层建筑的决定作用，不是经济学家的口头禅，而是不可更易的以客观事实来表现的社会发展的规律。马克思曾经说过，随着社会制度的巨大历史变革，人们的观点和观念也会发生变革。任何一种社会思潮都深深植根于它们所处时代的经济条件之中。

15世纪末16世纪初西欧国家大规模海外探险中对美洲大陆的发现，史称地理大发现❶。在地理大发现和新航路的推动下，导致了世界经济史上最大的一次商业冲击，使欧洲社会经济生活发生了巨大的变革，这种变革集中表现在商业的革命性变化上。商业文明的冲击进一步引起了社会观念的重大转变。人们彻底放弃了中世纪的道德观念，用商人的观点来研究一切事物和社会生活的一切现象、关心世俗利益、贪得无厌地追求经济利润、在市场竞争中的成功与失败等成为检验人们能力和德行的唯一标准。

资本主义的发展，需要有人身自由的劳动力，所以打破封建主义的人身依附关系就成为社会经济发展的时代要求。而人们在从事商业活动，改造自然、改造社会经济关系的过程中，自身的观念也得到了改造，善于谋划、利益核算成为社会经济活动不可或缺的内容。“经济人”❷成为社会经济活动的主体。而“理性人”是“经济人”的他称，它是从事经济活动的“经济人”在一般社会生活中的称呼。

“理性人”并不虚妄，它是善于谋划、精于算计的社会生活的主体，它也是人们日常生活中的标准形态，它更是人们在生活中虽有一定算计闪失、偶有情绪波动的行为定态。❸ 作为反映社会存在的社会意识之一元的“理性人”概念被当时的刑法理论所认可是在情理之中的。即便在当今时代，“理性人”仍不失为我们在社会生活中的定态。

（二）理论形成的政治需要

任何一种新的理论或学说，只有在社会物质生活和政治生活提出新的要求

---

❶ 参见高德步、王珏主编：《世界经济史》，中国人民大学出版社2001年版，第167页。

❷ 参见[苏]M.H.雷季娜等：《经济学说史》，周新城、吴小贺译，中国人民大学出版社1987年版，第54页。

❸ 关于定态的概念，可参考苗东升：《系统科学精要》，中国人民大学出版社1998年版，第60页。

时才能产生出来。随着欧洲资本主义生产关系的发展，新兴资产阶级逐渐形成，他们向着阻碍资本主义经济发展的封建势力及其精神支柱天主教发起猛攻，并竭力从封建地主阶级手中夺取政权。革命的形势需要革命的理论。为给资产阶级提供思想武器，资产阶级思想家提出了一系列的新思想、新理论支持这一革命行动。一方面，革命的思想推动了革命形势的进一步发展；另一方面，革命的成功也巩固和确认了这些进步的思想。

发端于17世纪末蓬勃发展于18世纪的启蒙运动，是资产阶级反封建反专制制度的时代要求。17、18世纪西欧的资产阶级的力量日益壮大，握有雄厚的经济力量，但是垂死的封建专制制度是他们进一步发展的巨大障碍，为了推翻这个“旧制度”，资产阶级必须制造舆论。启蒙运动便是在这个要求下产生的。在17、18世纪，自然科学有了突飞猛进的进展。自然科学的发展为启蒙运动提供了锐利的武器，因为启蒙思想家在许多方面是从新兴的自然科学中寻找理论根据和思想方法的。启蒙思想超越国界的限制，形成为国际性强大的思潮。启蒙思想包括两大信条。[1] 其中之一就是：相信在物质的宇宙中存在自然法则，万物都受自然法则的支配，人类社会也受其支配。自然法则反映在人的头脑中，便是理性。理性是衡量一切的标准，凡是违反理性的，都应予以打倒。

1792年卢梭发表的《社会契约论》是他的政治思想的代表作。他在该书中劈头一句话就是：“人是生而平等的，可是现在他却处处戴着镣铐！”这有力地道出了饱受压迫而渴望自由的法国人民的心声。卢梭认为人人生来就是平等的、自由的，平等自由是合乎人的天性的，是自然赋予每个人的权利。但是同时他又看到广大人民却受贵族、僧侣的奴役，受专制暴君的压迫。因此，他大声疾呼，号召人民向这些压迫者兴师问罪，向吃人的旧制度开火。[2] 资产阶级民主革命时期所倡导的口号就是“不自由，勿宁死”，用以动员群众、组织群众反对封建统治。这种自由观渗透在刑法中，就认为犯罪是行为人根据自己的意志自由选择的结果。这就有力地批评了封建社会以宿命论作为犯罪人实施犯罪原因的观点。[3]

在前资本主义社会，法律与道德、宗教没有分离，刑事程序紊乱不定，使得封

[1] 参见吴于廑、齐世荣主编：《世界史（近代史）》（上卷），高等教育出版社1992年版，第209页。

[2] 参见吴于廑、齐世荣主编：《世界史（近代史）》上卷，高等教育出版社1992年版，第205页。

[3] 宁汉林、魏克家：《大陆法系刑法学说的形成与发展》，中国政法大学出版社2001年版，第11—12页。

建社会罪刑擅断十分盛行，罪之有无和刑之轻重，都由统治阶级即时的意志而定。但是，随着商品经济在西欧迅速发展，新兴的资产阶级日益壮大，他们对封建地主在政治上的独裁和专制统治越来越不能容忍，而作为维护封建贵族特权和宗教神权统治工具的反动的封建刑法制度，则严重地阻碍着资本主义生产关系的产生和发展，为了给资本主义的发展扫清道路，就必须开展反对封建的斗争，并最终推翻封建制度。这就为道义责任论的产生创造了条件。自由意志罪过理论应运而生。作为自由意志罪过理论产生标志的著作《论犯罪与刑罚》就在这个时候诞生了。自由意志罪过理论旨在保护人权，反对封建司法专横。它明确界定了刑事责任的范围，具有限制主观擅断、滥施酷刑的历史作用。

（三）理论形成的思想文化渊源

事物的发展是一个从量变到质变并逐级递进的过程。这个发展进化过程也就是新质的形成过程，在新质的形成过程中，因为每一层次的本质都是由其相对次一级的本质发展而来。也因此决定了本质具有层次性。在人性与人的本质的层次中，[1]罪过作为人的一种心理事实，它属于人的精神属性范畴，可运用心理学进行解释；而罪过作为一种道德评价，其本质则属于社会属性的范畴，则宜适用伦理学探讨。下面即从这两个视角展开分析。

1.“研究一个对象，不能离开其所处的系统”[2]。这是研究任何问题的基本方法论。而罪过作为一种心理事实，它属于心理学的范畴。所以，对罪过理论的研究要依托心理学的框架。

古代西方的情感理论多是描述性的或做简单的类型介绍，或在艺术理论和艺术批评中涉猎一些，在艺术中情感被认为是艺术之本，“以情动人”被认为是艺术的根本特征；而在近代以本体论和认识论为基础的哲学中，情感始终是受排斥的，多数哲学家持鄙夷的态度，有的认为是认识的低级阶段，而且会干扰理智，有的认为是人性的低劣部分，需限制和防范，这种认识在西方十分普遍。[3] 因而，情感作为主观体验是较晚进入理性视阈的。直到 19 世纪末，达尔文、詹姆士和弗洛伊德三位才开始比较认真地对待和研究情绪、情感现象，并成为情绪心理学的创始人。情绪、情感长期的不受重视甚或被排斥的地位，使得它难以对其他

---

[1] 详见温建辉：《人性与人的本质新解》，载《内蒙古农业大学学报（社会科学版）》2005 年第 2 期。

[2] 温建辉：《人性与人的本质新解》，载《内蒙古农业大学学报（社会科学版）》2005 年第 2 期，第 101 页。

[3] 参见杨岚：《人类情感论》，百花文艺出版社 2002 年版，第 24—25 页。

意识形态形成影响。

对情感在精神活动中的地位，从阿奎那的理性真理与启示真理，笛卡尔的天赋知识与推理知识，洛克的直觉的知识和解证的知识，斯宾诺莎的感性知识、理性知识、直观知识，莱布尼茨的推理真理和事实真理，黑格尔的相对真理与绝对真理等观点中，可以看出在自由意志罪过理论形成时期，西方文化强调理性主导的认知活动是精神活动的高级形式，情感只是认识过程的低级阶段而已。它们认为情感属于本能，与人性相对立，是低劣的，体现出人性的弱点，或者认为情感是人的个性固有的，应给予适当的满足、净化和导引。❶ 由此可见情感在西方文化中被忽视的地位。情感在文化中的这种被忽视的地位，在罪过理论中的具体表现就是没有它的一席之地。

2.同样基于“研究一个对象，不能离开其所处的系统”这一研究问题的方法论。罪过作为一种道德评价，其本质上属于伦理学的范畴。所以，对罪过理论的研究不能脱离伦理学的语境。

情绪、情感在近代伦理观念中的地位是受严重贬斥的。近代伦理学显示出对认识论的异常的忠诚，而认识论又致力于贬斥理性权威之外的其他一切权威，并把它们从人们的生活中完全驱逐出去。伦理学在对待不人道的、残酷的现实方面的与崇拜理性相联系的作用在近代表现得最为充分。近代伦理学提高理性的地位以肯定义务、责任和公正而牺牲爱好、利益和感情的时候，它旨在建立对于那种一个阶级统治另一个阶级，大多数个人在其社会存在中异化于自身的社会来说是典型的行为模版❷。在这样的形势下，可以想见个人情感想要充分崭露头角是何其困难。在这种文化背景下，情感因素在自由意志罪过理论中的或缺便成为一种历史的必然。

(1)人道主义伦理思想中情感因素的缺乏

在封建专制主义和神学道德的统治下，人是没有意志自由的，人只能服从上帝的意志。同时，人也不可能根据自己的意愿去选择自己的生活，发展自己的个性。人是一个完全被动的存在。14—15 世纪的文艺复兴是近代欧洲的第一次资产阶级思想启蒙运动，也是欧洲近代的一次全民思想启蒙运动。文艺复兴运

---

❶ 参见杨岚：《人类情感论》，百花文艺出版社 2002 年版，第 64 页。

❷ 参见［苏］A.古谢伊诺夫等：《西方伦理学简史》，刘献洲等译，中国人民大学出版社 1992 年版，第 513—515 页。

动的精神支柱和思想主题是人道主义。[1] 文艺复兴时期的人道主义者根据新兴资产阶级的要求，坚决反对神学道德对人性的摧残和对个人自由的束缚，极力主张个人自由和个性解放，强调一个人有权利、有自由按照自己的个性和意愿选择自己的生活。人们的判断不是借助于对上帝的信仰，也不受欲望的干扰和约束，而是根据理性的理解自由地做出的。人道主义者歌颂人的伟大，赞扬人的价值，提倡尊重人的尊严，提倡意志自由和个性的自由发展。

上述可见，在近代欧洲的第一次资产阶级思想启蒙运动中，在人道主义思想家们用人性否定神性、用理性代替神启、用人权对抗神权的斗争中，强调理性的作用必然罢黜情感的作用，而当时的哲学心理学因其自身理论发展的不完备使得它也不能提出自己的理论呼声和主张，理性能够得见天日，已经是这场运动难能可贵的历史性胜利了。所以，在人道主义的思想渊源中，天然缺乏情感的元素。

（2）理性主义伦理学中情感因素没有地位

近代科学在16—17世纪的巨大进步和发展，使尊重事实、注重经验和理性的科学精神在科学界和思想界形成风尚。科学的发展不仅冲击了宗教神学的道德基础，而且改变了社会风尚和社会道德，并使人们的思想风貌和思考方式发生了巨大变化。同时，欧洲的17世纪也是方法论觉醒的世纪，大陆理性主义方法和理性主义伦理学，就是这一时代精神的重要体现。

17世纪主要是理性主义伦理学的世纪。这种伦理学认为，只有人的理性才能成为道德准则的源泉和基础。道德并不是人的天赋的超验的本质，而是人这个理性的、有思维能力的生物本身的一种状态。所谓理性，在笛卡尔（1596年—1650年）看来，就是人的“判断和辨别真假的能力。”他强调理性的绝对权威，认为不管在任何时候、任何情况下，永远只许听从理性的证明。[2] 笛卡尔接受古希腊斯多亚主义的观点，认为人的心灵直接与脑髓的松果腺相联系，它凭借着松果腺能对身体内部激动和外界作用有所知觉，而它本身是灵敏地受着理性的控制。心灵的理性是可以推动松果腺运动的，心灵的每一个意愿都天然地与松果腺的某种运动联系着。由此他得出结论说，决不会有一个心灵会软弱无力到经过适

[1] 宋希仁主编：《西方伦理思想史》，中国人民大学出版社2004年版，第153页。

[2] 宋希仁主编：《西方伦理思想史》，中国人民大学出版社2004年版，第167页。

当的指导还不能具有控制情感的绝对力量。情感就是灵魂的知觉或激动，为理性所产生和保持。❶

别涅狄克特·斯宾诺莎（1632 年—1677 年）继续着笛卡儿开辟的理性主义的道路。关于理智与情感的关系，斯宾诺莎这样认为，他将人的情感划分为被动的情感和主动的情感两种。前者的产生以及力量的发挥，都是被外界事物的力量所决定的，人自身对它无能为力；后者在内容上与被动情感并无区别，唯一的不同在于它是被理性所认识和把握的情感。他说，一个被动的情感只要当我们对它形成清楚明晰的观念时，便立即停止其为一个被动的情感。如爱情是一种感情冲动，一旦用理性加以反思和把握，它就成了主动情感，就是善。斯宾诺莎认为，只有主动的情感才是道德的基础。因为主动的行为或者为人的力量或理性所决定的欲望永远是善的，其余的欲望则可善可恶。斯宾诺莎提出两条理由：第一，人是善恶的最终标准，既然主动的情感是服从人的力量，受制于人的理性，那么，它就是善的；而被动的情感是起因于外物的，所以它是可善可恶的。第二，主动的情感可以增加人们的快乐，减少人们的痛苦，因而它是善的。人们对于情感的理解愈多，就愈能控制情感，而心灵感受情感的痛苦就愈少。当人们失去亲人时，一定会造成其情感上的痛苦，但当理智告诉人们生老病死乃人生规律时，人们的痛苦就会减轻一些。相反，被动的情感完全受外界偶然因素的支配，它往往会造成心灵的巨大创伤。所以，斯宾诺莎主张人们应当成为情感的主人，要变被动情感为主动情感，在理性的指导下过和谐的生活。❷

上述可见，理性主义伦理学对理性如此推崇，以至认为只有理性才能成为道德准则的源泉和基础。在理性主义伦理学的语境中，情感的地位是不能与理智同日而语的。我们不能脱离历史条件的制约，而奢求在刑法罪过理论之中情感因素与认知因素得到同样考虑。

（3）启蒙伦理思想对理性的崇扬

18 世纪法国的启蒙伦理思想以崇尚自然、高扬理性、尊重经验、认肯利益和功利、执著于平等和自由等，对近代后期资产阶级伦理思想的发展产生了重大的影响。

---

❶ 宋希仁主编：《西方伦理思想史》，中国人民大学出版社 2004 年版，第 169 页。

❷ 宋希仁主编：《西方伦理思想史》，中国人民大学出版社 2004 年版，第 171 页。

①高举理性旗帜

针对宗教道德和神学肆无忌惮的统治和迫害，法国启蒙运动的最早代表培尔（1647 年—1706 年）把理性和信仰、科学和宗教分开，并使之对立起来，用怀疑论摧毁了形而上学，并对由于宗教偏见而硬化的头脑进行“外科手术”，以便灌进健全的理智。培尔对天主教教义和信仰的揭露是对宗教神学击中要害的致命打击，也是对理性解放的宣言。[1] 培尔的意志法则包含着道德独立性的思想，他认为道德是以理性的普遍规律为基础的。自然之光早在上帝之前就照耀着人的心灵，灌输了职责观念。自然之光，就是铭刻在一切人的心灵之中的道德观念，简言之，就是普遍的理性。只要人认真地听取普遍理性的忠告，普遍理性就使所有人的头脑清醒，而不会使任何人陷入迷途。[2]

启蒙运动的代表人物卢梭反复强调理性的重要性，认为没有理性就不能指导欲念和情感，正确地选择行为；没有理性就不能成为一个人，更不能成为一个好公民和道德人。在这个意义上，他强调“情感要以理性为基础”，知善才能爱善。卢梭进一步认为，只有当每一个人都成为有理性的人时，每个人才能完善和幸福。卢梭相信普遍理性是社会正义的基础，文明社会应当是理性的社会；没有普遍理性就没有社会正义和文明。

当然，理性并非时代唯一的声音。启蒙思想家卢梭就首先对“片面”理性的可靠性提出了怀疑，认为感情比理性更可靠。[3] 在卢梭看来，道德是由理智和情感共同建立起来的，哪里有理智和情感，哪里就有道德秩序，没有情感，理性就是不完善的。只有有了情感的活动，理性才能趋于完善，理性必须依赖于情感。卢梭认为情感对人的行为起着重要的作用，它能激励人去行动，甚至能支配和决定人的行动。[4] 总之，在启蒙运动中，虽然关于情感的声音是有的，但在崇扬理性的时代思潮中，这个声音被淹没了。

②推崇自由精神

在理性的基础上高扬自由精神和平等精神，是启蒙思想家反对基督教神学和封建专制主义的重要武器，也是 18 世纪法国启蒙伦理学贯彻始终的鲜明

[1] 参见宋希仁主编：《西方伦理思想史》，中国人民大学出版社 2004 年版，第 250—252 页。

[2] 宋希仁主编：《西方伦理思想史》，中国人民大学出版社 2004 年版，第 253 页。

[3] 参见吴于廑、齐世荣主编：《世界史（近代史）》（下卷），高等教育出版社 1992 年版，第 343 页。

[4] 宋希仁主编：《西方伦理思想史》，中国人民大学出版社 2004 年版，第 265 页。

特征。

培尔强调人的意志活动不仅是遵循理性的，而且是在不断地进行选择而养成的习惯中规定自己，养成美德。在自由的问题上，培尔同莱布尼茨采取了同样的态度。莱布尼茨曾根据同样的理由反驳过那种否认客观规律、否认理性的自由论。❶

在18世纪启蒙思想家中，高举自由思想大旗的伏尔泰(1694年—1778年)把争取自由看作启蒙运动最重要的任务。伏尔泰认为，一个社会要存在和发展，就必须遵循一些理性的原则。自由原则是伏尔泰终生为之奋斗的社会理想和社会原则。伏尔泰还把自由同商业贸易联系起来，赞扬英国人因发展商业贸易不仅富足起来，而且同时获得了自由，而这种自由反过来又促进了商业贸易的发展。❷

上述可见，针对宗教道德和神学肆无忌惮的统治和迫害，18世纪法国的启蒙伦理思想以高扬理性、执著于平等和自由等思想解放运动，向封建制度、专制制度及其精神支柱天主教会发起强大的冲击。它为资产阶级革命提供了思想上、理论上的准备，并在世界近代史上产生了深远的影响。自由意志罪过理论的基本思想就是启蒙思想的一枝光芒。

综上所述，在近代资本主义济发展的特定历史条件下，出于资产阶级反封建反专制制度的政治需要，以及在由特定的社会存在所决定的社会意识的熏陶和浸润下，在18世纪中叶，资产阶级刑事古典学派终于系统地提出了罪过理论学说，以认肯理性为特征的自由意志罪过理论脱胎而出，与此同时，就历史发展的总体而言，情感因素却一直未能有效参与到罪过理论之中，没有从中获得一席之地。

二、认识主义罪过理论缺失情感因素的成因

罪过理论从无到有、从古到今有着不同的阶段，有着不同的形态。从它的历史沿革，大体可将其划分为自由意志罪过理论、认识主义罪过理论、相对意志自由罪过理论和期待可能性罪过理论等历史形态。凡事皆应循序渐进。此处笔者

---

❶ 宋希仁主编:《西方伦理思想史》，中国人民大学出版社2004年版，第255页。

❷ 参见宋希仁主编:《西方伦理思想史》，中国人民大学出版社2004年版，第257—258页。

将择取罪过理论的第二个历史形态——认识主义罪过理论，深入到其形成之时的历史背景和思想渊源，把握情感因素在其中缺失成因分析这一主线，以探究认识主义罪过理论在形成过程中的得失及其历史成因。

（一）认识主义罪过理论形成的时代经济条件

任何一种社会思潮都不是学者的自由想象，而是深深扎根于它们所处时代的经济条件之中。首先是生产力的发展，然后是生产力对生产关系的改造和推进，然后是以此为基础的社会存在塑造了时代的意识形态。认识主义罪过理论的产生同样根植于同时代的经济条件。

第一次工业革命和资本主义的迅速发展，使自然科学的研究工作在19世纪进入空前活跃并取得重大突破的高峰期。自然科学的新突破，为资本主义的发展所要求的新技术革命准备了条件。新技术革命的成果被广泛地运用于工业生产，从而引起了人类历史上的第二次工业革命。它从19世纪的六七十年代开始，在19世纪末和20世纪初基本完成。第二次工业革命的影响广泛而深远。它在工业生产的领域内部引起一系列的变革，极大地推动了生产力的发展，为资本主义向较为成熟的阶段——垄断阶段的过渡准备了条件。

19世纪最后30年科学技术的巨大进步，工业生产的迅速发展，特别是重工业的兴起，使企业的规模越来越大。企业的规模越大，要求的资本也就越多，于是股份公司这种早已出现的集资经营方式开始得到广泛的发展。随着股份公司的发展，资本与生产迅速地集中了。在19世纪末和20世纪初，各主要资本主义国家生产的集中都达到了很高的程度。生产的集中引起了垄断组织的产生。早在19世纪60年代和70年代初，欧美先进资本主义国家中就已经开始出现个别的垄断组织。到19世纪末的经济高涨至1900—1903年的危机期间，垄断组织已经在所有发达资本主义国家普遍发展起来，成为全部经济生活的基础。❶

经济发展依赖于专业化和劳动分工的发展，以达到规模经济，实现规模效益。而从人格化交换转向非人格化交换是促进专业化和劳动分工、拓宽市场范围的关键。道·诺思指出："从人格化的交换到非人格化的交换的转换已经成为经济发展中的关键性的制约因素。"❷自由竞争的资本主义向垄断的资本主义

---

❶ 参见吴于廑、齐世荣主编：《世界史（近代史）》下卷，高等教育出版社1992年版，第233—245页。

❷ [美]道·诺斯：《制度变迁理论纲要》，载《经济学与中国经济改革》，上海人民出版社1995年版，第2页。

过渡的过程，也就是摒弃个性、个体情感，塑造非人格化社会的过程。涂尔干指出："严格说来，任何个人都不能自食其力，他所需要的一切都来自于社会，他也必须为社会而劳动。因此，他对自己维系于社会的状态更是有着强烈的感觉：他已经习惯于估算自己的真实价值，换言之，他已经习惯于把自己看作是整体的一部分，看作是有机体的一个器官。这种感情不但会激发人们做出日常的牺牲，以保证日常社会生活的稳定发展，而且有时候会带来义无反顾的克己献身之举。"❶伴随资本主义的发展，社会自身也试图在理性的自我控制的基础上建立一种秩序，这种社会秩序"不再基于不可信赖、反复无常的个人纽带、个人忠诚和个人情感，而是基于抽象和一般性的社会关系。一句话，基于义务而不是爱"❷。垄断的资本主义是抽象社会的典型形态。在这里，抽象的社会结构对理性的崇扬和对个体情感的摒弃，达到了前所未有的程度。

（二）认识主义罪过理论形成的时代政治需要

新的理论或学说，也只有在社会物质生活和政治生活提出新的要求时才能产生。认识主义罪过理论的出现同样有着时代的政治需要。19 世纪最后 30 年里，资本主义世界出现了一些新的社会剧变。随着资本主义工业的迅猛发展及"自由竞争"向垄断的过渡，人口大量流向城市，贫富差距扩大，社会不公正更加严重。物质财富急剧增长，但是分配极不公平。以工人阶级为首的劳动群众的生活状况大大恶化，他们的不满与日俱增。从自由竞争的资本主义到垄断资本主义，资本主义国家的阶级关系更加严峻，阶级斗争日益尖锐。突出表现为社会中的累犯、惯犯以及少年犯等等犯罪的增多和越来越普遍。与之伴随的是资本主义各个国家大都加强了官僚、军队和警察等国家机器，强化了国家的职能。19 世纪后期，资本主义各国的统治者们经常使用国家暴力机器镇压劳动人民。

面对资本主义国家出现的累犯、常习犯以及少年犯等高犯罪率，自由意志罪过理论显得无能为力。在资本主义的历史发展长河中，自由意志罪过理论遇到了不可回避的而以其自身的理论内涵又难以解释的问题。而这正成为认识主义罪过理论产生的历史契机。龙勃罗梭的天生犯罪人理论的提出，适合了当时的社会需要，使那些深为犯罪问题所困扰的人们获得了解脱，龙勃罗梭的理论从四

---

❶ ［法］涂尔干：《社会分工论》，渠东译，生活・读书・新知三联书店 2000 年版，第 185 页。

❷ Bouw sma, W. 1990. "The Two Faces of Humanism: Stoicism and Augustinianism in Renaissance Thought." in A Usable Past: Essays in European Cultural History, p.37, Berkeley: University of California Press.

方面满足了当时人们的需要:①为预防犯罪的失败找到了理由——犯罪人是天生的,无法预防;②摆脱了认为犯罪是由当时的社会组织引起的激进学说——按照这种学说,犯罪是当时社会的必然产物,因此,要根除犯罪就必须推翻现行社会制度,这显然是为统治者所不能接受的;③为加强国家对社会的控制提供了借口——既然犯罪人是隔代遗传者,是不可救药的道德堕落者,就必须把他们从社会中根除,或者永远隔离起来;④提出了一些对付犯罪的新方法,指示了在对付犯罪方面进行努力的新方向。❶ 对于这种状况,意大利犯罪学家菲利总结指出,“在意大利,当古典派犯罪学理论发展到顶峰时,另一方面这个国家却存在着过去从未见过的数量极大的犯罪行为的不光彩状况,这确实是一种令人惊异的对比。因此,犯罪学阻止不住上下波动的犯罪浪潮。正因为如此,实证派犯罪学便与其他学科一样,自然而然地产生了。”❷对犯罪打击的需要推动了自由意志罪过理论向认识主义罪过理论的更替。认识主义罪过理论孕育于实证派犯罪学之中并成为其理论核心。对个人素质低劣的强调支持了国家政权建设的需要。把犯罪视同为妊娠、遗传、出生、疾病、死亡等等,或与这些生理现象联系密切,实证派犯罪学家这种运用生物学对犯罪原因进行科学解释的腔调正中时下执政者的下怀。实证主义和实证派犯罪学成为国家加强对社会控制的得力工具。

(三)认识主义罪过理论形成的时代思想文化渊源

1.决定论的哲学思想

历史发展到 19 世纪中叶,随着自然科学的发展,人们对自然界的因果现象有了更清楚的认识,人类的理性已经相当成熟,实证的经验科学已经相当发展,那些以空洞的和虚构的思辨来代替科学的实证研究的臆测和幻想,就成为不合理的、荒谬的和虚伪的了。❸ 由此决定论思想开始在哲学思想领域扛起大旗。这种机械的决定论根本否定人的自由,认为人在必然性面前是无能为力的,人总是盲目地受客观必然性的支配和摆布,因此人的意志是不自由的,人的意志、性格、信念乃至人类的一切现象都处在必然性的因果链条之中。诚如霍尔巴赫指出,“人从生到死,没有哪一个瞬间是自由的。”所谓人的自由,不过是“一种纯粹

---

❶ 吴宗宪:《西方犯罪学史》,警官教育出版社 1997 年版,第 224 页。

❷ [意]恩里科·菲利:《实证派犯罪学》,郭建安译,中国人民公安大学出版社 2004 年版,第 122 页。

❸ 张志伟主编:《西方哲学史》,中国人民大学出版社 2002 年版,第 731—732 页。

的幻想”。[1]

实证主义的决定论哲学思想，对当时的整个知识界，包括实证派犯罪学家的创始者们，无疑有着方法论的指导作用。伴随着以意志自由思想为基础的自由意志罪过理论的淡出，以决定论思想为基础的认识主义罪过理论则迅速崛起。在实证派犯罪学家看来，导致行为人实施犯罪行为的是其与生俱来的危险性格或人身危险性，而不是行为人的主观罪过。那么，承担刑事责任的根据也就不是自由意志罪过理论所主张的“罪过”。罪过心理在实证派犯罪学家眼里简直无足轻重。

2.进化论思想

1859 年，英国博物学家达尔文出版了《物种起源》一书，进化论思想也迅速在社会的各个阶层开始广泛地传播。达尔文指出，“关于各种特征的遗传，从微不足道的那些特征到至关重要的那些特征，就人方面来说，所收集到的事实，要比低于人的任何动物方面为多，尽管在其他动物方面，资料也是够多的，却终究不如人这一方面。心理品质的情况也是如此，心理品质的遗传，在我们的狗、马，以及其他家畜身上，是显而易见的。除了特殊的爱好和习性之外，一般的智力、勇怯的程度、坏脾气和好脾气，等等，肯定是遗传的。”[2]“说来更为恰当的属于返祖遗传这一题目以内的例子也还有一些。某些正常发生在人所属的类群中的一些低等成员身上的结构，尽管在正常的胎儿身上找不到，间或也在人身上出现。”[3]达尔文的这些隔代遗传思想对于实证派的“天生犯罪人”有着直接的指导意义。但这个实证的生物学分析是不会进入情感世界的。

3.实证主义心理学

实证主义第一代哲学家孔德（1798 年—1857 年）曾经把所有的科学列了一个表，这些科学包括数学、天文、物理、化学、生物学和社会学，就是没有心理学。[4] 他认为传统的内省心理学是混乱的和形而上学的，不能算作科学。他认为心理学应由两门学科来研究：一门是骨相学，它研究人格特质与大脑各区域的相关关系；另一门是社会学，它把人作为社会动物来研究。在第一代的实证主义

---

[1] ［法］霍尔巴赫：《健全的思想》，王荫庭译，商务印书馆 1966 年版，第 76—78 页。

[2] ［英］达尔文：《人类的由来》，潘光旦、胡寿文译，商务印书馆 1983 年版，第 40 页。

[3] ［英］达尔文：《人类的由来》，潘光旦、胡寿文译，商务印书馆 1983 年版，第 51 页。

[4] ［法］奥古斯特·孔德：《论实证精神》，黄建华译，商务印书馆 1996 年版，第 70 页。

哲学家看来，心理学形同于无。

第二代实证主义的代表人物是马赫(1838年—1916年)。他是德国杰出的物理学家，但他所信奉的科学哲学则是极端唯心的实证主义。像贝克莱一样，他把人的意识看作感觉的集合，在感觉之外我们一无所知。这样就免犯形而上学之忌。他认为应当避免理论假说，除非它与经验相关，并有利于预测。❶ 以此观点，感情的东西不仅不属于科学，而且纯属子虚乌有。

由此可见，在认识主义罪过理论所依托的实证派犯罪学产生的历史时刻，心理学在实证主义者的心目中已经没有了作为一门科学应有的地位。实证派犯罪学家建立其犯罪学理论也不需要心理学的支持。

4.精神病学家的见解

在19世纪中期以前，已经有许多精神病学家探讨了精神疾病与犯罪的关系问题。1835年，英国精神病学家和人类学家普里查德提出了“悖德狂”的概念，认为这是一种精神错乱的类型，他们的智能基本没有损害，然而他们的道德观念和正义原则被严重歪曲，其自我控制丧失或有严重障碍。“悖德狂”概念由于切中时弊，而在当时的社会广为接受。1870年，英国精神病学家、监狱医生汤姆森在调查了5000多名监狱犯人的基础上，得出了遗传是产生犯罪行为的首要因素的结论。❷ 汤姆森以及其他精神病学家的见解为实证派犯罪学家的工作做了有益的铺垫。

5.实证派犯罪学的刑事责任观点

在时代思潮影响之下，人们把当时已经蓬勃发展起来的自然科学作为工具，对犯罪问题进行实证方法的研究。1872年，切萨雷·龙勃罗梭的著名著作《天生犯罪人》应时而生，这标志着实证派犯罪学的建立。自此，实证派犯罪学开始以决定论的哲学思想为基础，否定自由意志的存在及其对行为的支配作用，怀疑用自由意志来解释刑事责任本质的合理性，转而从社会防卫的角度论证人的刑事责任问题。

实证派犯罪学代表人物意大利的恩里科·菲利在否定自由意志罪过理论时指出，“古典派犯罪学和一般公民均认为犯罪含有道德上的罪过，因为犯罪者背

---

❶ 罗继才编著:《欧美心理学史》，华中师范大学出版社2002年版，第129页。

❷ 吴宗宪:《西方犯罪学史》，警官教育出版社1997年版，第177页。

弃道德正轨而走上犯罪歧途均为个人自由意志所选择,因此应该以相应的刑罚对其进行制裁,……但是,当用现代化实证研究方法武装起来的近代心理学否认了自由意志的存在,并证明人的任何行为均系人格与人所处的环境相互作用的结果时,你还怎么相信自由意志的存在呢?"❶菲利在论证犯罪行为的原因时指出,"无论哪种犯罪,从最轻微的到最残忍的,都不外乎是犯罪者的生理状态,其所处的自然条件和其出生、生活或工作于其中的社会环境三种因素相互作用的结果。"❷

实证派犯罪学家坚持意思必至论说,秉持社会责任论,立足社会本位,防卫犯罪人对社会的危害。合乎逻辑地,他们无需详加分析行为人的罪过心理。他们认为,只要行为人认识到自己的行为是犯罪行为,或者正常人能够预见的,只因行为人疏忽大意而没有预见,因而发生社会危害结果,统统都是犯罪,应予处罚或实施防卫措施。在实证派刑事责任论从 19 世纪中期兴起并持续 100 余年的时间里,也是认识主义罪过理论做主罪过理论的历史。然而,继情感因素在自由意志罪过理论中的先天不足,认识主义罪过理论作为近代资本主义刑事思想上的主流罪过理论,从诞生到淡出 100 余年的时间里,就历史发展的总体而言,不仅没有得到弥补,反而受到了后天的一再强化。

值得注意的一个问题是,实证派犯罪学家关于犯罪人的情感已多有论述❸,他们还将犯罪人专门分出一个激情犯罪人的类型❹。这些是否属于罪过的范畴,或是否是已然将情感因素纳入罪过理论之中的表现?笔者认为,犯罪学上的情绪和情感与罪过理论中所说的情感是不同的。犯罪学上对情绪和情感的论述是从犯罪原因或犯罪动机的角度出发的,它所联系的对象是犯罪行为;而罪过中的情感指向的对象是危害结果,两者是有区别的。作为罪过的行为人心理活动的对象是危害结果的发生。因此,只有认可危害结果发生的情感才是罪过情感,也只有这种罪过情感才能纳入罪过理论之中。而犯罪动机不是直接关乎危害结果,它不是认可危害结果发生的心理。因此,作为动机的情感不能成为罪过的内

---

❶ [意]恩里科·菲利:《实证派犯罪学》,郭建安译,中国人民公安大学出版社 2004 年版,第 131—132 页。

❷ [意]恩里科·菲利:《实证派犯罪学》,郭建安译,中国人民公安大学出版社 2004 年版,第 159 页。

❸ 参见[意]切萨雷·龙勃罗梭:《犯罪人论》,黄风译,中国法制出版社 2005 年版,第 106 页及以下。

❹ 参见[意]切萨雷·龙勃罗梭:《犯罪人论》,黄风译,中国法制出版社 2005 年版,第 13 页。

容。也就是说,实证派犯罪学家关于情感动机的论述不属于罪过的范畴,也不是已然将情感因素纳入罪过理论之中的表现。

三、相对自由意志罪过理论缺失情感因素的成因

(一)马克思主义相对意志自由罪过理论

恩格斯在他的伟大著作《反杜林论》中说过:“如果不谈谈自由意志、人的责任、必然和自由的关系等问题,就不能很好地讨论道德和法的问题。”恩格斯的这段话,为我们研究罪过问题指出了正确的方向。

1.马克思主义发展历程中关于相对自由意志的论述

任何一种新的理论或学说,只有在社会物质生活和政治生活提出新的要求时才能产生出来。到19世纪40年代,资本主义社会化大生产和生产资料的资本家占有之间的矛盾、无产阶级和资产阶级之间的矛盾开始激化。时代要求科学地说明和解决这些矛盾,这就是马克思主义哲学产生的历史条件。[1] 马克思主义哲学是在批评地继承前人的优秀文化遗产的基础上产生的。法国、英国资产阶级思想家和空想社会主义者,黑格尔的辩证法以及费尔巴哈的唯物主义都是马克思主义哲学的思想来源。马克思主义哲学的产生还有其自然科学基础。19世纪自然科学三大发现,即细胞的发现、能的转化和守恒、达尔文的进化论,使马克思恩格斯对自然过程相互联系的认识大踏步地前进了。[2]

马克思主义哲学是一个博大精深的思想体系,我们这里仅择其关于相对意志自由的若干思想片段。

①马克思改造黑格尔辩证法的过程,也就是使辩证法和唯物主义结合的过程。在这里,马克思改造黑格尔的能动性原则,把主体的人理解为能动和受动的辩证统一。黑格尔所讲的主体并不是现实的人,而是抽象的“自我意识”。但这个主体是能动的。费尔巴哈用自然存在物的人,代替了抽象的“自我意识”。但这个人没有能动性,只是“受动的”自然存在物。马克思把能动性归之于物质存在的人,这个人既是能动的,又是“受动的”,受自然界制约的。从而把能动性建

[1] 祝大征、马润青主编:《马克思主义哲学史——从诞生到当代》,陕西师范大学出版社1989年版,第20页。

[2] 祝大征、马润青主编:《马克思主义哲学史——从诞生到当代》,陕西师范大学出版社1989年版,第24页。

立在唯物主义基础之上。[1]

②恩格斯在批评杜林的唯心主义自由观的过程中，精辟地论证了自由和必然的辩证关系。恩格斯在《反杜林论》一书中指出："黑格尔第一个正确地叙述了自由和必然之间的关系。在他看来，自由是对必然的认识。"[2]这就是说，自由是客观必然在一定条件下变化而来的。当客观物质世界的必然规律还没有被人所认识的时候，人们的意志及其支配的行为是不自由的。但人们一旦认识和掌握了这种客观规律的必然性，便可以按照客观规律活动，利用客观规律为自己服务，人们就可以从"必然的王国"走向"自由的王国"。辩证唯物主义者不仅承认思维是对存在的反映，而且认为思维对存在有着反作用，思维对存在的能动作用是建立在唯物主义基础之上的，因此它是一种能动的革命的反映论。[3]

③1895年恩格斯逝世前后，马克思主义在欧洲传播开来。但这种传播产生真实结果的是在俄国。俄国无产阶级在研究和运用马克思主义，解决俄国革命问题的实践中，形成了列宁哲学思想。列宁在批评民粹派米海洛夫斯基时指出，决定论思想确定人类行为的必然性，推翻所谓意志自由的荒唐神话，但丝毫不消灭人的理性，人的良心以及对人的行为的评价，恰巧相反，只有根据决定论的观点，才能做出严格的评价，而不致把一切都任意推到自由意志的身上。[4]

④在俄国十月革命影响下，1919年中国爆发了五四运动。马克思主义哲学成为灾难沉重的中国人民反帝反封建革命斗争的指路明灯。毛泽东哲学思想是在马克思主义哲学传入中国的背景下出现的。毛泽东关于自觉能动性的阐述，进一步丰富和发展了马克思主义认识论。他说："一切事情是要人做的，……做就必须先有人根据客观事实，引出思想、道理、意见，提出计划、方针、政策、战略、战术，方能做得好。思想等等是主观的东西，做或行动是主观见之于客观的东西，都是人类特殊的能动性。这种能动性，我们名之曰'自觉的能动性'，是人之

[1] 参见祝大征、马润青主编：《马克思主义哲学史——从诞生到当代》，陕西师范大学出版社1989年版，第35页。

[2] 《马克思恩格斯选集》第三卷，人民出版社1995年版，第455页。

[3] 祝大征、马润青主编：《马克思主义哲学史——从诞生到当代》，陕西师范大学出版社1989年版，第182页。

[4] 祝大征、马润青主编：《马克思主义哲学史——从诞生到当代》，陕西师范大学出版社1989年版，第275—276页。

所以区别于物的特点。”❶自觉的能动性是人类特有的能动性，是人类区别于动物的特点。在自觉的能动性中，思想、认识的能动性不是主观自生的，而是建立在客观基础之上的意识活动。❷

⑤苏联学者对社会主义辩证法的研究开始较早，但真正取得成果是在70年代即苏共二十四大以后。这个时期的苏联哲学家认为，个性的基础是活动。一方面，自由是个性的基地，因为一定的实践活动方向，一定的交往形式，一定的价值取向，仅仅由于个人的自由的采纳，而非由于强迫地服从某种外部必然性，才得以决定个性。另一方面，自由和自由意识的尺度是一种历史的尺度，无论如何，自由总是这样或那样地从对必然性的认识中生长出来的。因此，个性是对于社会的自主性和责任心的一种辩证的矛盾联系，它反映了个人现实活动中的自由和必然的辩证法。❸

2.马克思主义相对自由意志罪过理论的形成

在20世纪中早期的无产阶级世界革命中，马克思主义被作为指导思想和革命的旗帜。在取得革命胜利后，它的唯物主义的决定论思想就在社会主义各国的刑法罪过之中生根发芽，形成马克思主义相对意志自由罪过理论。我国的犯罪构成理论就是在学习、模仿前苏联的犯罪构成理论模式的过程中，演变为全盘照搬、整体移植过来的。马克思主义相对意志自由罪过理论是对意志自由（非决定论）罪过理论和认识主义（决定论）罪过理论的扬弃。它的历史功绩在于对意志绝对自由和意志没有自由的矫正，而在罪过理论中纳入情感因素，因缺乏历史的要求和对情感研究的不成熟，在当时也没有成为罪过理论发展的历史选择。

（二）西方折衷主义相对意志自由论罪过理论

认识主义罪过理论产生后，随着西方垄断资本主义继续发展，实证派理论在解决犯罪问题上开始捉襟见肘，刑法学社会责任理论的决定论思想基础不断受到动摇。20世纪以来，特别是20世纪中叶以来，“人们纷纷荡涤报应被蒙上的污垢，或从康德、黑格尔的古典哲学中寻找为报应正名的原始根据，以还报应的

---

❶ 《毛泽东选集》第二卷，人民出版社1991年版，第477页。

❷ 祝大征、马润青主编：《马克思主义哲学史——从诞生到当代》，陕西师范大学出版社1989年版，第430—431页。

❸ 祝大征、马润青主编：《马克思主义哲学史——从诞生到当代》，陕西师范大学出版社1989年版，第476页。

本来面目，或在继承古典报应论精华的基础上，从新兴的哲学理论中吸收时代的营养，架构具有时代精神的报应学说，从而掀起一股回归报应论的理论狂潮。作为其结果，报应论获得了新生。”❶在报应论获得新生的过程中，由于情感在心理学中的孱弱地位，影响的无力，使得它没有参与报应论的产生，不能够为报应论提供营养。这样，西方刑法学者们在吸收、反省古典的道义责任论和社会责任的理论根据的过程中，逐渐地用折衷主义的态度调和两派在理论上的对立，从扬弃两派基本思想的角度，也提出了相对的意志自由责任论，其理论的核心就是相对意志自由罪过理论。

四、期待可能性罪过理论缺失情感因素的成因

（一）“劣马脱僵案”

期待可能性理论肇始于德国帝国法院第四刑事部的判决：该案的被告人是马车夫，自 1895 年起，他受雇于一家经营马车出租业的雇主。在受雇期间，被告人发现其驾驶的马车中的一匹马性情顽劣，习惯用尾巴缠绕缰绳，并用力压低缰绳，妨碍被告人驾车。他为此多次向雇主进言要求更换该马。但雇主不但不答应其要求，反而以解雇相威胁。该雇员迫于生计，不得不继续驾驶该马车。1896 年 7 月 19 日，正当被告人驾车之时，该马突然绕住缰绳并用力下压，致被告人不能制御它，马车往前急驰，终将一行人撞伤。检察官以过失伤害罪提起公诉。1897 年德意志莱比锡法院宣告被告人无罪。检察官不服，提起上诉，案件移交德国帝国法院。帝国法院认为，违反义务的过失责任，不仅在于被告是否认识到危险的存在，而且在于能否期待被告排除这种危险。在该案中，被告虽然认识到驾驶该劣马马车的危险，但他迫于生计，为保全职业，无法拒绝驾驶该马车，车祸的发生对他来说是迫不得已。所以不能要求被告负过失伤害的责任，遂维持了一审法院的判决。这个判决意味着当不能期待行为人为合法行为时，其实施危害行为的心理就不应该受到谴责和非难。

从“劣马脱僵案”问世，到期待可能性理论产生，直到当代，期待可能性罪过理论大有星星之火可以燎原之势。期待可能性罪过理论能在当代罪过理论之中一枝独秀并在世界各地开枝散叶，因为它汲取的是当代颇得人心的人道主义精

---

❶ 参见邱兴隆：《从报复到该当——报应刑的生命路程》，载《法律科学》2000 年第 2 期，第 88 页。

神食粮。理论的产生和发展是有时代条件的,不成熟的历史条件只能产生不成熟的理论。事实上,它也不需要现代心理学的滋养,因为理论的缺陷在没有充分暴露出来之前,它仍可繁衍一时。

(二)期待可能性罪过理论在当代得到广泛认可的时代条件

1.当代社会经济发展状况

自19世纪世界市场形成以来,各民族之间的经济往来日益频繁,经济生活开始国际化。第二次世界大战后,随着科技和生产力的发展,国际分工的日益深化和国际贸易的超前发展,世界经济出现了全球化趋势。❶

当代世界处于史无前例的社会化大生产的历史阶段,世界经济的发展速度以前所未有的速度增长,社会生产的总产品也极大地丰富起来。

2.当代社会民主政治的发展

社会生产发展水平尤其是商品经济的发展决定民主的程度。从奴隶制社会到资本主义社会,民主程度的不断提高,民主推广到全社会,这是因社会生产的发展而实现的。在历史上,商品经济的发展极大地推动了民主程度的提高。商品经济以平等、自由和契约为原则,它完成了从身份社会向契约社会的转变,或者说由特权社会向法治社会的转变。在当代高度发展的资本主义和社会主义市场经济基础上,民主政治成为时代的必然产物。

社会经济的极大发展和民主政治化成为期待可能性罪过理论滋生的肥沃土壤。相反,“如果国家不能给予其劳动的公民以果腹之食和蔽体之衣,这个国家就不应该拥有惩罚因饥寒而盗窃的权力。”❷

3.当代社会的人文主义思潮

在各个现代国家,人权原则被涵盖进了宪法体系。在国际上,1948年12月联合国大会通过了《世界人权宣言》。1966年联合国又通过了《经济、社会、文化权利国际公约》和《公民权利和政治权利国际公约》,将宣言具体化、法律化。之后,联合国还制定了一系列保护妇女、难民等国际公约。此外还出现了《欧洲人权公约》这样的地区性国际人权公约,表明人权学说从国内走向了国际。❸ 人道

---

❶ 高德步等编著:《世界经济史》,中国人民大学出版社2001年版,第462页。

❷ See Victor Tadros, Attribution, *Ethics and Emotion in Criminal Responsibility*, The Modern Law Review. Oxford: Black well Publishing, 2004. p. 335.

❸ 杨光斌主编:《政治学导论》,中国人民大学出版社2000年版,第297页。

主义在当代社会正成为流行趋势。

期待可能性罪过理论充满了人道主义和人文关怀，它正是孕育和娩出于人道主义的腹胎之中。经济的交流必然伴随着文化思想的交流，经济全球化使得先进的、合理的思想观念也全球化了。期待可能性罪过理论在当代经济全球化的浪潮中，其合理思想也随之向世界各地推广。

第四章　罪过情感概念提出的必要性

在罪过理论中纳入罪过情感的概念具有非常重要的理论价值和实践意义。第一,可以保持学科间的一致性;第二,可以实现罪过理论的自洽性;第三,可以解决罪过理论与司法实践的脱节问题;第四,可以实现正确定性率性犯罪。在此,笔者仅阐述其在理论上的必要性。

第一节　保持学科间的一致性

一、传统罪过理论与哲学观点的矛盾

1.意识的三个基本要素

我国高等学校文科教材《辩证唯物主义和历史唯物主义原理》认为,意识包含着知、情、意三者的统一。“知”指人类对世界的知识性与理性的追求,它与认识的内涵是统一的;“情”指情感,是指人类对客观事物的感受和评价,它表现为热爱、仇恨、向往、遗憾、满意、不足以及对自身喜、怒、哀、乐等的心理体验、心理活动;“意”指意志,是指人类追求某种目的和理想时表现出来的自我克制、毅力、信心和顽强不屈等精神状态。❶ 而我国传统的罪过理论认为,罪过是认识因素和意志因素的不同组合,包括故意和过失两种形式。从内涵上讲,犯罪故意包含两项内容或称两个要素:一是认识方面的要素,一是意志方面的因素。❷ 而对过失的分析,也是从认识因素和意志因素两个方面进行的研究。❸ 可见。传统

---

❶ 李秀林、王于、李淮春主编:《辩证唯物主义和历史唯物主义原理》,中国人民大学出版社 1995 年版,第 59 页。

❷ 高铭暄、马克昌主编,赵秉志执行主编:《刑法学》,北京大学出版社、高等教育出版社 2011 年版,第 106 页。

❸ 高铭暄、马克昌主编,赵秉志执行主编:《刑法学》,北京大学出版社、高等教育出版社 2011 年版,第 106—115 页。

罪过理论认为罪过心理由认识因素和意志因素构成就与哲学的基本观点发生了矛盾。

马克思主义哲学是人类以往科学和哲学思想发展的光辉结晶，是我们时代的精华，也是建设有中国特色社会主义的行动指南。辩证唯物主义和历史唯物主义原理是我们观察问题、变革现实的世界观和方法论。罪过理论当然应自觉接受辩证唯物主义和历史唯物主义的指导。传统罪过理论与哲学观点相矛盾这一问题的解决，除了将情感因素纳入其中之外，别无他途。

2.事物（矛盾）的性质应由矛盾的主要方面决定

罪过之中情感因素的地位确立以后，传统罪过理论原先隐藏的问题就出来了。

马克思辩证唯物主义认为，任何事物都是由矛盾着的双方构成的，矛盾双方的力量是不平衡的。其中一方处于支配的地位，起着主导的作用，而另一方则处于被支配的地位；前者为矛盾的主要方面，后者为矛盾的非主要方面。事物的性质，主要是由取得支配地位的矛盾的主要方面决定的。

在行为人的心理中，认识因素和情感因素共同指导或驱动着意志因素，认识因素和情感因素并不总是处于平衡的地位，当其中一方处于支配地位时，这时心理活动的性质就由处于支配地位的认识因素或情感因素决定着。

在阙如情感因素的传统罪过理论中，这个问题被隐藏着。当罪过之中情感因素的地位确立以后，这个问题就登上了台面，也才能使我们对罪过的准确定性成为可能。

二、传统罪过理论与心理学的不一致

1.心理学的常识

《心理学》❶认为，心理过程指心理活动的动态过程，即人脑对客观现实的反映过程。它包括认识、情感、意志等活动过程。认识是人的最基本的心理活动过程。感觉、知觉、记忆、思维、想象等都是人脑对客观事物的反映，统称为认识过程或认识活动。人对客观事物所持的态度体验，是情绪、情感的表现形式。人自觉地确立行动的动机与目的，并据此调节支配行动，努力克服困难以实现目标的

❶ 高玉祥等编著：《心理学》，北京师范大学出版社 1995 年版，第 2—4 页。

心理过程就是意志。认识、情感、意志是人的统一心理过程的三个不同的方面,它们是互相联系、互相制约的。

2.罪过情感提出的必要性

而罪过是犯罪活动中行为人的心理活动,作为一种心理活动,它的基本方面必然不能脱离一般的心理活动的基本状况。罪过理论必须以心理学为基础,并接受心理学知识的支持。心理学认为人的心理包括认识、情感、意志等活动过程,罪过理论也必须与此相一致。与其他科学理论知识相一致是说明任何理论正确性的必要条件。将情感因素纳入罪过理论之中对于保证罪过理论的科学性具有重要意义。

第二节　实现罪过理论的自洽性

一、科学区分间接故意与轻信过失

(一)区分间接故意与轻信过失的各种观点

德国著名刑法学家威尔采尔将间接故意与轻信过失的区分称为“刑法中最困难和最有争议的问题之一”。在刑法学界,这个问题成为任何关于罪过理论不能回避而又难以做出令人满意解答的话题;在司法实务界,这又是一个令人头疼、一个难以说清道明而又屡屡谋面的拦路虎。为解决这一难题,长期以来,学者们绞尽脑汁,提出了各种各样、颇具个人见解的认识和方法。在此笔者选择了影响较大的四种代表性观点,陈列如下:

第一种观点是 20 世纪 80 年代早期刑法理论界通行的观点,比较权威的刑法教科书和论著均认为,间接故意与轻信过失的不同之处在于,在轻信过失中,行为人是轻信危害后果可以避免;在间接故意中,行为人对自己的行为可能造成的危害后果,在主观上不是轻信可以避免,而是放任危害结果的发生,即对危害结果的发生采取漠不关心的态度。同时,轻信过失确实具有防止危害后果发生的某些情况,而间接故意则根本不存在防止危害后果发生的任何情况。[1]

第二种观点认为,在间接故意的情况下,在认识因素上,行为人认识到了危害结果的发生具有现实可能性,所以这种结果确确实实地有可能发生;而在轻信

---

[1] 参见高铭暄主编:《刑法学》,法律出版社 1982 年版,第 152—153 页。

过失的情况下,行为人只认识到危害结果发生的可能性,所以这种结果的发生处于不肯定状态。但行为人认为利用主客观条件,是可以避免这种结果的发生。只是由于他采取的措施和其所依赖的客观条件的不具备才导致这种结果的发生,可以说是行为人判断上的失误。在意志因素上,这种观点首先将行为人对危害结果的发生所持的态度分为三种:①希望危害结果发生;②不希望危害结果发生;③放任危害结果发生。对危害结果发生,间接故意的意志因素是"放任",行为人无所谓否定不否定,听之任之,不加干涉;而轻信过失的意志因素是"不希望",对危害结果的发生,行为人持否定的心理态度。❶

第三种观点是现行罪过理论中较为普遍的学说。该观点认为,首先,间接故意是"明知"危害结果发生的可能性;轻信的过失是"预见"危害结果发生的可能性。"明知"比"预见"要具体、要全面,说明间接故意的行为人认识到结果发生的可能性较大。其次,间接故意是为了实现其他犯罪意图或非犯罪意图而实施行为,而根本不考虑是否可以避免危害结果的发生,事实上行为人也没有采取避免结果的措施;轻信的过失之所以实施该行为,是因为考虑到可以避免危害结果的发生,事实上行为人也采取了避免结果的措施。最后,间接故意是放任危害结果的发生,结果的发生符合行为人意志;轻信的过失既不希望也不放任危害结果的发生,结果的发生违背行为人的意志。❷

第四种观点认为,在认识因素上,间接故意的心理对行为发生危害结果的可能性转化为现实性并未发生错误的认识和估计;而轻信过失的心理是认为只要自己利用行为时存在的一些有利条件,危害结果就不会发生。正是行为人对危害结果发生的这种否定性认识,促成了导致危害结果发生的行为的实施。在意志因素上,间接故意是放任危害结果的发生;而轻信过失是希望危害结果不要发生,希望避免危害结果的发生。❸

(二)对各种区分间接故意与轻信过失观点的评论

这些区分间接故意与轻信过失的见解众说纷纭,莫衷一是。它对于我们认清和区分间接故意与轻信过失具有一定的帮助作用,但这些见解都没有提出令人满意的解答,以至于各种新的见解仍然不断出现,这也说明这一问题一直没有

❶ 参见何通胜、吉罗洪:《试论间接故意与轻信过失的异同》,载《法学杂志》1989 年第 1 期。

❷ 苏惠渔主编:《刑法学》,中国政法大学出版社 1999 年版,第 169 页。

❸ 高铭暄主编:《刑法专论》(上编),高等教育出版社 2002 年版,第 275 页。

得到妥当的解决。问题出在了哪里,症结究竟在什么地方?笔者试对上述观点简要评述,以探源把脉,有所发现。

上述第一种观点认为,在间接故意中,行为人是放任危害结果的发生;在轻信过失中,行为人是轻信危害后果可以避免。如此见解,本来就是法律的规定,没有增加人对间接故意与轻信过失之间区别的了解,没有起到解释说明的作用。这种观点还谈到"轻信过失确实具有防止危害后果发生的某些情况,而间接故意则根本不存在防止危害后果发生的任何情况"。但这是罪过吗?要知道我们这里区分的是罪过心理,而不是罪行。罪过是一种心理事实,而不是行为状态。

上述第二种观点将行为人对危害结果的发生所持的态度分为三种:①希望危害结果发生;②不希望危害结果发生;③放任危害结果发生。对于此种分类法,笔者认为有违划分的逻辑规则。"希望"与"不希望"是矛盾关系,而"不希望"与"放任"是包容关系。在这样逻辑错乱的划分基础上展开的论述,又怎么能合理呢?又怎么能把道理说清楚呢?这是该观点在意志因素上的错误。在认识因素上,该观点认为轻信过失行为人"认为利用主客观条件,是可以避免这种结果的发生",这句话表明行为人如果利用了主客观条件,危害结果不发生是一种可能。同时,该观点谈到"只是由于他采取的措施和其所依赖的客观条件的不具备才导致这种结果的发生,可以说是行为人判断上的失误。"这就是说行为人如果"采取的措施和其所依赖的客观条件"是真实有效的话,行为就不会发生危害结果。这就表明,该观点的前后论述是存在逻辑矛盾的。或者说,这个后面的论述是对其前面的可能性的进一步界定,那这就表明行为人认为自己的行为不会发生危害结果是确定的。姑且不论这种观点"认为不会发生危害结果"已经跑题,因为论述的前提是"已经预见到可能发生危害社会的结果"。即便这样,行为人基于对自身行为无害化的认识且意志上又没有放任危害结果的发生而采取的行为又有什么可责备的呢?而一旦未曾预料的危害结果发生了,就以过失相论,算不算客观归罪呢?

对于上述第三种观点。首先,该观点认为,"明知"比"预见"要具体、要全面,说明间接故意的行为人认识到结果发生的可能性较大。对此,笔者认为在间接故意与轻信过失这两种行为中,对于尚未发生的危害结果而言,"明知"也是一种"预见","预见"也包括"明知","明知"与"预见"到底孰具体、孰全面,其认识状况不可一概而论,而必须到实际的具体的情况之中才可断言。像这样抽象地在理论上空谈孰具体、孰全面，不仅不合逻辑，更难切合千变万化的实际情况。其次，笔者认为是否“采取了避免危害结果发生的措施”不宜列入罪过要素的比较之中。我们这里说的是罪过，比较的是罪过中的认识要素。换言之，这里的论域是罪过。那么，我们在罪过的论域里本来说的是罪长过短，怎么冒出来个非罪过因素（采取避免危害结果发生的措施）呢？最后，该观点认为“轻信的过失既不希望也不放任危害结果的发生，结果的发生违背行为人的意志。”笔者认为，如果说轻信的过失是不放任危害结果的发生，那么，行为人为什么还要做，为什么不停止或终止行为呢？既然行为人知恶（已经预见行为危害社会的结果）而为，又怎么能说（危害结果的发生）违背行为人的意志呢？

上述第四种观点认为，在认识因素上，“轻信过失的心理是认为只要自己利用行为时存在的一些有利条件，危害结果就不会发生。正是行为人对危害结果发生的这种否定性认识，促成了行为的实施，行为人行为时也凭借和利用了存在的一些有利条件。”既然这样，行为发生了危害结果，这个危害结果就只能是意外事件或不可抗力，又有什么主观恶性，更谈何因其主观罪过而构成犯罪呢？这与客观归罪以结果问罪有何区别？另外，我们知道，意识不止由一种元素组成，它的认识因素对其意志因素还有着制约作用。既然轻信过失在认识因素上是“认为危害结果不会发生”，在意志因素上，轻信过失又怎么能是“希望避免危害结果的发生”。理论自身不合逻辑，怎能让人信服，更不要说用来指导实践了。

（三）对传统罪过理论间接故意与轻信过失的分析与界定

基于上述分析，笔者认为到目前为止，间接故意与轻信过失的区分这一“刑法中最困难和最有争议的问题之一”仍然没有得到令人满意的解决。兹从上述分析中整理一下思路，查获有益启示，并进一步找准问题症结，探索解决问题之途。

1.对间接故意与轻信过失分析的理论前提

问题讨论之前，我们必须明确一些讨论的前提，以免使讨论偏离主题，得不到有用的结论，并使讨论有一个共同的平台和有可比较之处。

这个共同的平台就是我们的论域——罪过。既然我们讨论的是罪过，那么，首先要知道什么是罪过。对此，笔者认为，人的意识具有社会性。心理活动一旦以行为表现出来，就要接受社会伦理的评价。规范性行为谓之“善”；

反之，谓之“恶”。[1] 行为招致危害结果是恶行，心理认可危害结果是罪过。恶[2]是社会伦理谴责的行为，罪过是社会伦理谴责的心理。罪过心理的社会表现就是恶。说明心理的罪过性，也就是证明行为的恶。

罪过反映的是行为人面向危害结果的心理事实，所以，无论认知或者意志都反映的是面向危害结果的心理活动。我们在罪过的论域里所说的只能是罪长过短，也就是心理活动的对象是危害结果的发生，而不应将非罪过因素（如采取避免危害结果发生的措施等）拉进来。用语言表达出来，其逻辑形式就是：

罪过=行为人（主语）+心理活动（谓语）+危害结果的发生（宾语）

这是笔者总结出的罪过公式。

在这个共同的平台上，我们比较的是什么呢？笔者认为，如果我们满足于刑法的直接的概括的规定，我们就没有必要进行比较了。正因为我们想进一步深入地认识间接故意与轻信过失的区别，我们才在意识这一属概念的种概念的层次上进行比较。而且根据我们日常生活的经验，比较的对象应是同类事物或相同的属性，否则，比较的过程就混乱不堪了，比较的结果也就没有什么意义了。例如，高度不能拿来与颜色相比较。所以，认知因素只能与认知因素相比较，意志因素也只能与意志因素相比较，而不能将认知因素与意志因素相比较，其他亦然。

2.对间接故意与轻信过失心理要素的分析

（1）对间接故意与轻信过失认识因素的分析

立足于上述理论前提和基本的思路，笔者首先分析其认识因素。间接故意是认识到行为具有发生危害社会结果的可能性，这是学界一致的观点，笔者亦赞同这一观点；而对轻信过失的认识因素，各家各派的观点并不一致。其典型形式主要有三种：①认识到危害结果发生的可能性，但同时认为利用主客观条件是可以避免这种结果的发生，而事实上这些有利的主客观条件并不具备；②认为轻信过失行为人认识到的危害结果的发生可能性比间接故意较小；③认为只要利用行为时存在的一些有利条件，危害结果就不会发生。但结合前述，笔者认为，观

---

[1] 参见温建辉：《人性与人的本质新解》，载《内蒙古农业大学学报（社会科学版）》2005 年第 2 期，第 102 页。

[2] “恶”是行为的一种属性。为符合语言的习惯和行文的简洁，此论中的“恶”有时指“恶行”；“恶行”符合刑法的规定，并经刑法评价后，即是“罪行”，上述二意，本论未做区分，请读者自行注意。

点①中“认识到危害结果发生的可能性”这一对轻信过失认识因素的描述不可取，因为用它不能区分间接故意与轻信过失的认识因素。观点①中的“认为利用主客观条件可以避免危害结果的发生”，而事实上这些有利的主客观条件并不具备，这一描述因附加了不必要的非面向危害结果的成分（利用主客观条件）而显得画蛇添足。换言之，“利用主客观条件可以避免危害结果的发生”不等于心理活动的对象“危害结果的发生”。所以，观点①不符合罪过公式。观点②因为“明知”与“预见”到底孰具体、孰全面，不可一概而论，必须到实际的具体情况之中才可断言，所以不能成立。观点③因为有客观归罪之嫌而不能成立。

在前面评论的基础上，笔者开始得出自己的一些见解：

1）在轻信过失中，行为人即便凭借了有利的主客观条件，其行为仍然可能发生危害结果。因为行为人出于“凭借了行为时存在的有利的主客观条件，危害结果就不会发生的认识”，促成了行为的实施。既然这样，虽然行为发生了危害结果，这个危害结果也只能是意外事件，又有什么主观恶性，又有什么可责备的呢？

2）在轻信过失中，行为人的认识因素与其说是“预见到了危害结果发生的可能性”不如说是“预见到了危害结果不发生的可能性”。因为轻信过失的行为人之所以实施该行为，是因为预见到了危害结果不发生的可能性。或者说，在轻信过失中，行为人的认识因素是既预见到了危害结果发生的可能性，又预见到了危害结果不发生的可能性。

（2）对间接故意与轻信过失意志因素的分析

在意志因素上，间接故意是放任危害结果的发生，这种观点已经无可争议。而轻信过失的意志因素也基本一致，即是“既不希望也不放任危害结果的发生”，或“结果的发生违背行为人的意志”，或“行为人持否定的心理态度”，或“希望避免危害结果的发生”等等，众词一意或大同小异。对于学界的这种认识，诚如前述，笔者认为，如果说轻信的过失是不放任危害结果的发生，那么，行为人为什么还要做，为什么不停止或终止行为呢？既然行为人知恶（已经预见行为可能发生危害社会的结果[1]）而为，又怎么能说（危害结果的发生）违背行为人的意志呢？看一看吧：他一边做着危害的行为，一边说“我希望避免危害结

[1] 我国刑法第十五条的规定。

果的发生”。并不滑稽,传统罪过理论就是这样。

从哲学上讲,事物是一分为二的。行为有招致危害结果发生的可能性,也有不招致危害结果发生的可能性。在轻信过失中,行为人着眼于危害结果不发生的可能性,但他/她却摆脱不了危害结果发生的可能性。行为人冲着“危害结果不发生的可能性”,而采取行动,但其自身的行为始终具有“发生危害结果的可能性”,这也是行为人预料之中的事情,所以,其行为伊始就意味着“放任”危害结果的发生。

(3)认识因素与意志因素之外必有第三种因素存在

综上所述,在认识因素上,间接故意是“认识到了危害结果发生的可能性”;而轻信过失是“预见到了危害结果不发生的可能性”。尽管两者着眼点不同,一个是“危害结果发生的可能性”,另一个是“危害结果不发生的可能性”,但两者在危害结果发生的可能性上并无区别,因为两者都存在“危害结果发生的可能性”。可见,从认识因素上不能区分间接故意与轻信过失。

我们再看意志因素。间接故意是“放任危害结果的发生”,而轻信过失的意志因素同样是“放任”危害结果的发生。可见,从意志因素上同样不能区分间接故意与轻信过失。

间接故意与轻信过失固然不同,但我们从罪过之中的认识因素和意志因素两个方面却得不到区分。我们不得不进行反思,是不是我们在罪过之中漏掉了能够体现两者分别的什么因素?

我们还看到,在先前的区分间接故意与轻信过失的各种观点中,在谈到轻信过失时,屡屡有使认识因素或意志因素越界串位的情况出现,而且这些越界串位的情况主要表现为“采取避免危害结果发生的措施”、“利用主客观条件”、“结果的发生违背行为人的意志”、“行为人持否定的心理态度”以及“希望避免危害结果的发生”等等。这就使我们进一步想到,为什么会出现这些越界串位的情况?究竟是认识因素和意志因素越界串位,还是罪过之中有其他不容忽视的因素需要借体还魂?如果罪过之中还有其他不容忽视的因素,那么,在行为人的心理中还有什么因素能体现这些越界串位的情况?想到这里,问题已经昭然若揭。

(四)正确区分间接故意与轻信过失的必然选择

1.现代心理学关于心理活动的基本观点

当代心理学也认为,心理过程指心理活动的动态过程,即人脑对客观现实的反映过程,它包括认识、情感、意志等活动过程。而罪过是犯罪活动中行为人的心理活动,作为一种心理活动,它的基本方面必然不能脱离一般的心理活动的基本状况。罪过理论必须以心理学为基础,并接受心理学知识的支持。心理学认为人的心理包括认识、情感、意志等活动过程,罪过理论也必须与此相一致。与其他科学理论知识相一致是说明任何理论正确性的必要条件。将情感因素纳入罪过理论之中对于保证罪过理论的科学性具有重要意义。

2.罪过之中应有情感的一席之地

综上所述,笔者认为,我们要想理顺罪过中各种要素的形态,避免认识因素或意志因素越俎代庖的现象,必须在罪过之中还情感一个名分,给情感一席之地。当罪过理论之中确立情感因素的一席之地后,我们发现,罪过理论中原先存在的诸多问题随即迎刃而解:①越俎代庖现象消失了;②间接故意与轻信过失得到了清楚的区分。

笔者认为,在认知居于心理的主导方面的情况下,情感因素仍然起着重要作用。轻信过失对危害社会的结果在情感上持“排斥”的态度,而间接故意对危害社会的结果在情感上并不排斥,而是冷漠无情的情感态度。如此区分显而易见。

这样,间接故意与轻信过失的区别就显得简单明了而又顺畅自然。现列表如下:

	认识因素	情感因素	意志因素
间接故意	认识到了危害结果发生的可能性	对危害结果冷漠无情	放任危害结果的发生
轻信过失	预见到了危害结果不发生的可能性	对危害结果排斥	放任危害结果的发生

这个罪过的分析列表也可以进一步概括为:

①概括的罪过=对危害结果的认识+对危害结果的情感态度+对危害结果的意志倾向

②对危害结果的认识+对危害结果的情感态度+对危害结果的意志倾向=概括的罪过

公式①反映了对罪过的分析过程,称之为罪过分析公式;公式②反映了对罪过的综合过程,称之为罪过综合公式。一方面,经过罪过分析似乎从各个罪过因素中看不出罪过的性质了,但因为我们是经过严格的逻辑推导分析出来的,所以，这个分析结论是可以相信的。另一方面，经过对各个罪过因素的综合，根据整体不等于部分之和，即整体具有部分不具有的性质❶，这个罪过的性质就立即突现出来了。

事实上，对间接故意与轻信过失区分的困难在于对轻信过失的罪过难以界定。而对轻信过失的心理分析，就像我们把一束白光分为赤、橙、黄、绿、青、蓝、紫，似乎很复杂，但在日常生活中，轻信过失，我们却司空见惯，也简单的很，这就是我们经常说的："没有把握，你还做！"

二、科学说明疏忽大意过失的罪过性

（一）关于说明疏忽大意过失罪过性的几种观点

当世界各国刑事立法普遍地将疏忽大意的过失行为规定为犯罪，我们普通公民也能不假思索地认为疏忽大意的过失行为应予惩罚的同时，我们的刑法学者却不能令人满意地说明疏忽大意过失的罪过性何在，甚至于说明疏忽大意过失的罪过性竟成了刑法学者的两难之题。美国著名刑法学者道格拉斯·N.胡萨克指出"疏忽的刑事责任始终是正统学者们激烈争论的一个论题"。❷ 在刑法学界，这个问题成为任何关于罪过理论不能回避而又难以自圆其说的话题；在司法实务界，这是一个解释起来令人捉襟见肘而又屡屡谋面的拦路虎。为解决这一难题，长期以来，学者们绞尽脑汁，提出了各种各样、颇具个人见解的认识和方法。笔者依据求大同、弃小异，择其比较典型的主要观点，列举如下：

第一种观点为无意识说。❸

该观点认为，"疏忽大意的过失是一种无认识的过失。应当预见是前提，没有预见是事实，疏忽大意是原因。应当预见、但由于疏忽大意而没有预见，这就是疏忽大意过失的认识因素。疏忽大意过失的意志因素，也表现为无意志。即从意志因素与认识因素的关系上看，既然是无意识，就必然无意志。但是，从实质上看，疏忽大意过失的行为人是希望危害结果不发生，至少可以说是既不希望

---

❶ 这个道理的详解参见谢勇：《犯罪学研究导论》，湖南出版社 1992 年版，第 294 页。

❷ ［美］道格拉斯·N.胡萨克：《刑法哲学》，谢望原等译，中国人民公安大学出版社 2004 年版，第 202 页。

❸ 苏惠渔主编：《刑法学》，中国政法大学出版社 1999 年版，第 165—166 页。与此观点基本一致的见马克昌主编：《犯罪通论》，武汉大学出版社 1991 年版，第 349—357 页；黄志岗：《论疏忽大意之过失犯罪》，载《湖北广播电视大学学报》2005 年第 9 期，第 112 页。

也不放任危害结果的发生。”“国家要求行为人在生产、工作、生活等方面发挥主观能动性，避免其行为侵犯社会主义社会关系；行为人事实上具有发挥主观能动性的可能性。但是，由于行为人忽视了对社会主义社会关系的保护，以致没有发挥这种主观能动性，从而导致了结果的发生。这正是疏忽大意过失的罪过性之所在。概括起来说，在疏忽大意过失的犯罪中，行为人对自己的行为具有意识支配的可能性，因而其行为并不是与意识毫无关系的，也正是在这个意义上，才肯定疏忽大意的过失行为是在意识支配下的行为。”

第二种观点为潜意识说。❶

弗洛伊德首开以潜意识理论研究过失行为的先河。他指出，“精神分析以为心灵包含有感情、思想、欲望等等作用，而思想和欲望都可以是潜意识的”❷，“我们不但知道过失是有意义和有目的的心理现象，也不但知道它们是两种不同意向互相牵制的结果，而且知道这些意向中若有一个想要借牵制另一个而得到发表，其本身便不得不先受一些阻力禁止它的活动。简单地说，一个倾向必须先受牵制，然后才能牵制其他意向。”❸弗洛伊德还具体指出，组成过失机制的两个要素是：(1)倾向和倾向的冲突；(2)有一倾向被逐而产生过失以求补偿。❹

用潜意识理论研究过失行为，在部分社会主义国家得到继承和发扬。苏联刑法学者乌格列赫捷在 1976 年《刑法中的过失罪过问题》一书中指出，过失的心理学方面就是不受意志和意识控制的冲动定势，由这种定势所引起的行为蕴涵着造成社会危害后果的现实可能性。❺

我国学者蔡卫平认为，过失犯罪行为包括意志行为和冲动行为，除极少数的下意识行为引起的过失犯罪外，多数过失行为是意志行为，是意识和无意识心理的综合。无论过失犯罪还是故意犯罪其心理状态都是意识和无意识的综合。过失犯罪心理活动在绝大多数情况下是有意志因素的，因为绝大多数的过失犯罪

---

❶ 我国刑法学者储槐植教授也持此观点。参见储槐植：《刑事一体化与关系刑法论》，北京大学出版社 1997 年版，第 390 页。

❷ [奥]弗洛伊德：《精神分析引论》，高觉敷译，商务印书馆 1984 年版，第 8—9 页。

❸ [奥]弗洛伊德：《精神分析引论》，高觉敷译，商务印书馆 1984 年版，第 45 页。

❹ [奥]弗洛伊德：《精神分析引论》，高觉敷译，商务印书馆 1984 年版，第 50 页。

❺ [苏]皮昂特科夫斯基等：《苏联刑法科学史》，曹子丹等译，法律出版社 1984 年版，第 82 页。

亦有行为的决意。❶

我国学者陈兴良教授认为,“传统心理学理论难以说明过失的心理事实,只有应用潜意识的理论才能科学地加以描述”。“在犯罪过失的心理过程中,意识与潜意识是综合的,但不能把意识列入犯罪过失的心理事实之中。过失的心理事实只能是潜意识的,犯罪过失的主观恶性也正是建立在这一心理事实之上的。疏忽大意的过失心理是由潜意识构成,其心理内容主要表现为两种心理倾向的互相牵制。”❷

第三种观点为他认识说。❸

该种观点认为,“疏忽过失同样存在意识因素和意志因素。”“其实我们可以从任何一个疏忽过失的犯罪中都可以发现,行为人对自己的行为性质(即在干什么)是有认识的,并始终处于自己的意志控制之下,对这种有意识的行为作用于什么对象也是有认识的,只是对这种行为有可能导致什么结果,即对行为与结果之间可能性的因果关系的预见和认识发生了错误,即意识到可能发生其他结果,而偏偏没有意识到发生的是这种危害结果。因此笔者认为,疏忽过失的主观罪过同样存在意识因素,即行为人已意识到自己在干什么?意识到在针对什么对象在干什么(如果这两点都未意识到,不是行为人无刑事责任能力,就是行为属于意外事件),只是对可能导致而且最终事实上已经导致的危害结果,由于疏忽大意产生错误认识,以致没有正确认识到。正是从这一意义上,疏忽过失的主观罪过同样具有意识因素,这一意识因素的实质是错误的认识,而不是没有认识。”“疏忽过失的意志因素是不追求,即行为人由于疏忽大意不能正确预见自己的行为可能发生危害社会的结果,因而在意志方面表现为不追求危害结果的发生。……过失犯罪主观罪过的意志本质是对危害结果的否定。”

第四种观点为他意志说。

持该种观点的苏联学者认为,“在疏忽大意犯罪的条件下,虽然行为人实施任何行为或者放弃作为(不作为),实际上都没有向自己提出达到危害社会结果的目的。但在这里却始终存在着对另一个目的(针对实际达到的结果而言)的

---

❶ 蔡卫平:《过失犯罪的心理状态及其形成原因》,载《华东政法学院法学硕士论文集》,上海社会科学院出版社 1988 年版,第 278—279 页。

❷ 陈兴良:《刑法哲学》,中国政法大学出版社 2004 年版,第 40—44 页。

❸ 杨兴培:《犯罪构成原论》,中国检察出版社 2004 年版,第 190—192 页。

追求。实际产生的结果不是行为的目的,而是行为附带的、派生的结果,是以次等的结果出现的。"❶

持该种观点的另一种表现为不法意志论,它认为,"主观意志没有犯罪内容,但却具有明显的不法性,这是过失行为的本质所在。主体即使不能预见其行为可能发生危害结果,但对其行为的不法性或者不当性,则是应当意识到的。无论是推人一把还是打人一拳,行为主体不仅能够意识到其行为的不法性,而且必然追求着特定的不法意图。即便是举铁镐在他人头顶喊不许动,其动机也可能是开玩笑,但把玩笑开到这种不当的危险程度,行为人完全能够意识到对方抬头时,有可能碰疼或者撞伤头皮。明知是不法或者不当的行为,却执意为之,且又造成了严重的危害结果,岂是意外事件能够解释了的?""主观上的不法意志才是过失犯罪主观要件的基础,也是界定罪与非罪的重要根据。在实践中,把握过失行为不法意志的有无并做出判断,既有客观确定性,又有可操作性。至于能否预见危害结果的发生,充其量是个过失的程度问题,仅能作为责任大小的辅助情节。只有这样,才能客观地揭示疏忽大意过失犯罪的主观责任。"❷

第五种观点为有意识说。❸ 该种观点认为,"在疏忽大意的过失上,所谓无认识并不是真正的不能认识,也不是缺乏意识因素,只是由于意志上的疏忽大意,对于应当预见而能够预见的可能发生危害的结果,竟然没有预见到。故疏忽大意的过失中,仍然具有意识的因素,只是表现的形式特殊。""意识因素在疏忽大意的过失中的表现,是以应当预见到自己的行为可能发生危害社会的结果为前提,而应当预见又是建立在能够预见的基础之上的。因此,确定能够预见的标准,就是肯定其具有意识因素,这是认定疏忽大意的过失的关键。""在过失犯罪中,意志的因素表现为另外两种:轻信与疏忽。""疏忽这种意志因素的社会危害性,就在于行为人应当预见到自己的行为可能发生危害社会的结果,但却在意志上抱着疏忽大意的态度,马马虎虎,麻痹松懈,丧失警惕,因而没有预见到,以致发生了这种结果。过失表明行为人对社会公共生活规则的不关心,缺乏责任心,

---

❶ [苏]斯·特拉鲁欣:《犯罪行为的社会心理特征》,国际文化出版公司1987年版,第55页。

❷ 郭小安:《论疏忽大意过失犯罪的主观责任》,载《北京人民警察学院学报》2003年第4期,第29页。与此观点基本一致的见高艳军、杨立新:《疏忽大意过失犯罪主观责任的认定》,载《东北大学学报(社会科学版)》2003年第1期,第50页。

❸ 朱华荣:《略论刑法中的罪过》,载《刑法学专论》,北京大学出版社1989年版,第66—68页。

不爱护他人和国家的利益。疏忽大意过失的形成,意志因素起着相当大的作用。”

（二）对各种说明疏忽大意过失罪过性的观点的评论

说明疏忽大意过失罪过性的见解众说纷纭,莫衷一是。这对于我们认识和分析疏忽大意过失的罪过性具有一定的帮助作用,但这些见解都没有做出令人满意的解答,以至于新的论见仍然不断出现,这也说明这一问题一直没有得到妥当的解决。问题出在了哪里,症结究竟在什么地方?笔者试对上述观点做一简要评述,以探源把脉,有所发现。

上述第一种观点认为,“应当预见、但由于疏忽大意而没有预见,这就是疏忽大意过失的认识因素。”对此,笔者认为,“认识”是一种心理活动或心理过程,“应当预见、但由于疏忽大意而没有预见”只能是他人对行为者的评价,而不是行为者的心理活动或心理过程,因而不能作为行为者疏忽大意的认识因素。该观点认为“疏忽大意过失的意志因素,也表现为无意志。即从意志因素与认识因素的关系上看,既然是无意识,就必然无意志。但是,从实质上看,疏忽大意过失的行为人是希望危害结果不发生,至少可以说是既不希望也不放任危害结果的发生。”对此,笔者认为,该观点的“疏忽大意过失的意志因素表现为无意志”与“疏忽大意过失的行为人是希望危害结果不发生,至少可以说是既不希望也不放任危害结果的发生”,从形式逻辑上讲是自相矛盾的。既然承认疏忽大意过失是无意志,又从何说其是既不希望也不放任危害结果的发生?还有,既已承认疏忽大意过失的行为人对危害结果没有预见,又从何说其是既不希望也不放任危害结果的发生?你说他(她)不希望什么?不放任什么?如果能回答出来,那不就证明他(她)已经预见到了危害结果的发生。因为你总不能说他(她)不希望或不放任其他事项。该观点认为“国家要求行为人在生产、工作、生活等方面发挥主观能动性,避免其行为侵犯社会主义社会关系;行为人事实上具有发挥主观能动性的可能性。但是,由于行为人忽视了对社会主义社会关系的保护,以致没有发挥这种主观能动性,从而导致了结果的发生。这正是疏忽大意过失的罪过性之所在”。对此,笔者认为,若说“行为人事实上具有发挥主观能动性的可能性”,不如说“事实证明行为人不具有发挥主观能动性的可能性”。难道事实已经证明了的情况,不比你的推测更可靠吗?该观点还谈到“在疏忽大意过失的犯罪中,行为人对自己的行为具有意识支配的可能性,因而其行为并不是与意识毫无关系的，也正是在这个意义上，才肯定疏忽大意的过失行为是在意识支配下的行为”。对此，笔者认为，即便我们承认在疏忽大意过失的行为中，行为人的行为是在自己意识支配下行动的，但这个支配行为的意识不是对行为招致危害社会结果的意识，即行为人对自身的行为可能发生危害社会的结果是没有预见的，是没有意识的，那么，行为人何罪之有？按行为人自己的话讲，就是：“我不知道会这样！”

对于上述第二种观点，笔者仅将学者蔡卫平的观点拿出来做简要的个别评论。我国学者蔡卫平认为，“过失犯罪行为包括意志行为和冲动行为，除极少数的下意识行为引起的过失犯罪外，多数过失行为是意志行为，是意识和无意识心理的综合。无论过失犯罪还是故意犯罪其心理状态都是意识和无意识的综合。”这里我们应明确的是疏忽大意过失行为人对行为招致危害结果是无意识的，这也是作者的意思。该作者还认为，“过失犯罪心理活动在绝大多数情况下是有意志因素的，因为绝大多数的过失犯罪亦有行为的决意。”这里我们应明白过失犯罪中的行为决意不是针对危害结果的决意追求或放任，因为行为人没有预见到行为的危害结果。在这种情况下，也就是行为人既没有预见到行为的危害结果，又没有对危害结果的追求或放任，你谴责他(她)什么？

然后，从总体上讲，潜意识说坚持疏忽大意的心理事实是潜意识。而由潜意识引起的过失行为应受刑罚吗？刑罚一个仅仅因潜意识引起的过失行为，果真能防止他(她)再犯类似的错误吗？或者能防止他人因潜意识引起过失行为吗？笔者认为无论从行为人行为时的犯罪能力上讲，还是从行为人行为时的受刑能力上讲，都不能防止行为人因潜意识引起的过失行为。因为潜意识处于意识和意志的控制之外，这一点，持潜意识观点的刑法学者自己也意识到了。如果刑法连人的潜意识都要控制和惩罚，那恐怕事实上就无所不用刑罚了。后果不堪设想！

对于上述第三种观点，笔者也承认疏忽大意过失行为人意识(请注意该种观点所言的“意识”是我们所说的“认识”的意思)到了自己在干什么，也意识到了在针对什么对象在干什么，但他(她)毕竟没有意识到实际发生的危害结果，这也是第三种观点所承认的。所以，就行为实际发生的危害结果而言，疏忽大意过失行为人是没有意识到的，也即是没有认识因素的。该种观点还认为疏忽大意过失在意志因素方面表现为不追求危害结果的发生。对此，笔者认为，人的意志是具体的。人的意志都是针对一定的行为目的或行为结果而言的，没有对危害结果的预见，就没有对危害结果的意志。试问，没有对危害结果的预见，你又能追求什么或不追求什么呢？因此说，该观点的思路是错误的。

对于上述第四种观点，笔者认为，主观想象的行为可能引发的结果和行为实际引起的危害结果是不同的，对此，我们不应混淆。如果行为人没有认识到行为可能招致危害结果而为之，则行为就没有可谴责性；如果行为人预见到行为可能引起其他危害结果，则这个对其他危害结果有所预见并有所追求的行为与那个引起实际危害结果的行为在评价时，尽管两者表现为同一个行为，但两者在刑法评价中的意义是不同的，应当分别评价。在疏忽大意过失中，我们所谴责的行为人的心理应当与引起实际危害结果的行为相一致。行为人在实施行为时对实际危害结果是怎样的心理，我们就应该认为与这个行为相对应的心理是怎样的心理。他意志说的错误就在于没有认识到“行为人行为时主观追求的心理与其对自身行为实际引发的危害结果的心理”是两码事，它们在刑法评价中的意义是不同的。

对于“不法意志论”，笔者再做下面的解说。

即便诚如所言，“明知是不法或者不当的行为，却执意为之，且又造成了严重的危害结果”，就行为人的这种心理，你为什么不说其是直接故意呢？考虑到实际发生了超出行为人故意的严重危害结果，但以结果加重犯或者想象竞合犯，从一重处，也应该说定性更准确一些。

这样看来，“不法意志论”就从坚持“不法意志”是疏忽大意过失罪过性的根据，得出由“不法意志”构成故意犯罪的结论。——一个不折不扣的“悖论”。

或者你会说，主观预见的危害结果较轻，按故意就构不成犯罪了，所以，按过失论处。但这又奇怪了：同样的行为，同样的危害结果，主观罪过严重时，构不成犯罪；主观罪过轻时，反倒能构成犯罪。——仍然是一个“悖论”。

再举一例。一个饭店厨师错把砒霜当白糖，做出的饭菜将顾客毒死。你能说他（她）有不法意志吗？

没有。但你能说他（她）没有罪过吗？

(1)如果有。你说他（她）是什么罪过？

(2)如果没有。你说说这个厨师是干啥吃的，操得是啥心？

你这么说他（她），是不是一种谴责？

是。这又是一种什么谴责？谴责他（她）的什么？

现在,难道你还能坚持“不法意志论”吗?

上述第五种观点肯定疏忽大意过失具有意识因素,即疏忽大意过失行为人预见到了行为可能招致危害结果;如果有别的语言意思,那他(她)还能预见到什么?单就这个预见到了行为可能招致危害结果的意思,已经完全背离了疏忽大意的本来意义。因为我国刑法明文规定疏忽大意过失是对行为可能发生危害社会的结果“没有预见”。所以该观点所言的行为已经不再是疏忽大意过失的行为了。再说下去就显得多余了。

(三)对传统罪过理论中疏忽大意过失罪过性的分析

基于上述评论,笔者认为到目前为止,流行于世的各种说明疏忽大意过失罪过性的见解都是经不起推敲的,疏忽大意过失的罪过性仍然没有得到令人满意的说明。我们如前所述坚持罪过反映的是行为人面向危害结果的心理事实,所以,无论认知或者意志都反映的是面向危害结果的心理活动。而且,我们说明疏忽大意过失的罪过性,必须达到这样的要求:即我们不仅要找到疏忽大意过失的心理事实,还必须指出其悖理(违背社会伦理)之处。具体分析如下。

1.传统罪过理论不能说明疏忽大意过失的罪过性

关于我国刑事责任的根据,我国学界的认识基本上是一致的,它们认为人具有认识能力,一旦认识了客观事物的发展规律,就可以凭借这种认识去支配自己的行为,利用客观规律为自己服务,给客观世界以积极的影响。这便是意志自由的能动作用。追究犯罪人的刑事责任的根据首先在于犯罪人是基于自己的主观能动性实施了犯罪行为。人的行为只有在其有认识和有意志的心理活动支配下实施,才具有社会意义。行为人在行为时具有主观罪过,就应当承担刑事责任;不存在主观罪过,就无须承担刑事责任。主观罪过作为一种主观心理活动,是由认识因素和意志因素两大要素所构成。

概括地讲,我国的罪过理论对于疏忽大意过失的罪过心理,大体上可分为两类观点:其一,认为疏忽大意过失的心理是无意识,如前述第一种观点认为,疏忽大意过失对危害结果的发生既没有预见也没有意志。以及部分学者主张的前述第二种观点认为,疏忽大意过失的心理属于潜意识。但根据心理学的基本常识,潜意识属于无意识❶,所以,这种观点可归属于第一类观点。其二,认为疏忽大

❶　孟昭兰主编:《普通心理学》,北京大学出版社1994年版,第157页。

意过失的心理具有意识,或具有认识因素或具有意志因素。如前述第三种观点和第四种观点。前述第五种观点因其已经跑题,笔者不再对其赘笔。

笔者认为,第一类观点因为一方面认为主观罪过是承担刑事责任必要条件,另一方面却又认为疏忽大意过失的心理是无意识,基于这两个前提论证疏忽大意过失行为人的罪责,必然使其陷入自相矛盾之中。

第二类观点认为疏忽大意过失的心理活动指向的对象是可能发生其他结果,而偏偏不是实际发生的危害结果。而我们知道,罪过是面向危害结果的,那么,这个第二类观点的心理又怎么能成为犯罪构成要件主观罪过的内容呢?

上述两种观点的错误基本如此。既然传统罪过理论不能说明疏忽大意过失的心理有何罪过,我们就不能称其为过失。传统罪过理论自身存在的问题再一次暴露出来。如果坚持责任根据理论,则疏忽大意过失就没有刑事可谴责性;而如果坚持疏忽大意过失具有刑事可谴责性,则必须抛弃刑事责任根据理论。在传统罪过理论的语境中,疏忽大意过失的罪过性成为了两难之题。

2.认识因素与意志因素之外必有第三种因素存在

疏忽大意过失固然是一种罪过,它已经为我们普通民众不言而喻地认可。与此相反,我们的刑法学者竟然不能说出它的心理事实❶以及这种心理的悖理(违背社会伦理)之处。

理论来源于生活与实践,而决不是拿理论来套实践。当理论不能适应我们的日常生活经验和实践的需要时,这个理论就必须进行修改了。

疏忽大意过失的罪过性从心理的认识因素和意志因素两个方面得不到说明。我们不得不进行反思,是不是我们在罪过之中漏掉了能够说明疏忽大意过失罪过性的其他心理因素?

值得一提的是,道格拉斯·N.胡萨克在找不到疏忽大意过失心理事实的情况下,对疏忽大意过失是否存在心理事实这一问题采取了回避的态度,转而提出以行为人对自己行为有控制能力而追究其刑事责任的主张。他论述到:“尽管事实上不要求心理状态,只要被告人没有运用他所具有的控制能力,疏忽是应该受到惩罚的。”❷我们也就这个“行为人对自己的行为有控制能力”而言,它同样

---

❶ [意]杜里奥·帕多瓦尼:《意大利刑法学原理》,陈忠林译,法律出版社1998年版,第216页。

❷ [美]道格拉斯·N.胡萨克:《刑法哲学》,谢望原等译,中国人民公安大学出版社2004年版,第211页。

表明了行为人对自己的行为是有意识的,否则的话,行为人就不能控制自己的行为。换言之,胡萨克的"控制原则"是以行为人"有意识"为潜在前提的,也就是说胡萨克的"控制原则"从另一个侧面证明了行为人"意识"的存在。疏忽大意过失既然是有意识的,也即是有罪过心理的,而且其罪过不在认识因素和意志因素,那又能是什么呢?

(四)破解疏忽大意过失罪过性的必然选择

1.现代科学理论关于意识的基本观点

我国高等学校文科教材《辩证唯物主义和历史唯物主义原理》认为,意识包含着知、情、意三者的统一。而传统的罪过理论认为罪过由认识因素和意志因素组成,它们的不同内容形成了直接故意、间接故意、疏忽大意的过失以及过于自信过失过失等罪过形式。这就与传统罪过理论认为罪过心理由认识因素和意志因素构成相矛盾。

辩证唯物主义和历史唯物主义原理是我们观察问题、变革现实的世界观和方法论。罪过理论当然应自觉接受辩证唯物主义和历史唯物主义的指导。传统罪过理论与哲学观点相矛盾这一问题的解决,除了将情感因素纳入其中之外,别无他途。

2.疏忽大意过失中的罪过情感责无旁贷

在按传统罪过理论的路子走不通的情况下,我们不妨试着承认罪过理论之中情感因素的地位,看能不能走得通。思路开阔之后,让我们再来审查一番疏忽大意过失中的心理因素吧。

在追究刑事责任的过程中,本来谴责的对象是行为人的主观罪过,但将罪过分析成认识因素、情感因素和意志因素等心理因素后,谴责的对象就具体落实到了认识因素、情感因素或意志因素上,而且这种谴责还必须做到使其无可推脱,这样才能确保谴责的真实准确。

因为刑法明文规定,在疏忽大意过失中,行为人没有预见到危害结果的发生,所以就没有对行为所招致的危害结果的意志。因此,疏忽大意过失的意志因素较少招惹受谴责的麻烦。

对于疏忽大意过失这种心理,认识因素却常常遭到学者的谴责。但笔者认为,在疏忽大意中,在没有预见危害结果既成事实的情况下,若说行为人有预见的义务❶,

❶ 苏惠渔主编:《刑法学》,中国政法大学出版社1999年版,第165页。

但有义务不等于应受谴责，所以，说行为人有预见的义务，不等于应对行为人谴责。或说行为人有注意的义务[1]，但罪过的实质是对心理内容的谴责，即对以危害结果为对象的心理态度的谴责，而注意是意识的一种属性，是对意识过程的描述，它不是直接关乎危害结果的心理态度。所以，说行为人有注意的义务，也不能形成对行为人的直接谴责。

而且，说行为人应当预见，那也要搞清楚是什么原因导致了行为人应当预见，而竟没有预见呢？如果还有其他心理因素是导致行为人应当预见而竟没有预见的原因，这就说明认识因素仍有可推卸责任之处。深究一步，这时就发现是因为行为人对行为涉及的社会或他人利益漠不关心，即在情感上，对行为对象的情况变好或变糟（发生危害结果）的漠视才导致行为人应当预见，竟没有预见，以致发生危害社会的结果。如果行为人不是出于情感上的漠不关心，就不会疏于谨慎，认识不到危害结果发生的可能性，也就不会疏于防范，并终至危害结果的发生。行为人漠不关心的对象固然是行为所引起的社会或他人的利益的情况变好和变糟等所有结果，但对于我们认定行为人心理罪过性有价值的只是行为对象变糟（发生危害结果）这种情况，所以，对于疏忽大意的情感态度，笔者仅取行为对象变糟（发生危害结果）这种情况。

论述到此，也许有人会说，既然行为人对发生危害结果（即行为对象的情况变糟）持情感上的漠视态度，他（她）就应该先有对行为对象认识的内容。笔者也承认，人们对作用于他们的事物的判断与评估是情绪、情感的直接原因[2]，但这个认识仅仅是认识到这个利益的存在或其他一些状况，而不是这个利益的情况会变糟（发生危害结果）[3]，所以说，疏忽大意这种罪过心理，没有认识因素的内容（没有对危害结果的认识）。而且，行为人情感态度的对象是包括行为对象的情况变糟（发生危害结果）在内的行为对象的一切情况及其变化。当然，我们所取的是其行为对象的情况变糟（发生危害结果）的情感态度。

综上所述，疏忽大意中的情感因素责无旁贷，而且疏忽大意中的情感因素是疏忽大意过失心理中唯一值得谴责的心理因素。在我们日常生活中，谴责这种过失屡见不鲜，而又准确无误："你咋不操心儿！"

---

[1] ［日］大谷实：《刑法总论》，黎宏译，法律出版社 2003 年版，第 147 页。

[2] 参见曹日昌主编：《普通心理学》，人民教育出版社 1987 年版，第 348 页。

[3] 因为如果行为人认识到了危害结果的发生，它就不再是疏忽大意的过失了。

至于广受关注的疏忽大意过失与意外事件的区别，列表如下：

	认识因素	情感因素	意志因素
疏忽大意过失	对危害结果的发生没有认识	对危害结果的发生漠不关心	对危害结果的发生没有意志
意外事件	对危害结果的发生没有认识	对危害结果的发生关心	对危害结果的发生没有意志

很明显，在疏忽大意过失中，行为人对行为涉及的社会或他人利益漠不关心，即在情感上，对行为对象的情况变好或变糟（发生危害结果）的漠视才导致行为人应预见、能预见，竟没有预见，以致发生危害社会的结果。换言之，在疏忽大意过失中，如果行为人对社会或他人利益有所关心，就能认识到危害结果发生的可能性。所以，在疏忽大意过失行为的危害结果出现之后，行为人并不会懊悔不已。而在意外事件中，行为人即便对社会或他人利益非常关心，也不会认识到危害结果发生的可能性。所以，一旦意料之外的危害结果出现之后，行为人仍然会思考：怎么会这样？——这就是疏忽大意过失与意外事件的区别。

3.用一个过往的关于疏忽大意过失的案例来说话

中央电视台 2002 年 9 月 19、20 日《今日说法》中“证据的叹息”的节目，反映了一个这样的案例。余英和杨英，本来是好朋友，姐妹俩经常往来，关系相处很好。余英和丈夫谭必兴在自家屋外开了一个小卖部。而杨英就住在余英家旁边的一栋商品房内。1999 年 11 月 8 日中午，杨英路经余英的小卖部时说自己还没吃早饭，想向余英借点钱。而正好杨英以前买了 9 元钱的鸡蛋送给过余英，所以余英说：“你不用借，我把鸡蛋钱还给你就是了。”随即拿出了 10 元钱给杨英。“我只要 9 块，不要 10 块。”杨英不好意思地推说。余英却爽快地说：“嗨，多一块钱没关系，不用那么客气。”一个要给 10 块钱，一个坚持只要 9 块钱，二人就这样相互谦让着。突然间，杨英不小心从小卖部的台阶上摔了下来，余英见状赶紧叫了一辆三轮车，将摔伤的杨英送到了阆中市人民医院。经诊断，杨英右腿粉碎性骨折，并住院治疗。到了 2001 年，杨英以被余英故意推伤为由向公安局报了案。同年 11 月，阆中市检察院以涉嫌故意伤害罪将余英起诉到阆中市人民法院。几经周折，2002 年 1 月，南充市中级人民法院做出二审判决，判决余英犯过失致人重伤罪，判处余英有期徒刑 1 年，缓刑 2 年。判决书认定，余英和杨英为给付鸡蛋钱在推让过程中，余英应当预见自家商店外的梯坎窄小，可能致杨英摔倒的结果。但因为疏忽大意而没有预见，导致杨英右腿重伤，其行为已构成致人重伤罪。❶ 如此判决，我们总感觉不对劲儿。而问题出在了哪里？依据笔者观点可以得知，疏忽大意过失的罪过心理是对危害结果漠不关心的情感态度。而本案余英和杨英二人的推让行为是出于友好的心理，显然不是对他方利益（包括危害结果的发生）漠不关心的情感态度。所以，本案判决余英犯过失致人重伤罪显然构成冤假错案——一个使好心遭恶报的冤假错案。这个案件给予社会的伦理启示是负面的。

缺陷并不是在任何地方都会暴露出来，完善也只有在特定的情况下才有所显示。情感因素之于罪过理论的意义，在对疏忽大意过失的心理分析中，说明了这一点。

三、化解超过要素概念的内在矛盾

主客观相统一是现代法制国家基本的定罪原则，这一原则要求在追究犯罪人的刑事责任时不仅要有危害社会的结果，必须同时具备认可危害结果发生的主观罪过，而且客观的危害结果的范围亦必须与主观罪过的范围相一致。但在刑法学犯罪构成要件上存在的超过要素，与之产生了严重的矛盾和冲突。在刑法学上，超过要素包括主观的超过要素和客观的超过要素。如何解决两者之间的矛盾和冲突，是维系犯罪构成基本理论和主客观相统一定罪原则能否成立的重大问题。

（一）主观超过要素证伪

1.主观超过要素概述

主观超过要素，是指在犯罪构成的诸要素中，超出罪过内涵之外的、没有客观要素与之对应的那些主观要素。❷ 对于主观超过要素的范围，笔者赞成它包括目的犯中的犯罪目的及倾向犯中的内心倾向；而表现犯中的内心表现完全应该作为犯罪故意的内容，不宜按主观超过因素来对待。❸

❶ 参见中央电视台《今日说法》栏目组编：《今日说法故事精选》，中国人民公安大学出版社 2004 年版，第 177—192 页。

❷ 司郑葳：《论犯罪构成之主观超过要素》，山东大学 2011 年硕士论文，第 10 页。

❸ 董玉庭：《主观超过因素新论》，载《法学研究》2005 年第 3 期。

目的犯是以一定的目的作为特定构成要件要素的犯罪。目的犯的目的，并不需要客观上其目的被外在化或现实化。在刑法理论中，目的犯中的目的是一种不要求存在与之相对应客观事实的主观要素。例如，根据我国刑法第 240 条的规定：拐卖妇女儿童罪是指以出卖为目的，拐骗、绑架、收买、贩卖、接送、中转妇女儿童的行为之一的。因为拐卖妇女儿童罪的成立不要求“以出卖为目的”的实现，而只要具备拐骗、绑架、收买、贩卖、接送、中转妇女儿童的行为之一就成立犯罪，因此拐卖妇女儿童罪中的“以出卖为目的”被我国学者认为是主观的超过要素。

在我国刑法中倾向犯的研究一般以强制猥亵妇女罪作为探讨的参照罪名，外国刑法中也基本以类似罪名作为倾向犯的研究基点。在强制猥亵妇女罪的犯罪成立条件中，除了行为和故意之外，还要求行为人实施行为时是基于追求性的满足这种主观倾向，这种追求性的满足的主观倾向是犯罪构成中的主观超过因素，而不是故意之内的心理内容。[1]

2.主观超过要素之悖论

对于主观超过要素的认识可从如下的二难推理中得出结论，而其中的每一个前提性判断都表现为一个悖论。

如果认为主观超过要素属于主观要件内容，那么，其与主客观相统一的定罪原则相矛盾，因为没有与主观超过要素相对应的客观因素，而个别的情况必须服从原则的东西，所以，主观超过要素不能成立；

而如果认为主观超过要素不属于主观要件内容，即主观超过要素对犯罪的成立可有可无。换言之，就是对于有或无该主观超过要素的行为都可成立犯罪。但法律却规定没有该主观超过要素的行为不能构成犯罪。那么，也就是能够从犯罪成立的前提推出犯罪不能成立的结论。具有如此的悖论，表明主观超过要素不能成立。

因此，无论认为主观超过要素属于或者不属于犯罪主观要件内容，主观超过要素都不能成立。

3.主观超过要素悖论的化解

主观超过要素必须有与之对应的客观要素，否则的话，以主观超过要素为犯

[1] 董玉庭：《主观超过因素新论》，载《法学研究》2005 年第 3 期，第 73 页。

罪成立条件来定罪,必然会陷入主观归罪的泥潭。

既然主观超过要素不能成立,那么,必须在犯罪构成要件范围内进行解释说明。笔者认为,目的犯的目的不是主观超过要素,而是属于故意的内容,目的的完全实现才能标志目的犯的既遂。认为目的犯的目的是超客观的主观要素的认识,存在一个虚假的理论前提,这个理论前提就是认为目的犯的既遂不以目的的实现为既遂标志。笔者认为这个理论前提是错误的。因为对于一个具有目的犯罪而言,它的既遂标准是犯罪目的的实现,犯罪目的没有实现,就不是犯罪既遂的形态。❶ 也就是说,目的犯也有对应的客观危害结果,那就是体现犯罪目的的危害结果的发生。

而倾向犯的内心倾向也不是主观超过要素,它属于犯罪人主观罪过中罪过情感。既然发现罪过心理中的认识和意志不能包容强制猥亵妇女罪中的寻求满足性刺激的心理时,为什么不从犯罪人心理的情感因素上看看呢?毫无疑问,这是一种情感体验和情感态度,属于一种痛快型的罪过情感。当我们发现强制猥亵妇女罪与众不同时,它仅是一个特例,而当我们认识到这是一种罪过情感时,我们的认识就上升到了理论的高度,就不再只看到一个特例,而能够看到一类这样的犯罪。所谓的倾向犯,也就是体现出鲜明罪过情感特色的犯罪不仅有强制猥亵妇女罪,还有聚众斗殴罪、寻衅滋事罪、猥亵儿童罪,等等。

(二)客观超过要素证伪

1.客观超过要素概述

客观超过要素指在犯罪客观要件中,超出了故意的认识与意志内容,不要求行为人对之具有认识与放任或希望的态度。如丢失枪支不报罪中,“造成严重后果”虽然是构成要件,但不需要行为人对之具有认识与希望或放任态度,因此,“造成严重后果”便成为超出故意内容的客观要素,属于“客观的超过要素”。❷ 客观超过要素的概念提出后,在学界产生了较大的反响,赞成者和反对者均大有人在。

2.客观超过要素之悖论

对于客观超过要素的认识也可以从如下的二难推理中得出结论,而其中的

❶ 温建辉:《论犯罪既遂的标准》,载《广西社会科学》2012 年第 1 期。

❷ 张明楷:《“客观的超过要素”概念之提倡》,载《法学研究》1999 年第 1 期。

每一个前提性判断也都表现为一个悖论。

如果认为客观超过要素属于客观要件内容，那么，其与主客观相统一的定罪原则相矛盾，因为没有对应的主观要素，而个别的情况必须服从原则的东西，所以，客观超过要素不能成立；

而如果认为客观超过要素不属于客观要件内容，即客观超过要素对犯罪成立可有可无。换言之，就是对于有或无该客观超过要素的行为都可成立犯罪，但法律却规定没有该客观超过要素的行为不能构成该犯罪。那么，也就是能够从犯罪成立的前提推出犯罪不能成立的结论。具有如此的悖论，表明客观超过要素不能成立。

因此，无论认为客观超过要素属于或者不属于犯罪客观要件内容，客观超过要素都不能成立。

3.客观超过要素悖论的化解

客观超过要素也必须有与之对应的主观要素，否则的话，以客观超过要素为犯罪成立条件来定罪，将不能避免客观归罪的指责。

因为给定的前提是犯罪的成立必须以“客观超过要素”的存在为前提，而且主客观相统一的定罪原则不能违背。别无选择，必须找出与客观超过要素相对应的主观要件。在笔者看来，与犯罪的客观超过要素相对应的主观要件是犯罪人的罪过情感。这个罪过情感不是认识，因而犯罪人无需对客观超过要素有认识；这种主观的心理态度既不是希望危害结果的发生，也不是排斥危害结果的发生，而漠不关心的情感态度恰好符合这种特征。可见，与客观超过要素相对应的罪过心理要素是行为人漠不关心的罪过情感。

（三）主观超过要素或客观超过要素的说法都是伪概念

笔者认为，不存在超过要素，第一，因为根据主客观相统一原则，犯罪的主客观方面的内容和范围是一致的，如果超出了主观的范围，那么，就一定超出了客观的范围；同样道理，如果超出了客观的范围，那么，也一定超出了主观的范围，所以说，主观超过要素或者客观超过要素的提法并不科学。换言之，不是超主观或者超客观，而只能是犯罪构成要件之外的东西。那么这个构成要件之外的东西又怎么能影响定罪量刑呢？

第二，超过要素定义本身也是自相矛盾。一方面，声称超过要素属于犯罪构成的要素，另一方面，又声称其是超出主观罪过或者客观危害之外的东西。既是犯罪构成的要素，那么，必然属于罪过的内容或者客观危害的表现，所以超过要素概念本身即是一个悖论。

第三，因为我们定罪量刑必须坚持主客观相统一原则，那么，因为主客观相统一原则与超过要素概念不相兼容，我们必须坚持一个，好在它们必有一对一错。而主客观相统一原则是历经历史反复实践检验的定罪原则。鉴于超过要素概念具有前述两个严重缺陷，所以不宜使人们改弦更张放弃主客观相统一的定罪原则。

综上所述，刑法学上的超过要素自身存在矛盾，而且与其他法律基本原则相冲突，所以超过要素是学术上不可取的伪概念。

方 法 篇

第五章　刑事责任根据论

刑事责任产生的原因有根据和条件之分，刑事责任的根据是犯罪行为人的主体意识，这种主体意识包括罪过心理部分和非罪过心理部分。刑事责任的根据解决行为犯罪化可行性的问题，也是解释行为适用刑罚可行性的问题。从刑罚适用角度而言，刑事责任根据可分为着眼于预防的根据和着眼于惩罚的根据；从刑罚对应的犯罪而言，刑事责任根据可分为理性犯罪的刑事责任根据和率性犯罪的刑事责任根据。

第一节　刑事责任根据的历史沿革

一、刑事责任根据理论的历史嬗变

刑事责任的根据是指法律上对危害社会的行为规定刑事责任以及具体的行为人据以对自己行为承担刑事责任的理由。刑事责任的根据所要解决的是刑事责任的可行性问题，而不是解决刑事责任的所有依据（全部条件）的问题。刑事责任根据的历史不同于刑事责任根据的学术史，质言之，就是刑事责任根据产生的时间不同于刑事责任根据理论产生的时间，刑事责任根据与刑事责任产生的历史同步，而刑事责任学术史的开端则在产生刑事责任之后，它是在系统的刑事责任理论产生之后才产生的。

按照承担刑事责任是否需要行为人具有意识为标准，历史上的刑事责任根据大体可划分为结果责任和理智责任两个阶段。结果责任之后的责任根据尽管需要行为人具有意识，但是这种责任的根据是要求行为人具有理智这样的意识，而对于意识中情感的作用避而不谈。

在人类社会早期，由于人类认识水平的局限，人们惩罚的是对社会的客观危害,按照危害结果追究责任是人类追究责任最先产生的一种责任追究方式,结果责任片面看重行为所造成的危害结果,而忽略了行为人对危害结果发生的心理态度。

继结果责任之后,是理智责任阶段,因为无论是道义责任论、社会责任论,还是心理责任论,抑或规范责任论和功能责任论,其实质都不外是因行为人的理智而应承担责任。道义责任论者认为,人都是具有自由意志的主体,凡是达到一定年龄,除精神不健全者外,都具有根据理性而行动的自由,无论是为善还是为恶,他都有充分选择的自由。如果他基于自由意志,实施了违反道德义务的行为,就应该受到道义的非难而承担刑事责任。社会责任论者认为,人的意志和行为是由行为人的人格和社会环境决定的,犯罪行为也是这样,而社会为了防卫自己,就要对具有反社会人格的人施以刑罚或保安处分但这些惩罚以认识主义为标准。心理责任论要求在行为人与危害结果之间不仅存在客观的因果联系还要存在主观的心理联系时,才应追究行为人的刑事责任。随后的规范责任论强调对行为人主观心理的评价,它认为刑法中的责任是行为人在实施不法行为时主观心理的谴责可能性。功能责任论认为:"现代社会是一个价值多元的陌生社会,为了在多元乃至冲突的价值追求下,仍然可以实施正确的行为,人们只有求助于法律。而法规范是人们正常交往的根据,对实施了不法行为的人而言,越是存在比刑罚更好的替代措施,就越是不需要把责任归属于他。假设在一个人实施了强奸行为之后,如果仅仅给他注射一针不损害他其他功能的药物就能确保他以后不再实施强奸行为,那么,就无需他对强奸行为负责。"❶

二、当代我国关于刑事责任根据诸观点及简评

1.犯罪构成根据说及简评

犯罪构成根据说认为犯罪构成是刑事责任的唯一根据。这种认识也是与我国学习前苏联的刑法相关。前苏联刑法学家契柯瓦在《苏维埃刑法中犯罪构成的概念和意义》一文中讲到:"整个苏维埃刑事立法都是根据这样一个原则建立起来的,即认为在人的行为中具有刑事法律规定的犯罪构成是负刑事责任的唯

❶ 冯军:《宏观解析刑法的责任原则》,载《法制日报》2011 年 9 月 20 日。

一根据。”❶犯罪构成根据说因对犯罪客观行为重视不够而受后人诟病，笔者也认为将本属于观念形态的东西作为现实世界中事物产生的根据似乎不符合唯物主义的思想路线。

2.犯罪行为说及简评

犯罪行为说认为，犯罪行为决定了犯罪构成，从而决定了刑事责任。这种观点与前苏联的学术观点有渊源。前苏联刑法学家杜尔曼诺夫认为：“刑事责任的根据不是犯罪构成，而是犯罪行为本身。”❷这种观点在我国也有一定影响，我国有学者认为：“只有犯罪行为才是负刑事责任的唯一根据。行为的社会危害性和行为符合犯罪构成要件，从一定意义上说，这两者的关系是内容与形式的关系，是犯罪行为的社会政治内容与必要的法律形式的统一，缺少任何一个方面都不是犯罪。”❸笔者认为这种观点具有一定道理，主客观相统一的犯罪行为固然是刑事责任产生的原因，但是组成犯罪行为一系列的主客观要件仍然需要区分出刑事责任的根据和条件。也就是说，犯罪行为说的认识还有深入的空间。

3.罪过说及简评

罪过说认为刑事责任的根据在于行为人实施危害行为时的主观罪过。“如果把在刑法上具有违法性的危害行为视为刑事责任的基础，那么在这个基础上把人为什么要对自己的危害行为承担刑事责任以及要求人对自己危害行为承担刑事责任的正当化理由亦即刑事责任的根据说成是罪过，就有充分的理由。”❹对罪过说，笔者有两点商榷意见：第一，在一个完整犯罪行为的心理态度中，包括犯罪心理部分和非罪过心理部分。罪过心理部分对于犯罪的性质具有决定的意义。但只有全部的犯罪心理才是犯罪产生刑事责任的根据，不考虑犯罪心理中非罪过部分是不全面的，会导致不能说明追究刑事责任可行性问题，例如，对于过失危险犯和共同过失犯罪如果不考虑它们的非罪过心理部分，它们成立犯罪或共同过失犯罪就没有根据可言。第二，就罪过作为人的心理事实而言，该说所说的心理要素也是不全面的，它仅仅包含认识和意志要素，而没有包含情感要素，因而存在结构性缺陷。

---

❶ 《苏维埃刑法论文选译》第3辑，人民出版社1957年版，第10页。

❷ 曹子丹等译：《苏联刑法科学史》，法律出版社1984年版，第48页。

❸ 何秉松：《建立具有中国特色的犯罪构成理论的新体系》，载《法学研究》1986年第1期。

❹ 张智慧：《刑事责任通论》，警官教育出版社1995年版，第147页。

4.行为符合犯罪构成说及简评

行为符合犯罪构成说认为,行为符合犯罪构成是刑事责任的唯一根据,而犯罪构成是确定这种根据的判断标准。行为符合犯罪构成说受人诟病之处是行为符合犯罪构成这一法律事实,只是说明了某行为被定罪的法律规定的基本要求,并不能说明刑事责任的轻重程度。❶ 笔者对此的商榷主要是行为符合犯罪构成是一种客观的外在的评价,而刑事责任的根据应当说明一个行为被追究刑事责任和被定罪量刑的内在条件。

第二节 刑事责任根据的本质

一、刑事责任追究的原则

追究刑事责任的本质就是行为的犯罪化,刑事责任追究的原则也就是犯罪化的原则。犯罪化是危害行为被认定为犯罪的过程,它包括立法机关将某一行为规定为犯罪的立法活动和司法机关将某一行为认定为犯罪的司法活动。行为的犯罪化和非犯罪化是一个关系国计民生的问题,是一个关系大是大非的问题。科学的犯罪化观念,有助于合理地刑事立法、正确地刑事司法和人们正确认识犯罪和理解刑法。

惩罚犯罪是犯罪化的基础,预防犯罪是犯罪化的追求,因此,犯罪化的原则就是预防优先、惩罚后置。纵览我国刑法以及世界上其他国家刑法的规定,可以看到:过失犯罪的成立以危害结果的发生或者需要以重大险情的出现为条件,而故意犯罪的成立不以危害结果的发生为条件。这是为什么呢?对这个问题的回答,是我们理解犯罪化原则的钥匙。

首先,刑罚的目的是预防犯罪和惩罚犯罪。我们说一个行为构成犯罪归根结底是因为这个行为是危害结果发生的原因,而我们预防犯罪,归根结底是预防危害结果的发生。在犯罪行为危害结果没有发生之前制裁犯罪才是预防,而在危害结果发生之后只能惩罚。预防犯罪结果的发生也就是对正在发生的、进行的犯罪行为在没有发生危害结果之前给予刑罚制裁。就一般预防而言,惩罚罪犯可以收到一般预防之效,而不是为了一般预防而惩罚犯罪,那种以惩罚犯人实

❶ 徐立:《刑事责任根据论》,中国法制出版社 2006 年版,第 157 页。

现一般预防的观念是把人作为工具的不人道的思想。就特殊预防而言，对再犯的预防也有有罪推定之嫌，所以对犯罪的特殊预防也仅限于对已有之罪的预防，是对正在实施的犯罪行为在危害结果尚未发生之前适用刑罚的预防，即是对犯罪预备行为、犯罪未遂行为、犯罪中止等行为在危害结果没有发生前适用刑罚防止危害结果的发生。

其次，我们知道，在危害结果没有发生之前预防犯罪的社会效果肯定比危害结果发生之后再惩罚犯罪要好一些，所以在能预防犯罪的情况下，应当优先采取预防犯罪的措施；而只有在犯罪的危害结果已经发生的情况下，我们只能采取惩罚措施。这是犯罪化原则的价值蕴涵和内在根据。比如，有人准备杀人，在他还没有杀死人之前，对他适用刑罚，可以预防被害人被杀死的危害结果发生；如果他已经将人杀死，就只能给凶手以惩罚。

再次，我们来看，过失犯罪包括有认识的过失犯罪和无认识的过失犯罪。而预防危害结果发生的条件是对自己行为的危害性有认识并且能够控制这种危害结果的发生。就一般过失犯罪而言，对于无认识的过失犯罪，即疏忽大意过失犯罪因为行为人对危害结果的发生没有预见，故而不能对其通过制裁来预防危害结果的发生；而对于有认识的过失犯罪，因为行为人在行为时，其罪过心理处于矛盾状态，即轻信过失的罪过心理意志上是放任危害结果的发生、情感上持排斥的态度，[1]对于这样的矛盾心理也难以通过刑罚制裁达到预防的效果。

最后，因为故意犯罪，无论是直接故意犯罪还是间接故意犯罪，它们都是认识清楚、意志明确的理性行为，所以可以在危害结果还没有发生之前，采取预防的办法来防止犯罪结果的发生。例如，对于犯罪预备行为的制裁就是预防发生犯罪结果的表现。而过失犯罪由于不能或者难以预防危害结果的发生，故而一般只能在危害结果发生后才定罪惩罚。比较特殊的是过失危险犯是在重大险情出现的情况下才成立犯罪，过失危险犯之所以能够通过适用刑罚达到预防犯罪的目的，不是因为行为人对重大险情的无动于衷，而是因为行为人对于过失危险行为的选择是理智的，因而是可控的。

---

[1] 谢勇、温建辉：《区分间接故意与轻信过失的最终方案》，载《河北法学》2007 年第 1 期，第 41 页。

二、主体意识是刑事责任的根据

(一)刑事责任产生的根据

1.主体意识是行为人承担行为后果的根据

人有意识的活动,在于活动的结果归于个人。结果也就是人有意识活动的意义。因此,人对自己行为负责的根据在于人的主体意识,而不是其他。主体意识实质上是指作为主体的人在改造客体的实践中的意识活动。它寓于实践之中而且在实践中产生和发展。实践是主体意识的载体,主体意识则是实践的灵魂。主体意识指主体的自我意识。它是人对于自身的主体地位、主体能力和主体价值的一种自觉意识,是人之所以具有主观能动性的重要根据。自主意识和自由意识是主体意识的重要内容。自主意识是指,人意识到自己是世界的主人,在同客观世界的关系中,人居于主导和主动方面;同时,人意识到自己是自己命运的主人,有独立自主的人格。自由意识是指主体的最高理想和最终目的就是要克服主客体的对立,实现主体的自由。简言之,主体意识是人的活动结果归属自己,并为自己活动承担责任的根据。

2.犯罪心理是犯罪人承担刑事责任的根据

犯罪心理是犯罪人的主体意识,也是犯罪人对自己行为承担责任的根据,这是主体意识理论运用于刑事责任根据论的必然结果。没有对犯罪结果的主观认可,也就不会有刑事责任。这一结论在刑事立法和刑事司法中都有广泛体现。例如,我们随时随处都可发现,像意外事件、不可抗力等事件,客观上有损害结果的发生,但主观上没有罪过,不构成犯罪;而像教唆犯、预备犯、未遂犯、中止犯等,客观上即便没有危害结果的发生,甚至没有犯罪的实行行为,但主观上有罪过,也能够成立犯罪。这种“求同求异法”表明了犯罪心理决定刑事责任的有无,也表明犯罪心理是刑事责任的唯一根据。再比如,同样以是致人死亡的危害结果,在行为出于故意杀人、故意伤害、过失、正当防卫等不同的主观心理,就会分别以故意杀人罪、故意伤害致人死亡罪、过失致人死亡罪等定罪处罚或者无需承担刑事责任,这种“共变法”不仅表明犯罪心理决定刑事责任的性质,而且也表明犯罪心理是刑事责任的唯一根据。根据和条件同属于原因,犯罪的主观心理是产生刑事责任的根据,而犯罪的主体要件、客观要件、客体要件等只是刑事责任产生的条件。主客观相统一是追究刑事责任的基本原则,刑事责任根据的理论与此完全符合。

3.刑事责任根据的两个部分

承担刑事责任的根据和犯罪化的根据有着内在的联系，它们是一致的。这种一致性表现为承担刑事责任的根据是行为犯罪化的可行性条件。我国学者陈忠林教授认为：“我们惩罚犯罪，是因为支配犯罪行为的是，行为人在明知或应知自己的行为会发生危害社会结果的情况下，不运用自己的认识能力和控制能力去防止这种结果的发生，这样一种心理状况。”❶陈教授这句话富含真知灼见，但笔者认为仍需略加修正，因为以陈教授的观点，把主观罪过作为犯罪化的根据，则难以把对重大事故或者严重危害结果的发生没有认识的过失危险犯等行为犯罪化，因为（对于重大事故或者严重危害结果的发生）无认识的过失犯罪不可用刑罚预防，这也是传统习见认为过失犯罪都是实害结果犯的原因。而笔者认为犯罪化的根据是主体意识，是犯罪人的犯罪心理，其包括罪过心理部分和非罪过心理部分，只有这样，对于因故意违法而过失导致重大险情的行为才具有犯罪化的可行性。认识不到这一点，就找不到因故意违法而过失导致重大险情行为犯罪化的真正根据。在犯罪心理中，其中的罪过心理部分对于认定犯罪的性质具有决定作用；而非罪过心理部分在一些犯罪中，比如对于说明在过失危险犯中通过刑罚适用达到预防危害结果发生的作用如何可能，具有积极的意义。

4.刑事责任根据与犯罪本质的关系

与犯罪化根据的观点相一致，笔者认为，“犯罪的本质是一种不见容于社会的心理态度，这种心理态度属于心理活动中的‘自我’层次，是犯罪活动中认可危害结果发生的心理态度，是包括知、情、意三种因素在内的心理活动的综合体现。”❷犯罪本质是犯罪化根据的实质内容，犯罪化根据是犯罪本质的具体体现。犯罪化根据能够决定一个行为成为犯罪，它是说明一个行为成立犯罪的根本标准。而犯罪本质是认定一个行为成立犯罪的内在条件，它可以直接区分罪与非罪。既然犯罪化的根据是行为人的主体意识，即犯罪人的犯罪心理，包括罪过心理部分和非罪过心理部分；而犯罪本质属于犯罪心理中的罪过心理部分，犯罪化根据与犯罪本质的这种关系就表现为：第一，不符合犯罪本质的行为不能犯罪化；第二，能够犯罪化的行为一定符合犯罪本质的条件。

---

❶ 陈忠林：《刑法散得集》，法律出版社2003年版，第277页。

❷ 温建辉：《犯罪本质新论》，载《理论探索》2012年第1期，第135—136页。

（二）影响刑事责任的条件

刑事责任产生的根据是犯罪人的主体意识，但是世界是普遍联系的，一个事物的产生还会受到相关事物的影响，因此，确定一个人的刑事责任的产生还要受到其他一些条件的影响。主体意识是刑事责任产生的根据，犯罪主体、犯罪客观要件、犯罪客体就是刑事责任产生的条件。

刑事责任既有决定其是否存在的原因，也有影响其大小的因素。影响刑事责任大小的情节包括罪前情节、罪中情节和罪后情节。罪前情节如犯罪人的一贯表现、前科、犯罪动机等，这些情节反映犯罪人比较稳定的主观恶性，它们具有与犯罪人主观罪过一脉相承的特点，从而有利于说明其主观罪过；罪中情节如犯罪结果、犯罪手段、犯罪停止形态等，它们侧重从客观方面验证犯罪人的主观罪过；罪后情节如自首、立功、积极退赃等，这些情况表现了犯罪人主观恶性的变化情况。

第三节　刑事责任根据的类型

刑事责任产生的根据是犯罪过程中犯罪人的主体意识，这种主体意识在刑事法学中被称为犯罪心理，包括罪过心理部分和非罪过心理部分。根据适用刑罚的着眼点不同，刑事责任的根据可分为着眼于惩罚的根据和着眼于预防的根据。而犯罪可以划分为理性犯罪和率性犯罪，那么，刑事责任根据又可区分为理性犯罪的刑事责任根据和率性犯罪的刑事责任根据。

一、着眼于预防的刑事责任根据和着眼于惩罚的刑事责任根据

主体意识作为责任产生的根据，源于它能够说明责任产生的可行性。犯罪心理作为刑事责任的根据，包括罪过心理部分和非罪过心理部分，也在于它能够解释对一个行为适用刑罚的可行性，这种可行性也就是行为犯罪化的可行性。

（一）着眼于预防的刑事责任根据

预防犯罪的实质是预防犯罪结果的发生，而且，预防犯罪结果的发生也仅限于预防已经开始的犯罪的危害结果的发生，这是刑罚预防目的最实在的含义。因为以惩罚一个人来预防别人犯罪是对受刑者的不人道，以惩罚受刑者来预防其日后从事其他犯罪活动，也是假定其日后会犯罪的先入为主的偏见。

将着眼于预防的刑事责任根据进行上述限定，那么，这样的刑事责任只能存在于已经开始而犯罪结果尚未实现的犯罪，像犯罪预备、犯罪未遂、过失危险犯等犯罪形态就是着眼于预防的被追究刑事责任的犯罪。例如，对于直接故意犯罪的未完成形态，因为犯罪人积极追求危害结果的发生，不对其施以刑罚，他会一而再地实施危害行为，直到犯罪既遂。

（二）着眼于惩罚的刑事责任根据

对于已经发生了危害结果的犯罪行为，我们没有选择的余地，对它们追究刑事责任只能着眼于惩罚。而一个人要对其行为承担责任，唯有他具有主体意识才具有可行性，否则的话，他便不能理解惩罚的性质，也就难以认罪伏法。

因此，着眼于惩罚的刑事责任根据也需要行为人对自己行为引起的危害社会结果具有犯罪心理，包括罪过心理部分和非罪过心理部分。对单独犯罪实施刑罚的可行性要求行为人具有罪过心理即可，而对共同犯罪实施刑罚的可行性，特别是共同过失犯罪，其犯罪心理中非罪过部分中的故意，对于共同过失犯罪的成立，也即在为共同过失犯罪提供刑事责任根据的方面，具有至关重要的意义。

二、理性犯罪刑事责任的根据和率性犯罪刑事责任的根据

（一）理性犯罪的刑事责任根据

理性犯罪的本质是理智罪过，理智罪过是在支配行为人实施犯罪行为的罪过心理中理智居于主导地位的罪过心理。理智罪过包括知、情、意三个方面的因素。理性犯罪刑事责任的根据就在于以理智罪过为主导的犯罪心理。对理性犯罪刑事责任的追究，我们并不陌生，也就是我们一直以来对故意犯罪以及对过于自信过失犯罪刑事责任的追究。

在故意犯罪中，其罪过属于理智与情感相一致的理智罪过，而且理智占据主导地位，因而直接以犯罪人的理智罪过给犯罪行为定性并以理智罪过追究其刑事责任就行。而在过于自信过失的犯罪中，其罪过属于理智与情感相冲突的理智罪过，只是理智占据上风，居于主导地位，所以过于自信过失犯罪的刑事责任的根据在于理智罪过上，而其情感因素在一定程度上降低或减轻了其刑事责任。

（二）率性犯罪的刑事责任根据

率性犯罪的本质是情感罪过，情感罪过是在伴随行为人实施犯罪行为的罪过心理中罪过情感居于主导地位的罪过心理。率性犯罪的刑事责任就在于以情

感罪过为主导的犯罪心理。对于罪过心理中理智与情感并存的犯罪,不考虑情感因素还能牵强附会,但如果罪过心理中只有罪过情感发挥作用的话,如果不考虑情感因素,就不能正确认定犯罪心理及犯罪的性质。这一点,法学家们早有认识。例如,意大利犯罪学家菲利认为意志自由说不能解释为什么过失,尤其是疏忽大意的过失应当负刑事责任。在英美法系,一些法学家也认为,纯属疏忽大意的人的心理状态似乎根本谈不上邪恶,并且可以说未表现出任何报应理论可据以责难之处。

对于罪过情感居于罪过心理主导方面的率性犯罪的责难在现行的责任根据理论体系中是非常牵强的。而像“法轮功”这样的痴狂型犯罪的罪过心理简直无从说明。例如,有的“法轮功”痴迷者伤害他人时,他们甚至认为杀死亲人是为了把他们“度”到天国去,免得在世间受罪。像“法轮功”这种痴狂型的犯罪,他们不仅认识不到他们的行为有社会危害性,相反,他们甚至还认为自己在做有益于他人的事情。那么,对这种出于“好心”却客观上办了坏事,还能谴责其明知会损害他(她)人而去实施犯罪行为吗?如果不能,那又该如何说明这样的罪过呢?或者你按照“对行为性质认识错误”来处理,但“对行为性质认识错误”却是要“阻却故意成立”的,那还能构成什么罪呢?可见,以意志自由思想为基础的刑事责任理论对于像“法轮功”这样的痴狂型犯罪,已经显得无能为力了。反过来,率性犯罪刑事责任的根据只能是以情感罪过为主导的犯罪心理。

第四节　特殊犯罪形态刑事责任的根据

一、实行犯承担刑事责任的根据

(一)犯罪未遂承担刑事责任的根据

关于未遂犯承担刑事责任的根据问题,大致有三种理论主张。一是旧派的客观说,二是新派的主观说,三是折中说。客观说认为刑法的目的是为了保护法益,未遂犯虽然没有造成法定的作为构成要件的危害结果,但是它的行为具有发生危害结果的危险性,所以有必要追究其刑事责任,而凡是行为本身不具有危险性的,则不构成犯罪。客观说的缺陷是缩小了刑罚适用的范围,因为它会将不能犯排除在犯罪之外。主观说认为未遂犯的行为表征了行为人的危险性格和犯罪意图,因为未遂犯的犯罪意图和既遂犯的犯罪意图是相同的,所以对未遂犯和既遂犯应当处以相同的刑罚。而这样处理的结果不仅扩大了处罚的范围，比如会使迷信犯这样的行为也可入罪；也加重了处罚的程度，比如对预备犯的处罚将等同于既遂犯。折中说认为未遂犯的处罚根据是发生危害结果的危险性和行为人的主观内容。在对未遂犯进行定罪量刑时，认为可以比照既遂犯减轻处罚。然而，在应受惩罚的是犯罪人还是犯罪行为、刑罚着眼于报应还是预防等不可妥协的问题上，折中说自身具有的模棱两可的立场显示出折中说的两难处境。

笔者认为，犯罪未遂是一种犯罪意图没有得逞的犯罪形态，它的罪过心理是包含知、情、意三种因素在内的心理。对未遂犯罪处罚的根据在于它支配犯罪行为的犯罪心理，对于直接故意犯罪而言，其犯罪心理就是它的罪过心理。对其追究刑事责任是着眼于刑罚的预防效果，而对其可以从轻减轻处罚的理由是它的罪过心理没有完全实现。因为罪过是行为过程中的心理表现，主观心理也只有通过危害行为的同步表现才能称之为罪过，所以，把主观罪过作为刑罚的根据并不违反主客观相统一原则。

（二）犯罪中止承担刑事责任的根据

我国刑法第二十四条规定：在犯罪过程中，自动放弃犯罪或者自动有效地防止犯罪结果发生的，是犯罪中止。对于中止犯，没有造成损害的，应当免除处罚；造成损害的，应当减轻处罚。中止犯存在于直接故意犯罪之中，是直接故意犯罪的一种停止形态。

犯罪中止是一种犯罪意图没有完全实现的犯罪形态，它的心理也是包含知、情、意三种因素在内的罪过心理。作为危害结果没有完全实现的犯罪形态，对中止犯追究刑事责任的根据是着眼于刑罚的惩罚效果，也就是惩罚其对社会造成了一定的危害结果。如果没有造成损害的，就应当免除处罚，这也是着眼于刑罚惩罚效果的体现。

（三）从犯承担刑事责任的根据

我国刑法第二十七条规定：在共同犯罪中起次要或者辅助作用的，是从犯。对于从犯，应当从轻、减轻处罚或者免除处罚。从犯是按照共同犯罪人在共同犯罪中作用大小划分出来的种类，共同犯罪的一个类型。

对从犯处罚的根据在于支配从犯的罪过心理。对从犯应当从轻、减轻或者免除处罚的理由是因为从犯的罪过心理从属于主犯的罪过心理，其主观罪过较主犯的主观罪过为轻，所以，无论是着眼于预防还是惩罚，对其用刑都应当较主犯为轻。

（四）胁从犯承担刑事责任的根据

我国刑法第二十八条规定：对于被胁迫参加犯罪的，应当按照他的犯罪情节减轻处罚或者免除处罚。这是我国刑法对胁从犯的规定。胁从犯是共同犯罪的一种形式。

按照大陆法系三阶层犯罪构成理论，胁从犯承担刑事责任从构成要件该当性、违法性和有责性三个层次的依次考虑，其中有责性包括刑事责任能力、主观上的罪过以及期待可能性三个方面。对胁从犯应当减轻或者免除处罚的理由是期待可能性较小。

笔者认为，对胁从犯处罚的根据是包括知、情、意三方面因素在内的罪过心理。胁从犯的罪过心理是一种理智和情感相冲突的理智罪过。对胁从犯应当减轻或免除处罚的理由是其罪过心理中情感因素与理智的抵触，即其理智支配了犯罪行为，但是其情感上是有抵触情绪的。

二、非实行犯承担刑事责任的根据

（一）犯罪预备承担刑事责任的根据

犯罪预备指为了犯罪准备工具制造条件的行为。犯罪预备行为本身在多数情况下不具有危害社会的属性，而社会危害性是犯罪的本质属性，所以，片面地看待犯罪预备行为，犯罪预备不是犯罪。那么，不具有社会危害性的犯罪预备又怎么能被认定为犯罪而受处罚呢？

对于这个问题，刑法学者提出应当严格限制预备犯的处罚范围，也就是只有严重犯罪的预备行为才应当犯罪化。但是，还是有预备犯的成立，对于这一部分预备行为的处罚的根据仍然需要说明。还有学者提出犯罪预备是在犯罪预备阶段中由于犯罪者意志以外的原因而未遂，如果没有这些原因，犯罪“预备行为”会继续发展至犯罪实行行为，所以应当处罚。但是，犯罪预备作为一种类型化的行为，它们自身多数不具有社会危害性的本质属性，即它不是危害行为，按照客观主义的立场，又怎么可以类型化为犯罪呢？因为犯罪的本质属性是社会危害性。

笔者认为，第一，犯罪预备只是整个犯罪行为的一个片段，它的性质仍然属于犯罪行为，不能孤立、静止、片面地看待犯罪预备，在刑法的视野中，只有“犯罪行为”，而没有“犯罪预备行为”，犯罪预备只是犯罪过程中的一个片段，不是作为一种行为而独立存在的;第二,对犯罪预备追究刑事责任的根据是犯罪预备的主观罪过,在这点上,它与犯罪行为的主观罪过完全一样。对预备犯的责任追究,与其说是对犯罪的惩罚,不如说是对犯罪的预防。犯罪预备是一种有预谋的犯罪,是一种理智的犯罪,即这种行为的犯罪心理是一种理智罪过,那么,对犯罪预备追究刑事责任就是着眼于刑罚的预防效果,而其相对于既遂犯可以从轻、减轻、免除处罚的理由是预备犯罪的实际危害较小,甚至还没有产生实际的危害,因而得以从宽处罚。对犯罪预备施用刑罚不违反主客观相统一的定罪原则,因为犯罪预备是反映犯罪意图的犯罪行为的一部分。

(二)间接正犯承担刑事责任的根据

间接正犯又称为间接实行犯,是指把他人作为工具利用的情况。利用者与被利用者不成立共同犯罪。它包括以下情况:①利用无责任能力人犯罪。例如,甲教唆 15 岁的乙盗窃,因为乙未到刑事责任年龄,与甲不构成共犯。甲属于实行犯,即正犯(间接正犯)。②利用他人过失或不知情的行为犯罪。如,甲医生欲杀害病人丙,将毒针交给不知情的护士乙。乙给丙注射后,致丙死亡。甲医生为间接实行犯,乙视为不知情的工具。

间接正犯的特点是间接正犯行为人本身没有实行行为,他只提供了犯罪意思。它的这个特点直接表明了间接正犯承担刑事责任的根据在于其主观上的罪过心理,而像客观的危害行为等只能作为承担刑事责任的条件。可见,间接正犯承担刑事责任是“犯罪心理是刑事责任根据”的典型形式。

(三)教唆犯、组织犯承担刑事责任的根据

我国刑法第二十六条规定:组织、领导犯罪集团进行犯罪活动的或者在共同犯罪中起主要作用的,是主犯。对组织、领导犯罪集团的首要分子,按照集团所犯的全部罪行处罚。刑法的这条规定是对组织犯追究刑事责任的法律依据。我国刑法第二十九条规定:教唆他人犯罪的,应当按照他在共同犯罪中所起的作用处罚。教唆不满十八周岁的人犯罪的,应当从重处罚。如果被教唆的人没有犯被教唆的罪,对于教唆犯,可以从轻或者减轻处罚。这是我国关于教唆犯的规定。而教唆犯、组织犯承担刑事责任的根据在理论上还有一些具体问题需要探讨。

1.教唆犯、组织犯刑事责任主客观相统一的问题

该问题也就是教唆犯、组织犯的客观要件问题。因为教唆犯、组织犯没有参

与实行行为,那么,他为什么应当承担实行犯的刑事责任呢?对此,有观点认为:"组织行为与实行行为,以及其他共犯人的行为的整体导致了犯罪结果或危险状态的发生,这一整体是犯罪结果或危险状态发生的统一原因,包括教唆犯、组织犯在内的每一个共犯人的行为都是犯罪结果或危险状态发生的不可分割的原因的一部分。因此,教唆犯、组织犯主观上具有故意,客观上实施了作为共同犯罪行为一部分的教唆、组织行为,也就具备了承担刑事责任的法律基础"❶。笔者认为,教唆行为、组织行为不同于实行行为,共同犯罪教唆者、组织者的犯罪意图是由共同犯罪的施行者来实现的,即施行者的实行行为体现了教唆者、组织者的犯罪意图,是教唆者、组织者犯罪意图主观见之于客观的东西。犯罪教唆者、组织者的罪过心理是一种理智状态。对教唆犯、组织犯处罚的根据就在于教唆者、组织者实施教唆、组织行为的罪过心理,按教唆、组织者所教唆、组织指挥的所有犯罪行为追究其刑事责任的理由是他的罪过心理的范围覆盖了或者支配了所有这些犯罪。由此看来,教唆犯、组织犯的主客观既是统一的。还要注意,在刑法视野中,不存在独立的教唆行为和组织行为,它们都只是共同犯罪行为的必要组成部分,而没有独立的意义。

2.实行行为超越教唆、组织范围的情况

施行者超越教唆者、组织者的犯罪意图实施的犯罪行为包括三种情况。第一种是实施了新的犯罪种类。这种犯罪人实施的犯罪行为与组织者无关,不构成共同犯罪。第二种是形成了转化犯。例如,犯盗窃、抢夺、诈骗罪,为窝藏赃物、抗拒抓捕或者毁灭罪证而当场使用暴力或者以暴力相威胁的,依据刑法第二百六十九条,构成抢劫罪。这种情况下,实行行为的情况应为教唆者、组织者不出所料或为正犯犯罪的经常情况,所以教唆者、组织者应当为此承担责任。第三种是发生了加重结果的情况。教唆犯应为其教唆的罪行、组织犯依法应对集团所有的犯罪的加重结果承担刑事责任。对于正犯发生加重结果的情况,因为加重结果的发生虽为教唆者和组织者所未料想,亦为正犯犯罪的经常情况,所以教唆者、组织者应当为此承担责任,这里未曾料想的原因即是因为教唆者或组织者对加重结果发生的漠不关心的态度,正是这种漠不关心的罪过情感导致教唆者、组织者没有预见加重结果的发生。

---

❶ 赵辉:《组织犯刑事责任之探讨》,载《中国刑事法杂志》2009 年第 6 期,第 23 页。

第六章　罪过三因素分析法

主观罪过与危害行为、危害结果是体与用的关系，所以，定罪的实质也就是认定犯罪的主观罪过。而对犯罪人罪过心理的分析必需考虑知、情、意三个因素，因此，认定犯罪的性质，从根本上说就是分析犯罪的罪过三因素。这就是“罪过三因素分析法”定罪理论。在罪过三因素分析法的运用中，因果关系的判断是定罪的前提，犯罪化标准使区分罪与非罪具有了操作性，也需要审慎对待似是而非的定罪情节。

第一节　因果关系的逻辑分析

探求因果关系是人类求知天性的亘古表现，古希腊哲学家德谟克利特曾经宣称：“只找到一个原因的解释，也胜过当上波斯人的国王。”❶对于刑法上因果关系的探讨是刑法学者和实务工作者老而弥新的话题。它令人饶有兴趣而又始终不得其解。“从前苏联引入的传统理论对必然因果关系与偶然因果关系、内因与外因等命题的探讨，已经被证明走的是一条死胡同，根本无助于刑法中归责问题的解决。”❷大陆法系的条件说和相当因果关系说也表露了各种缺陷而令人难以倚重。笔者不揣浅陋，运用法律逻辑对此进行全新的分析。

一、因果关系在刑法上的地位和作用

（一）因果关系在刑法上的地位

对于一个犯罪行为而言，如果行为成立犯罪，那么，行为与危害结果之间必

---

❶ 北京大学哲学系外国哲学教研室编：《古希腊罗马哲学》，生活·读书·新知三联书店 1957 年版，第 103 页。

❷ 劳东燕：《风险分配与刑法归责：因果关系理论的反思》，载《政法论坛》2010 年第 6 期。

然具有因果关系。而如果行为与危害结果之间不具有因果关系，那么，行为就不能成立犯罪。这种情况表明，行为与危害结果之间具有因果关系是行为成立犯罪的前提条件，即只有在判断因果关系成立的前提下，才进一步考虑犯罪能否成立的其他条件。这就是因果关系在刑法上的地位。这一原理告诉我们，因果关系的判断是追究行为刑事责任的前提，在具体的定罪活动中，一定要首先断定行为与损害事实之间因果关系的存在。

因果关系是判断犯罪成立的前提条件，它是疑似犯罪行为与损害事实之间的因果关系，而不是危害行为与损害事实之间的关系，所以它不是犯罪构成客观要件的要素，也不是犯罪客观要件中的危害行为与危害结果间的关系。

（二）因果关系在刑法上的作用

1.确定刑事责任的前提

因为犯罪行为和危害结果之间具有因果关系，所以一个行为成立犯罪，必然在行为和危害结果之间具有因果关系，那么，如果在行为和危害结果之间没有因果关系的时候，这个行为就不成立犯罪。

例如，关于轰动一时、热议至今的“许霆案”，案件主人公许霆如果构成犯罪，那么，许霆的取款行为与银行的财产损失必需存在因果关系。在许霆的取款行为和银行财产损失之间有一个介入情况，就是自动取款机发生故障，这三者之间如果成立因果关系，它们之间必须具备一种可传递的因果关系，我们发现，许霆的取款行为既不是自动取款机发生故障的充分条件，也不是自动取款机的必要条件，更不是充分必要条件，所以，许霆的取款行为与银行的财产损失之间没有因果关系，因此，许霆的取款行为不构成犯罪。

2.确定行为人的刑事责任范围

在犯罪行为事实清楚的情况下，犯罪人对哪些危害结果承担刑事责任是刑法上因果关系需要解决的一个重大问题。这时需要明确是物理运动中的因果关系还是社会运动中的因果关系。犯罪是一种社会运动的形式，如果将其降格为物理运动，那么，就会出现难以理解和解释的状况，所以笔者主张因果关系是社会运动中的因果关系。据此，行为人的刑事责任范围也就是因犯罪行为引起的危害结果范围。从原因的角度划分，危害结果的范围可划分为作为造成的危害结果和不作为造成的危害结果；以危害结果的表现形态为标准，危害结果的范围可以划分为物质性的危害结果和精神性的危害结果。

二、当前因果关系理论的缺陷

（一）当前因果关系理论的现状及其缺陷

当前因果关系的学说众说纷纭，它们主要可分为取材于前苏联的因果关系学说和新近深受大陆法系影响的因果关系学说两大流派，它们都不完美，并且它们存在一些共同的缺陷。

1.它们将社会运动中的因果关系，降格为物理运动中的因果关系

恩格斯将运动形式划分为机械运动、物理运动、化学运动、生命运动和社会运动等五种形式，这几种运动形式是从低级到高级依次排列的，每一种高级运动都包含着低级运动的形式，而低级运动形式不能包含高级运动形式。马克思主义关于运动形式的原理告诉我们，对于高级运动形式的研究不能以低级运动形式来代替，因为低级运动形式不包含高级运动形式，否则，就不能得出正确的结论。

2.因果关系与责任没有确定的关系，导致因果关系的认定失去了明确的意义

当前各种因果关系学说都没有明确因果关系在犯罪认定中的地位和作用，这种情况是由于没有科学界定因果关系的范围所造成的。所以，为了明确和确定因果关系在认定犯罪、追究刑责中的地位和作用，就必须首先科学界定因果关系的范围。而不能明确因果关系和责任之间的确定关系是当前各种因果关系学说的一个通病。

3.对不作为的因果关系不能说明

如果主张因果关系只是客观的物理运动中的引起与被引起的关系，那么，不作为就与危害结果没有直接的引起与被引起的关系，因为，不作为这种身体的静止不能作用于外界的事物，不能引起客观世界的改变，它就与其他事物不能发生因果关系。

（二）大陆法系因果关系学说的缺陷

大陆法系的因果关系学说对我国刑法理论影响日盛，有必要给以特别的说明。条件说是德国、日本在以往的判决中主要采用的断案理论。相当因果关系说是当今德、日法院刑事判决中经常运用的理论。然而，条件说和相当因果关系说不仅具有因果关系学说的一般缺点，还独具如下的缺陷。

1.条件说的缺陷

大陆法系的“条件说”的经典表述是“没有前者,就没有后者,那么,前者与后者就具有因果关系。”条件说比较典型的缺陷有如下两点。

(1)不完善,对于部分因果关系不能解释

从条件说经典的表述中可以看出,条件说中的条件关系的实质是必要条件的关系,将因果关系局限为必要条件缩小了因果关系的范围,在实践中必然会产生难以解释的现象。比如,条件说对于具有充分条件的因果关系不能解释说明。例如,甲与乙没有意思联络,都向丙的食物中投放了致死量的毒药,丙饭后中毒死亡。按照条件说,没有甲的投毒行为,丙会死亡;没有乙的投毒行为,丙也会死亡。因此,甲和乙都不是丙死亡的原因,而这种解释显然是不符合实际的。

(2)缺乏操作性,易于导致原因的无限扩大

对于存在介入情况的,缺乏认定标准,容易造成扩大因果关系范围的情况。例如,行为人某甲非法殴打某乙,乙受轻伤,被送医院治疗。住院期间病房发生火灾,乙在火灾中遇难。根据条件说的理论,案件中甲的殴打行为和乙的死亡之间就具有因果关系,因为如果甲不殴打乙,乙就不会就医,乙不就医,也就不会在医院的火灾中遇难,因此,甲的殴打行为和乙的死亡之间存在着没有前者也就没有后者的条件关系。这是条件说对此类案件的通常分析思路。显而易见,该说的解释扩大了原因的范围,而其谬误所在,可参见后文的分析。

2.相当因果关系说的缺陷

相当因果关系说认为,在行为与结果之间,按照人们日常生活的经验,存在着基于这个行为一般就会发生该结果的这种相当的关系时,就认为具有刑法上的因果关系。笔者赞同意大利杜里奥·帕多瓦尼教授指出的相当因果关系说的两个重大缺陷:既太不严谨,又特受局限。

(1)理论不严谨

相当因果关系说只是笼统地将因果关系描述为一般的经验,而千差万别的情况很难说哪一种情况就是一般情况,哪一个经验就是一般经验。而且,犯罪是一种规范之外的行为,特别是一些新型犯罪,它们会带来千奇百怪的危害结果,根本就不存在一般性的经验,又当如何适用?

(2)应用受局限

相当因果关系说在实践中的运用也常常局限于一般的经验,对于比较特殊

情况下的因果关系则不能得出合理的结论。例如，我们知道，非法殴打他人❶致特异体质人死亡，由于殴打对象是特异体质人，因而发生死亡的结果，行为人具有过失的构成过失致人死亡罪，行为人存有故意心理的构成故意杀人罪。而按照相当因果关系说，行为人连过失致人死亡罪也不能构成，因为在一般情况下，行为人对被害人的殴打，连轻伤都不可能引起，更不用说死亡了。

三、因果关系的范围界定

（一）原因行为的范围

1.因果关系中的原因是一种行为

刑法学界主流观点认为刑法上因果关系中的原因是犯罪的实行行为，如前苏联刑法界认为，刑法学研究的是“危害社会行为同有罪结果的因果关系”。❷笔者认为，因果关系中的原因是疑似犯罪行为，这种疑似犯罪行为因为没有经过审判机关的判决有罪而只能是一种行为；也不能说是违法行为，因为它可能是不承担法律责任的合法行为，比如正当防卫、意外事件等。

2.原因行为包括主客观方面

由于纯粹自然意义上的因果关系不能说明不作为犯与危害结果之间的因果关系，所以笔者主张刑法上因果关系中的原因行为是包括主客观两方面的现实行为，而不是剥离了行为主观方面的客观的身体动作。只有这样理解刑法上因果关系中的原因行为，对于不作为才能够说明其与损害事实的因果关系。

也只有考虑行为的主客观两方面，才能准确认定行为的性质。例如，2003年8月7日凌晨，4名男子在北京香山附近盗窃了47斤科研用葡萄。它们是北京农林科学院林业果树研究所葡萄研究园投资40万元、历经10年培育研制的科研新品种。案发后，市物价局价格认证中心对被偷的葡萄进行估价，被偷葡萄的直接经济损失为11220元。这里的过失盗窃行为就是一个主客观相统一的行为，它是果树研究所损失的原因行为；也是该案盗窃罪不能成立的理由，因为盗窃罪是故意犯罪，过失盗窃不成立犯罪。

---

❶ 非法殴打他人是一种扰乱社会治安的行为，还达不到致人轻伤或者重伤的程度，即不是刑法上故意伤害的行为。

❷ 别利亚耶夫等编：《苏维埃刑法总论》，群众出版社1987年版，第135页。

3.原因行为的种类

刑法理论上的主流观点及客观归责论认为刑法上的因果关系的原因行为系实行行为，笔者认为应当依据犯罪的不同种类做出具体的分析。

(1)单独犯罪行为中的原因行为

在单独犯罪中，引起危害结果发生的只能是实行行为，而不包括犯罪预备行为，这是因为只有实行行为才具有引起危害结果发生的本质属性，而犯罪预备不能直接引起危害结果发生的属性，所以犯罪预备不能成为引起危害结果发生的原因行为。

(2)共同犯罪中的原因行为

在共同犯罪中，引起危害结果发生的原因行为包括实行行为和非实行行为，实行行为即正犯行为，非实行行为即狭义的共犯行为，狭义的共犯行为包括教唆行为、组织行为和帮助行为。因为在共同犯罪中，所有的实行行为和非实行行为共同构成一个犯罪行为，它们自身只是一个构成行为不可分割的部分，它们共同引起危害结果的发生，所以它们作为一个整体都是引起危害结果发生的原因。

(二)损害结果的范围

1.损害结果的两种表现

笔者主张的因果关系中的结果是包括物质性结果和精神性结果，这是和犯罪既遂形态包括结果犯和行为犯相对应的，结果犯的既遂必需物质性危害结果，行为犯既遂必需精神性危害结果。[1]

2.如何判断损害结果的范围

因为因果关系的存在是行为成立犯罪的前提，所以因果关系的判断是犯罪构成符合性判断的前提。笔者反对以不符合犯罪构成反推没有因果关系，因为这是不符合法律逻辑的，而是一种本末倒置的思路，这样得出的因果关系结论也没有任何价值，而且一个行为是否有害的判断取决于行为最终的结果而不是行为本身。

例如，甲和乙是父子，甲是乙的父亲，甲和乙之间矛盾很大，乙希望甲早死以继承其财产。一日，甲准备坐火车去某地旅游，乙查知其要去的地方近日有雷阵雨，于是怂恿其坐飞机去，希望其乘坐的飞机被闪电击中而导致甲死亡，甲不知

---

[1] 温建辉:《论犯罪既遂的标准》,载《广西社会科学》2012年第1期。

此理,听信其言坐飞机,后其乘坐的飞机果真被雷击中,甲当即死亡。那么,案例中乙行为与甲的死亡之间是否有刑法上的因果关系？如果有是否构成犯罪？对于此案的分析,多数人会误以乙的怂恿行为不是实行行为首先否定其构成犯罪,然后否定其因果关系的存在。其实,甲的死亡和乙的劝说之间根本没有因果关系。

四、因果进程的逻辑分析

笔者认为,按照刑法上因果关系的逻辑类型,它们可划分为充要条件的因果关系、充分条件的因果关系和必要条件的因果关系三个类型。

（一）充要条件的因果关系

1.直接的充要条件

一个危害行为如果是危害结果发生的充分且必要的条件,那么,就可以确认它们之间的因果关系。例如,开枪射人,一枪打爆脑袋。向人的头部开枪就是被害人死亡的充要条件。

2.可传递的充要条件

在存在介入因素的情况下,这种介入因素需要在行为与损害结果之间能够传递这种充要条件。这种可传递的充要条件即:充要+充要。即疑似犯罪行为是介入因素的充要条件,而介入因素是损害事实发生的充要条件。当然这种传递的充要条件可以是多重的传递关系。

例如,行为人在川流不息的公路上突然将被害人推下车,导致被害人被其他车辆轧死的,行为人将被害人推下车的行为就与被害人被轧死具有充要条件的因果关系。

（二）充分条件的因果关系

1.重合的危害行为

甲和乙在没有意思联络的情况下,同时向丙开枪,且均命中丙的心脏。甲或者乙的行为都可以单独致丙死亡,即没有每个单独的行为,丙亦会被另一方射死,所以,甲和乙的行为都是丙死亡的充分条件。

2.可传递的充分条件

在存在介入因素的情况下,这种介入因素需要在行为与损害结果之间能够传递这种充分条件。在理论上,这种可传递的充分条件分为三种情况:充分+充分,充要+充分,充分+充要。当然这种传递的充分条件也可以是多重的传递关系。

在实际的司法实践中,笔者尚未发现这样的案例,有待于在理论的指导下,探寻和发现这样的实例。

(三)必要条件的因果关系

1.组合的危害行为

甲与乙都对丙有仇,甲见乙向丙的食物中投放了5毫克毒物,且知道5毫克毒物不能致丙死亡,遂在乙不知情的情况下又添加了5毫克毒物,丙吃下食物后死亡。甲投放的5毫克毒物本身不足以致丙死亡,故甲的投毒行为与丙的死亡之间不是充分条件的因果关系,但是没有甲的行为,就没有丙死亡的结果,所以,甲的投毒行为是丙死亡的必要条件,甲的投毒行为与丙死亡之间是必要条件的因果关系;同理,乙的投毒行为与丙死亡之间也是必要条件的因果关系。

2.可传递的必要条件

在存在介入因素的情况下,这种介入因素需要在行为与损害结果之间能够传递这种必要条件。这种可传递的充分必要条件分为三种情况:必要+必要,必要+充要,充要+必要。当然这种传递的必要条件也可以是多重的传递关系。

(1)必要+必要

例如,甲对乙实施暴力,乙逃跑时摔倒,头部受伤死亡。这里甲的暴力是乙摔倒的必要条件,而乙摔倒是其死亡的必要条件,所以甲的暴力是乙死亡的必要条件。

(2)必要+充要

例如,甲以杀人故意对乙实施暴力,造成乙重伤休克。甲以为乙已经死亡,为隐匿罪迹,将乙扔入湖中,导致乙溺水而亡。该案中甲的杀人致人重伤休克是甲将乙扔入湖中的必要条件,而乙沉湖是乙死亡的充要条件,所以甲的杀人行为与乙的死亡之间存在必要条件的因果关系。

以及常见的过失致人死亡罪案例,如甲因琐事与乙发生争执,向乙的胸部猛推一把,导致乙心脏病发作,救治无效而死亡。甲的行为与乙的死亡之间就存在必要条件的因果关系。

再如,在深水池与浅水池没有明显区别的游泳池中,教练员没有履行职责,不会游泳的练习者进入深水池溺水而亡。这里教练员不履行职责是练习者溺水的必要条件，而溺水是死亡的充要条件，所以，教练员的不作为是练习者死亡的必要条件，它们之间存在因果关系。

（3）充要+必要

甲对乙的住宅放火，乙为了抢救婴儿而进入住宅内被烧死。这里甲的放火行为是乙进入住宅抢救婴儿的充要条件，而乙进入住宅是被火烧死的必要条件，因此，甲的放火行为是乙被烧死的必要条件，两者之间存在必要条件的因果关系。

第二节　“罪过三因素分析法”定罪理论

由于罪过是犯罪的本质，而且罪过反映了犯罪行为的全貌，所以认定犯罪的实质就是认定犯罪的主观要件。而对罪过的分析和定性必需坚持罪过是由知、情、意三个因素构成的，所以，以罪过作为认定犯罪标准又称之为“罪过三因素分析法”，它是认定犯罪简洁而又有效的方法。

一、罪过是犯罪的本质

前面我们已经论述，心理决定行为，行为表现心理。换言之，罪过决定危害行为，危害行为表现罪过。它们之间的这种决定与被决定的关系表明罪过是犯罪的本质。虽然说犯罪心理是行为犯罪化的根据，犯罪心理是刑事责任产生的根据，但是只有犯罪心理中的罪过部分才能够反映犯罪的性质，犯罪的性质是由罪过决定的，而犯罪心理中非罪过部分不具有决定犯罪性质的作用。理智罪过是理性犯罪的本质，情感罪过是率性犯罪的本质。

在主客观不一致的情况下，特别是发生认识错误的情况下，应以犯罪的主观罪过认定犯罪的性质。例如，甲杀害乙后将乙尸解并包装好，骗外地打工者丙说袋里装的是毒品，因害怕被查获，让其从 A 县运到 B 县扔进某条河中，并付给其 1000 元钱。丙依言将包裹运送到 B 县。在该案中，丙在认为包裹的是毒品的情况下帮助甲运输，而实际上运输的却是尸体，出现了主客观不一致的情形。丙明知是毒品而运输，其主观上的犯罪故意是明显的，客观上也实施了运输行为，只是由于意志以外的原因未能得逞，故其行为构成《刑法》第三百四十七条规定的运输毒品罪，而不是帮助毁灭证据罪，这是一个以罪过定性的案例。

二、罪过反映了犯罪的全貌

1.罪过反映了犯罪的其他方面

在所有的犯罪构成要件中,只有主观要件才直接联系和反映了所有其他要件。因为犯罪主观要件是犯罪主体要件的具体化,所以它和主体要件有着直接的联系;犯罪主观要件以行为对象及其社会属性为自己的认识内容和控制内容,因而它又直接包含了犯罪构成的客观要件和客体要件。[1]

2.罪过是判断罪与非罪的标准

行为造成损害的事实,没有主观罪过,就不构成犯罪,比如意外事件、不可抗力等;具有主观罪过,就能成立犯罪。在危害行为与主观罪过相分离的间接正犯中,实施危害行为的不成立犯罪,而提供犯罪主观要件的却能成立犯罪。这反映了罪过是判断罪与非罪的标准。

3.罪过是判断此罪与彼罪的标准

罪过是判断此罪与彼罪的标准,例如,在行为造成了他人死亡结果的情况下,如果行为人分别具有故意杀人、故意伤害、过失等罪过心理,那么,它们就分别构成故意杀人罪、故意伤害罪、过失致人死亡罪等犯罪。

4.罪过是判断犯罪是否既遂的标准

笔者认为主观见之于客观的危害结果的发生是犯罪完成的唯一标志,所以,主观见之于客观的危害结果是认定犯罪既遂的标准,换言之,行为人主观罪过的完全实现是犯罪既遂的标准。例如,盗窃罪以非法占有为目的,所以,盗窃既遂的标准是控制说;放火罪的既遂是不特定的人或多数人的人身或财产遭到大火的毁灭,而不是独立燃烧说,独立燃烧只是放火罪的实行行为而非犯罪既遂。

5.罪过是判断是否共同犯罪的标准

现象千变万化,本质依然故我。在一个犯罪簇中,多个侵害社会的行为究竟是一个共同犯罪还是多个犯罪的共存现象,取决于这个犯罪簇中具有的罪过数量,如果多人之间形成了犯罪意思的联络,就是一个共同犯罪,而如果他们具有各不相同的多个犯罪罪过心理,就是同时存在的多个犯罪行为。

6.罪过是判断罪数形态的标准

在众多形似数罪而实为一罪的犯罪中,成立一罪的根据在于它们都只是具

---

[1] 陈忠林:《刑法散得集》,法律出版社 2003 年版,第 272 页。

有一个罪过心理,如果具有多个罪过心理,就会成立数罪。例如,非法侵入他人住宅的盗窃财物,因为仅有一个盗窃犯罪的罪过心理,所以不构成非法侵入公民住宅罪和盗窃罪,而只定盗窃罪一罪。

第三节　犯罪化的标准

犯罪化标准解决什么行为适合处以刑罚的问题。笔者认为,对于造成危害结果的行为应考虑对其适用刑罚予以惩罚,而对于犯罪预防工作所能达到的最大范围,也就是刑罚介入社会的最大程度,行为犯罪化的边际,同样要考虑。这些说法的实质也就是行为犯罪化的标准。犯罪化的标准也就是适用刑罚的条件。危害行为犯罪化的标准有三个条件,即犯罪化的重要性、必要性和可行性。这三个条件共同构成了区分罪与非罪的完整标准。

一、犯罪化的重要性

犯罪化的重要性,即该行为对社会危害较大值得用刑。那么,一个行为在什么情况下值得通过适用刑罚达到预防犯罪的目的呢?笔者认为,一个行为值得用刑需符合两个条件:第一,它侵害了比较重要的社会关系;第二,它侵害的后果比较严重。如果一个行为危害后果非常严重,不及时制止,危害结果发生后不堪设想,在这种情况下,能制止一定要制止,有制止的办法一定要适用。只要适用刑罚能够达到预防犯罪结果发生的目的,就一定要采取保护措施,也即对其犯罪化。

对于严重的故意犯罪,刑罚的范围可以直达预备行为,比如对于故意杀人的犯罪,为了杀人准备工具制造条件的也应定罪处罚;对于一般的故意犯罪,可以处罚未遂行为,例如对于以数额巨大的财物或者珍贵文物为目标的盗窃,应当定罪处罚;对于危害较轻的故意行为,要求达到较大的社会危害才值得适用刑罚,例如故意伤害的行为需要达到轻伤才能定罪处罚。而对于危害严重的过失犯罪给予惩罚是一个无需多虑的问题,其中一个重要的问题是对过失危险行为犯罪化需要解决犯罪化可行性的问题。

以犯罪化的重要性观点看待问题,我们可见,对于骗奸行为因为尽管被害女性在性行为之外被人欺骗,但其毕竟属于自愿发生性行为,所以一般不宜以强奸罪定罪处理，适用治安处罚以及民事赔偿即可应付；而对于对性行为本身的性质进行欺骗的，如组织和利用会道门、邪教组织或者利用迷信奸淫妇女的，可以构成强奸罪，这是骗奸行为符合犯罪化重要性条件的一种情况；对于骗奸导致被害人精神失常或自杀的，在这样的情况下，骗奸也符合犯罪化重要性的条件，但不是构成强奸罪，而是可以构成过失致人重伤罪或者过失致人死亡罪。

以犯罪化重要性的观点看诉讼诈骗。所谓的诉讼诈骗是指行为人利用伪造证据或隐瞒真相，提起民事诉讼的方式，企图利用人民法院的审判权和执行权，在对人民法院的法官进行蒙蔽的情况下，使审判机关做出有利于自己的裁判，从而不法获取他人财物或财产性利益的欺骗性诉讼行为。因为即便是可以直接导致危害结果的行为尚需较大的危害后果，才值得犯罪化，况且诉讼诈骗本身不是一种可以直接导致危害后果的行为，所以不值得对诉讼诈骗行为以诈骗罪适用刑罚来预防诈骗目的的实现。该行为是对人民法庭的一种考验，充其量是妨害司法的行为，是否构成妨害司法罪，则有待于犯罪化必要性的进一步判断。

二、犯罪化的必要性

犯罪化的必要性，即该危害行为非刑罚不可防治。犯罪化的必要性也就是刑罚的必要性。刑罚的必要性也就是在民事责任、行政责任等法律责任不足以对付这种危害行为的情况下才适用刑罚这种措施。刑罚的必要性虽然可以通过罪刑法定、罪刑相适应等法律原则解释，但是法律制度、法律规则的根据仅仅从其他的法律制度、法律规则来解释是肤浅的，是不彻底的。

笔者认为，理解一个危害行为犯罪化的必要性，大致存在这样三种情况：第一，是因为这种行为的危害结果是不可恢复，不能补救的，而只能给予惩罚。而民事制裁主要是恢复原状、损失补偿的法律责任方式，行政责任主要是更正行为、给予赔偿的法律责任方式，它们显然不足以应对犯罪的法律后果。例如，交通事故责任人没有能力赔偿，数额超过了 30 万元，会认为构成交通肇事罪。第二，犯罪这种行为与民事违法和行政违法具有区别，它不像民事违法和行政违法那样具有明确的主体身份，有承担责任的主体，犯罪者行为时是不与相对人协商的，犯罪后也是逃匿的，这也是民事责任和行政责任无以应对的。第三，对于触犯法律、危害社会屡教不改、习非成是的犯罪者，不给以刑罚制裁，无以防止危害结果的发生。比如多次盗窃的，尽管数额较小，仍可构成盗窃罪。

以犯罪化的必要性观点看待问题，我们发现，对于由于民事纠纷等事出有因引起的故意毁坏财物行为一般不宜以故意毁坏财物罪定罪处理，适用治安处罚以及民事赔偿足以处理；对于无缘由故意毁坏财物或者由于民事纠纷等事出有因引起的故意毁坏财物无能力赔偿数额巨大的行为才符合犯罪化必要性的条件。

就诉讼诈骗是否可能构成妨害司法罪的问题，从司法角度来看，因为诉讼诈骗缺乏犯罪化的前提条件，即没有相应的犯罪规定而不能犯罪化。从立法角度看，它也不具备犯罪化的必要性条件，因为它不属于犯罪化必要性条件的三种情况之一：第一，诉讼诈骗即便得逞，也可以返还财物、赔偿损失；第二，诉讼诈骗为具名行为，具有明确的责任主体；第三，对非属于屡教不改、习非成是的诉讼诈骗者，一定的非刑事的法律制裁已足以给与警戒。

三、犯罪化的可行性

犯罪化的可行性，即通过对该行为适用刑罚能够预防犯罪结果的发生或者能够实现对造成了危害结果行为的惩罚。对于预防犯罪结果发生来说，我们以对重大事故或者严重危害结果的发生没有认识的过失危险犯为例给予解释。该过失危险犯对违法行为存有故意心理，而且该违法行为是导致危害结果发生的唯一原因或者必要条件，所以通过适用刑罚可以达到制止过失危险犯行为人继续实行行为和预防危害结果发生的目的。也就是通过对出于违法故意而导致重大险情的行为施以刑罚可以起到阻吓过失危险行为的继续实施，从而达到预防重大事故或者严重危害结果的实际发生，这正是刑罚适用的目的。这也是过失危险行为犯罪化的可行性。就对于造成了危害结果的行为施以惩罚的效果而言，这也同样要求行为人在实施犯罪活动时具有主体意识，明白自己行为对社会的危害，才能理解刑罚是一种惩罚，才可能认罪伏法；不认为自己办了错事而被施以的惩罚，只能被理解为一种暴力侵害。

在理解过失危险行为犯罪化的可行性时，需要注意一种值得商榷的观点，即储槐植教授认为：“将过失危险行为犯罪化，意在通过建立一种外部的刑法制约和诱导机制，使过失行为人意识到过失行为的危险性和危害性，体会国家和社会对过失危险行为严厉的否定评价，培养严谨的工作态度和作风，达到避免或减少可能造成危险或实害的与自己本人有关的各种生理和心理状态，有效阻止过失危险行为再犯的产生和发展。”❶笔者认为，这种观点有倒果为因之嫌，因为行为人的犯罪心理可以通过适用刑罚予以阻吓是行为犯罪化的条件，而不是通过预设刑罚来提高行为人的认识能力。如果预设刑罚可以提高人的认识能力而防止危害结果发生的话，那么，为什么不对所有的致险行为和致害行为进行犯罪化呢？

以犯罪化的可行性观点看待问题，我们可知，对于不存在法律规定、职责要求或先行行为等引起作为义务的情况下，即纯粹的见死不救行为尽管发生人员伤亡的重大社会损害，但这毕竟不属于见死不救者主体意识引起的危害结果，那么，在这种情况下处罚见死不救者既有违犯罪化的根据，因为人员伤亡的结果不是见死不救者有意行为的结果，就不应给予其处罚；也不能实现预防损害结果的发生，因为人员伤亡的结果不是见死不救者的行为所引起，也就不能通过刑罚适用来预防人员伤亡结果的发生。因此，这样的见死不救行为不宜犯罪化。

第四节　似是而非的定罪情节

定罪情节指犯罪行为实施过程中除犯罪构成共同要件之外的影响行为社会危害性程度因而对定罪具有决定意义的事实情况。❷ 犯罪过程中存在定罪情节，理论界对此没有争议。而罪前情节和罪后情节是否存在定罪情节仍然是一个没有深入探讨的问题。随着97年刑法的实施，这一问题日益凸显起来。这一问题不解决，犯罪的认定就会发生混乱。

一、罪前情节是否存在定罪情节

陈荣飞等同志在《关于犯罪人人格态度对定罪量刑的影响问题》（后面简称陈文）中认为，“凡与犯罪行为相关并可说明犯罪人人格态度的情节，即便发生在罪前，都应予以考虑，以其作为定罪量刑的依据。”❸笔者对此有商榷意见，具体论述如下。

我国刑法第二百零一条规定因逃税被税务机关给予二次以上行政处罚再偷

❶ 储槐植、蒋建峰：《过失危险犯之存在性与可存在性思考》，载《政法论坛》2004年第1期，第126页。

❷ 赵秉志等：《刑法学》，北京师范大学出版社2010年版，第292页。

❸ 陈荣飞等：《关于犯罪人人格态度对定罪量刑的影响问题》，载《理论探索》2009年第3期，第131页。

税的应当定罪、我国刑法第三百零一条关于聚众淫乱罪的规定“多次参加聚众淫乱”应当定罪，以及最高院《关于审理盗窃案件具体应用法律若干问题的解释》第四条规定，对于一年内入户盗窃或者在公共场所扒窃三次以上的以盗窃罪定罪处罚。对此，陈文将其概括为“多次犯”并认为前述多次犯属于影响定罪的典型的罪前情节，多次犯因其与法规范尖锐的人格对立态度而入罪，表明在某些特定情形中刑法是以行为人之人格态度作为定罪根据的。”❶

笔者对此的商榷意见认为，首先，我国刑法理论已经存在徐行犯的概念，徐行犯指行为人基于一个犯罪故意，反复实施一个危害举动，这些举动的总和被认为是一个犯罪构成行为，且仅侵害一个法益，触犯一个罪名的犯罪形态。前述陈文中的多次盗窃成立盗窃罪等犯罪均属徐行犯。因为徐行犯这一名称产生在先且已广为接受，为了学术交流的方便，所以我们应沿用徐行犯的称谓。行为成立犯罪是因为行为的社会危害性而不是行为人的人身危险性。

其次，徐行犯的成立也是因为它的社会危害性而不是因为行为人的人身危险性，而认为徐行犯成立犯罪的根据在于它的人身危险性是因为没有正确认识多次犯罪举动的社会危害意义。以多次盗窃为例，由于事物是普遍联系的，危害行为对一个法益或客体的侵犯，都会不可避免地侵犯到相联系的法益或客体，多次实施危害行为必然多次侵犯与侵害对象相联系的法益或客体，那么附带的侵害也就较一次危害行为翻了数倍。所以，“一年内入户盗窃或者在公共场所扒窃三次以上的”尽管盗窃财物的数额不大，但是其总的社会危害不低于一次盗窃较大数额财物的社会危害；其次，对于一个惯窃者而言，不给予刑罚制裁，他便会持续不断地盗窃，其社会危害性不可估量。因此，徐行犯成立犯罪的根据在于它的社会危害性而不是行为人的人身危险性。

二、罪后情节是否存在定罪情节

我国学界也存在将罪后情节指认为定罪情节的情况，笔者以其中比较明显的九种为例给予说明，这些罪后情节都不能成为定罪情节，不存在构成犯罪既遂还可以出罪的情况，逐一分析如下。

---

❶ 陈荣飞等：《关于犯罪人人格态度对定罪量刑的影响问题》，载《理论探索》2009 年第 3 期，第 131—132 页。

1.战时缓刑

我国刑法第四百四十九条规定："在战时，对判处三年以下有期徒刑没有现实危险宣告缓刑的犯罪军人，允许其戴罪立功，确有立功表现时，可以撤销原判刑罚，不以犯罪论处"。陈文认为，"此等通过罪后之战时立功行为来否定前行成罪之事实，便凸显出罪后情节在特例中对定罪的决定性作用。"❶

笔者认为，战时缓刑制度是一种前科消灭制度或者赦免制度，也就是说，战时缓刑是以构成犯罪为前提的，不是因为立功表现而不成立犯罪，只是因为立功而消灭犯罪记录。因此，战时缓刑不能表明存在罪后的定罪情节。

2.盗窃后情节

1998 年 3 月 17 日，最高人民法院、最高人民检察院《关于审理盗窃案件具体应用法律若干问题的解释》规定："盗窃公私财物虽已达到'数额较大'的起点，但情节轻微，并具有下列情形之一的，可不作为犯罪处理：全部退赃、退赔的；主动投案的。"对此，也有学者认为这些情况属于影响定罪的定罪情节。❷

笔者认为，盗窃后因为没有花费盗窃财物说明盗窃目的还没有实现，所以特别注意这时还不能认为犯罪既遂，❸而这时主动投案、全部退赃退赔，这种情况的盗窃（不是多次盗窃等情况）是数额犯，因为盗窃的最终财物没有达到犯罪数额的条件，所以不成立犯罪，而不是构成盗窃罪，又因为罪后情节而影响定罪。

3.受贿退赃

2007 年 7 月 8 日最高人民法院、最高人民检察院《关于办理受贿刑事案件适用法律若干问题的意见》第九条规定："国家工作人员收受请托人财物后及时退还或者上交的，不是受贿。"对此，也有学者认为这些情况属于影响定罪的定罪情节。❹

笔者认为，受贿后因为没有花费受贿财物说明受贿目的还没有实现，特别注意这时还不能认为犯罪既遂，而国家工作人员及时退还或者上交的，最终的行为

---

❶ 陈荣飞等：《关于犯罪人人格态度对定罪量刑的影响问题》，载《理论探索》2009 年第 3 期，第 132 页。

❷ 蔡雅奇：《罪后情节的定罪功能探究》，载《北京工业大学学报（社会科学版）》2011 年第 1 期，第 68 页。

❸ 温建辉：《论社会危害性在犯罪概念中的核心地位》，载《2011 年中国刑法学年会论文集》，中国人民公安大学出版社 2010 年版，第 231 页。

❹ 蔡雅奇：《罪后情节的定罪功能探究》，载《北京工业大学学报（社会科学版）》2011 年第 1 期，第 68 页。

结果是没有达到受贿罪所要求的受贿数额条件，所以不成立受贿罪。因此，受贿退赃不能表明存在罪后的定罪情节。

4.补缴税款

刑法第二百零一条第四款规定："有第一款行为，经税务机关依法下达追缴通知后，补缴应纳税款，缴纳滞纳金，已受行政处罚的，不予追究刑事责任。"

对于该规定的理解，笔者认为，规定很明确，该拖延纳税的行为并没有构成逃税罪，只是行政违法行为，所以"已受行政处罚的，不予追究刑事责任。"其理由是因为逃税罪是数额犯，这个时候因为逃税数额没有达到刑罚处罚的条件而不能适用刑法评价。

5.退出邪教

1999 年 10 月 30 日，最高人民法院、最高人民检察院《关于办理组织和利用邪教组织犯罪案件具体应用法律若干问题的解释》第九条第二款规定："对于受蒙蔽、胁迫参加邪教组织并已退出和不再参加邪教组织的人员，不作为犯罪处理。"对于这些情况，陈文认为这表明其对刑法所保护价值之对立态度之消弭，故将此类聚众犯中情节显著轻微的普通邪教信众予以出罪。❶

笔者认为，上述两个司法解释明确规定"受蒙蔽、胁迫参加邪教组织并已退出和不再参加邪教组织的人员，不作为犯罪处理"，所以这两个司法解释中不存在因为罪后情节而出罪的情形。至于受蒙蔽、胁迫参加邪教组织并已退出和不再参加邪教组织之所以不被认定为犯罪是因为这种行为属于预备行为且是中止形态，它的社会危害性没有达到犯罪的程度。

6.收买被拐卖的妇女、儿童而不限制其人身自由的

刑法第四百四十九条规定对罪后情节的规定，第二百四十一条第六款规定"收买被拐卖的妇女、儿童，按照被买妇女的意愿，不阻碍其返回原居住地的，对被买儿童没有虐待行为，不阻碍对其进行解救的，可以不追究刑事责任"。

笔者对这个司法解释的理解是，收买被拐卖的妇女、儿童罪是侵犯人身自由的犯罪，而收买被拐卖的妇女、儿童而不限制其人身自由的，这些行为没有侵犯被拐卖妇女、儿童的人身自由，没有社会危害性，所以不构成犯罪，而不是构成犯罪，因为罪后情节而免罪。

---

❶ 陈荣飞等：《关于犯罪人人格态度对定罪量刑的影响问题》，载《理论探索》2009 年第 3 期，第 133 页。

7.交通肇事逃逸

2000 年 11 月 10 日最高人民法院公布的《关于审理交通肇事刑事案件具体应用法律若干问题的解释》第二条第二款规定，交通肇事致一人以上重伤，负事故全部或者主要责任，为逃避法律追究逃离事故现场的，以交通肇事罪定罪处罚。此处的“逃逸”似乎就成为了定罪情节。

笔者认为，这种交通肇事及其逃逸，是一种具有严重社会危害性的行为，这种行为足以构成犯罪（是一种过失危险犯），是名符其实的定罪情节，而不是罪后情节。

8.“强奸”后通奸

1984 年最高人民法院、最高人民检察院、公安部《关于当前办理强奸案件中具体应用法律的若干问题的解答》的有关规定，第一次性行为违背妇女的意志，但事后当事人并未告发，后来女方又多次自愿与该男性发生性行为的，一般不宜以强奸罪论处。

笔者认为，“强奸”事后女方又多次自愿与该男性发生性行为表明原来的违背妇女意志性行为的社会危害性轻微，属于刑法第十三条的规定，刑法已经不能给予评价，因而不是犯罪。因此，强奸后又通奸的情况不能表明存在罪后的定罪情节。

9.交出枪械等危险物品

2001 年 5 月 16 日起施行的最高人民法院《关于审理非法制造、买卖、运输枪支、弹药、爆炸物等刑事案件具体应用法律若干问题的解释》规定，行为人非法携带本条爆炸物进入公共场所或者公共交通工具，虽然携带的数量达到最低数量标准，但能够主动、全部交出的，可不以犯罪论处。陈文认为这表明行为人不具反社会之人格态度，故不为罪。[1]

对此认识，虽然笔者也赞同这种行为不构成犯罪，但是在不构成犯罪的理由上，笔者也有商榷意见，认为尽管犯罪中行为人的人格态度可以成为定罪情节（需注意罪前罪后的人格态度不能成为定罪情节），但是行为人主动、全部交出危险物品的行为只是表明行为人没有犯罪的主观要件，所以不构成犯罪，而不是因为行为人不具备反社会的人格态度这样的定罪情节而不构成犯罪。

---

[1] 陈荣飞等：《关于犯罪人人格态度对定罪量刑的影响问题》，载《理论探索》2009 年第 3 期，第 133 页。

实　践　篇

第七章 罪过理论与司法实践脱节的解决

传统罪过理论中没有情感因素的任何名分或地位。然而它的这一缺陷，却并没有对刑事立法的道义诉求以及对刑事司法的现实运行产生至关重要的影响或明显的不适。这一奇怪现象，不能不引起我们的反思。那么，究竟是罪过情感之于刑事立法和刑事司法本来就是可有可无、无足轻重；还是刑事立法已经对罪过情感进行了道义诉求以及刑事司法对罪过情感进行了适当的考虑；抑或不仅刑事立法对罪过情感进行了道义诉求以及刑事司法对罪过情感进行了适当的考虑，而且，罪过理论事实上也包涵了罪过情感？知难行易，我们首先应当明了这一问题，然后，才能在刑事实践中走向自觉，才能够明确完善罪过理论的方向。

第一节 罪过情感在刑事立法中的体现

一、影响刑事责任能力的情感不属于罪过情感的规定

前面我们已经说明情绪、情感虽然对于行为人认识能力和控制能力有影响，但这种影响属于刑事责任能力的内容。刑事责任能力属于犯罪构成中的主体要件，而罪过属于犯罪构成中的主观要件。刑事责任能力和罪过分属犯罪构成的不同要件，不应混淆。犯罪主体要件解决刑事责任能力的问题，犯罪主观要件解决罪过的问题。刑事责任能力与罪过分别属于犯罪构成的两个方面，对此两者不应混淆。因此，当代一些国家的刑事立法中存在关于情绪、情感因素的规定是关于情绪、情感对刑事责任能力以及适用刑罚的影响也不是已然将情感因素纳入罪过理论之中的表现。

二、刑事立法对罪过概括性规定包括了罪过情感

1.我国现行刑法关于罪过的规定

我国刑法第十四条、第十五条对犯罪构成中主观要件的基本内容作了明确规定。根据刑法第十四条的规定,犯罪的故意是指:行为人明知自己的行为会发生危害社会的结果,并且希望或者放任这一结果发生所持有的一种主观心理状态;根据刑法第十五条的规定,犯罪的过失是指:行为人应当预见自己的行为可能发生危害社会的结果,因为疏忽大意而没有预见,或者行为人已经预见自己的行为可能发生危害社会的结果,因为轻信能够避免,以致发生这种结果所持有的一种主观心理状态。

基于我国刑法的这一规定,我国绝大多数的刑法学者认为行为人心理罪过内容具有两种形式,即故意和过失。故意和过失都由认识因素和意志因素构成。[1] 笔者认为,从我国刑法第十四条、第十五条的规定,不能得出我国刑事立法对情感因素弃置不顾的结论。

首先,从宏观上讲,传统罪过理论是社会意识中构成社会观念上层建筑的部分,它具有相对的独立性。第一,它与社会中作为政治上层建筑一部分的刑法具有不完全同步性。第二,它对刑事立法具有能动的反作用。当罪过理论落后于刑事立法时,这种落后的罪过理论作用于刑事立法,就完全可能造成刑法总则的如此规定,即在罪过的规定中情感因素不甚明了。而且,对于这样的规定,人们在理解、阐释的时候,又会受到统觉的影响。统觉指人对某一对象的认识,受到认识主体自身经历、经验和所拥有的相关知识的影响。也就是从微观个体层面上说,即便刑法总则的规定中没有排除情感因素,如果刑法学者囿于传统的罪过理论,他(她)也是难以认识到刑法第十四条、第十五条规定中的情感因素的成分。这样看来,刑法中关于罪过的规定,完全有可能囊括了情感因素。那么,我国刑法罪过理论与我国刑法第十四条、第十五条规定的关系,究竟是反映了落后的罪过理论(意识形态)对刑事立法的反作用,还是体现了作为社会存在的刑事立法对作为意识形态的罪过理论的决定作用呢?搞清这个问题,是我们避免先入为主或产生偏见的前提。

---

[1] 参见杨兴培:《犯罪构成原论》,中国检察出版社 2004 年版,第 145 页;亦见苏惠渔主编:《刑法学》,中国政法大学出版社 1999 年版,第 152 页,等等。

申言之,刑法的规定是一种对现象概括性的描述,它不同于对事物的理论分析。刑法对罪过的规定同样是一种概括性的描述,即它把知、情、意等罪过因素作为(综合为)一个整体一并做出了描述。刑法第十四条描述的故意中的认识因素较刑法第十五条描述的过失中的认识因素在罪过中的地位较显著;而刑法第十五条描述的过失中的情感因素较刑法第十四条描述的故意中的情感因素在罪过中的作用有了较多的体现。笔者认为,这应该是对我国刑法有关罪过规定的基本认识。而为什么这么说呢,我们接着探讨。

第一,立法概括性的规定不同于理论分析。我国刑法中描述罪过的措辞实际上概括了情感和意志两个方面的意思。例如,有学者指出,"希望"应该是直接故意意欲要素的代名词,它隐含着意志和情感的双重要素。"放任"是间接故意意欲要素的表现形态,是对包含意志要素和情感要素的心理综合描述。[1] 对于刑事立法上的对情感因素的包容,实务部门的同志也有察见[2]。

第二,疏忽大意和过于自信的过失,事实上也包含了行为人的情感因素。过于自信的过失在情感上是"对危害结果排斥"的态度;疏忽大意的过失在情感上对危害结果的发生持漠不关心的态度。

进一步言之,心理过程中的知、情、意在现实中是有机统一、密不可分的浑然一体。它们之间是你中有我、我中有你的关系。而且,根据全息科学哲学可知,部分包含整体。这就是说,刑法总则中罪过的规定即便只明确了知和意两个方面,也不能断言立法者抛弃了情感因素,因为行为人的情感状况已由认识因素和意志因素所包容和反映。

而且,我国刑法分则对罪行的具体规定容纳了情感因素。我国刑法第一条规定:为了惩罚犯罪,保护人民,根据宪法,结合我国同犯罪做斗争的具体经验及实际情况,制定本法。该条表明了我国刑法的目的。即它不是为了按刑法学者的理解来表述罪过。我国刑法第二条表明,刑法的任务是用来同犯罪行为作斗争的。立法者制定刑法,规定罪行依据的是行为的社会危害性,罪过同时被包容于对罪行的描述之中,而不是按罪过来描述罪行。所以,尽管刑法罪过理论忽略了情感因素,但并不意味着刑法对罪行的概括性描述也抛弃了罪过情感。例如

---

[1] 李兰英:《探问"意欲"为何——对故意概念中希望和放任的新诠释》,载《法律科学(西北政法学院学报)》2005 年第 5 期,第 51 页。

[2] 参见刘为波、牛克乾:《放任的心理定性》,载《政治与法律》2002 年第 4 期,第 30 页。

在我国刑法分则中就规定了一些罪过情感在行为人心理中居于主导地位的罪行❶。

2.俄罗斯联邦刑法典对罪过的规定

俄罗斯联邦刑法典对罪过的规定与我国刑法的规定相类似。关于俄罗斯联邦刑法典对罪过的规定❷,俄司法界人士指出,“人心理的情绪(感情)因素是人的包括犯罪在内的每一行为的必要成分。立法者未将情绪列为罪过形式的定义,但是它们仍然是构成罪过的心理态度的内容。”❸“立法对罪过形式故意和过失的表述(第二十五条、第二十六条)中没有提到动机、目的和情绪。但这并不意味着,这些因素不包括在罪过的内容之中。心理活动的这些因素是人的任何行为所固有的。动机、目的和情绪,说明犯罪人实施犯罪的心理活动的特点,构成犯罪的主观方面,通过故意和过失(罪过的表现形式)表现出来。”❹这种见解充分表明了尽管俄罗斯联邦刑法典没有在罪过中明确规定情绪、情感因素,但其司法界人士已经认识到实际上情感要素是罪过内容的组成部分。

其他世界各国刑事立法对罪过的规定也大体与我国或俄罗斯相似,兹不一一详述。

第二节　刑事司法中对罪过情感的考虑

一、刑事司法中对罪过情感考虑的可能性

对犯罪行为追诉的一个非常重要的依据或落脚点便在于行为人的罪过心理。而对罪过心理的确切分析和定性,则具体落实到了犯罪人的知、情、意三个心理因素上。然而,这种“缺一条腿凳子”一样的罪过理论能够在司法实践中,大体有效地指导司法人员分析犯罪人的罪过心理,并且大体妥当地适用刑法,也是有道理的。

这是因为,虽然传统罪过理论中没有情感因素的地位,但在大多数的犯罪行

❶ 谢勇、温建辉:《如何实现对情感型罪过的准确定性》,载《社会科学战线》2007 年第 2 期。

❷ 《俄罗斯联邦刑法典》,黄道秀等译,何秉松审订,中国法制出版社 1996 年版,第 12—13 页。

❸ 俄罗斯联邦总检察院编:《俄罗斯联邦刑法典释义》,黄道秀译,中国政法大学出版社 2000 年版,第 45 页。

❹ 俄罗斯联邦总检察院编:《俄罗斯联邦刑法典释义》,黄道秀译,中国政法大学出版社 2000 年版,第 46 页。

为中，行为人的情感态度和情感倾向可以通过认识因素和意志因素体现出来，因此，只要司法人员对罪过中的认识因素和意志因素进行了认真的考虑，便不自觉地对与此相牵涉的罪过情感进行了考虑。

而且因为刑法分则对罪行的规定采用概括性的描述，所以罪过中的罪过情感和其他罪过因素是一并被包容的。只要司法人员严格依法办事，罪过情感应该能够得到考虑。事实上，尽管罪过理论没有对情感因素在罪过中的地位做出说明，但司法实务部门的同志仍然可以自觉地对包容于立法概括性规定中的罪过情感予以考虑。❶

二、罪过情感在刑事司法中得到考虑的途径

1.司法人员的情感作用

近来，有一股强烈的倾向将目光集中在情感因素对刑法和刑罚的影响的问题上。认真考虑报复情感的作用，会使我们在构建刑事责任理论基础时受益。如果愤怒在法律和理论著作上被确立名分，那报复就不复存在了。报复观念是以愤怒情感为基础的。没有了报复观念，刑法理论还能控制现实中的犯罪吗？刑事责任合理化的根据，是因为至少在社会情感上，刑法表达和反映了我们的敌对情感。❷ 这种情况在实行陪审团制的审判活动中，表现得尤其明显，被告人是否被定罪，完全体现在由陪审团代表的民意上。而这种民意的可贵之处正在于它有着一种非源自法律素养的自然情感。

对刑罚的理解常常被学者们冠以比实际情况要高明的美誉。但无论如何，对刑事责任的论见一定至少要建立在惩罚应以完全类似于现实生活中的惩罚这样的理论基础之上。无论最好的惩罚理论是否建立在报复的基础上，但至少刑事责任的现实解说应该承认惩罚和报复在现实生活中的密不可分的关系。定罪与敌对情感联系密切。鲁迅先生 1927 年在《而已集》就谈到了被定罪的原委："我以为法律上的许多罪名，都是花言巧语，只消以一语包之，曰：可恶罪。……我先前总以为人是有罪，所以枪毙或坐监。现在才知道其中的许多，是先因为被

❶ 参见刘为波、牛克乾：《放任的心理定性》，载《政治与法律》2002 年第 4 期。

❷ Victor Tadros, Attribution, *Ethics and Emotion in Criminal Responsibility*, The Modern Law Review Limited 2004, P.332.

认为‘可恶’,这才终于犯了罪”。[1]

2.罪过情感与司法人员情感的关系

众所周知,犯罪特别是自然犯触犯了人们强烈而普遍的感情,造成这一行为又是犯罪人情感的表达或表现,这就说明犯罪人的情感是罪恶的。申言之,犯罪所承载的行为人的罪恶情感越严重,犯罪引起人们的反感越强烈,两者成正相关。

反感是以同情为基础的。在经过几百万年进化形成的人类悟性中,同情是最主要的特性之一。没有它,人无法具备起码的为人之道,也无法维持起码的人际关系。无论何时何地,人类生活都是在共同体中进行的。在共同体中,任何成员发生的问题与其他成员都是息息相关的。同情就产生于人对这一事实的体悟。亚当·斯密指出:“由于我们同情我们同伴不幸时的悲伤,所以,也会和他一样对那个引起这悲伤的祸因深恶痛绝。既然我们的心会和他同悲共苦,便自然要同他一样激愤,去竭尽全力消除那带来悲伤的祸因。”[2]对此,现代医学研究进一步表明,人类有一个专门感受他人痛苦的区域,而且这个区域和感受自己痛苦的区域在大脑的同一部位。以前人们认为同情心不过是道德教育下的一种心理作用,科学家的最新研究则表明,人类的同情心是一种自然的生理反应过程,是一个天生就具有的生理反射。不过,这种生理反射在后天的教育中被进一步强化了。而且后天的教育也把同情心分化了,即是后天的教育让人们知道谁最值得同情,谁不应该同情。[3]

情况正是这样,司法审判人员在了解犯罪事实的基础上,首先对因犯罪人的侵害所引起的被害人的痛苦产生同情,甚至于感同身受;然后,上面所述的反感过程就开始发挥作用了,即行为人的罪恶情感越严重,司法审判人员体验的反感情绪越强烈。犯罪人的罪过情感正是通过司法审判人员对罪过情感的反感得到了考虑和反映。

其实,司法实践中司法人员在形成司法裁判中,情感因素的作用很早就有人给予了重视。18 世纪的意大利学者贝卡里亚指出,“根据感情做出判断的无知,

---

[1] 白冰编:《鲁迅全集》,甘肃人民出版社 1998 年版,第 653 页。

[2] [英]亚当·斯密:《道德情操论》,余涌译,中国社会科学出版社 2003 年版,第 75 页。

[3] 阿碧:《同情反射》,载《聪明泉》2005 年第 3 期,第 38 页。

较之根据见解做出判断的学识,更可靠一些。”[1]而司法人员的情感与犯罪人的罪过情感是密切相关的。

第三节　情感因素在罪过理论中的阙如

一、罪过理论的缺陷

1.我国刑法罪过理论中情感因素的缺失

我国现行的刑法罪过理论中是缺失情感因素的。[2] 对于我国刑法罪过理论之中情感因素的阙如,我国学者将其解释为“这里重要的问题在于区分清哪些主观因素属于构成要件,而哪些主观因素属于责任。这里区分的关键在于这个主观因素是否与构成要件的具体行为类型具有联系。作为构成要件的主观因素可以确定行为构成的特定类型并直接指向所侵害的利益;而作为责任内容的主观因素都不具有这一特性,而只表明与此无关、但常常会对量刑发生影响的并表现行为人人格的动机(如泄愤)、感情(如嫉妒)等等内容。”[3]

2.俄罗斯刑法罪过理论中情感因素的缺失

俄罗斯的罪过理论中承认了情感因素的存在,[4]但它在罪过形式中却没有地位,[5]所以,在具体分析罪过和定罪中,情感因素得不到应有的考虑。这种情况表明,在俄罗斯的罪过理论中,情感因素徒有虚名,实质上,是没有地位的。

3.大陆法系刑法罪过理论中情感因素的缺失

大陆法系刑法学说中的罪过理论是阙如情感因素的[6]。大陆法系刑法理论以德国和日本为典型,它们的罪过仅限于认识因素和意志因素的组合。[7]

---

[1] [意]贝卡里亚:《犯罪与刑罚》,黄风译,中国大百科全书出版社 1993 年版,第 20 页。

[2] 张明楷:《刑法学》,法律出版社 2003 年版,第 212 页;何秉松主编:《刑法教科书》,中国法制出版社 1997 年版,第 259 页。

[3] 李海东:《刑法原理入门(犯罪论基础)》,群众出版社 1992 年版,第 58—59 页。

[4] 参见 Н · Ф · 库兹涅佐娃、И · М · 佳日科娃主编:《俄罗斯刑法教程》,黄道秀译,中国法制出版社 1999 年版,第 299 页。

[5] 参见 Н · Ф · 库兹涅佐娃、И · М · 佳日科娃主编:《俄罗斯刑法教程》,黄道秀译,中国法制出版社 1999 年版,第 306—331 页。

[6] 参见宁汉林、魏克家:《大陆法系刑法学说的形成与发展》,中国政法大学出版社 2001 年版,第 65 页及以下。

[7] 李安、沈琪:《刑法罪过的心理学分析》,载《杭州师范学院学报(社会科学版)》2004 年第 2 期,第 93—94 页。

4.英美法系刑法犯意理论中情感因素的缺失

在美国的刑法罪过理论中，心理内容由知和意的心理要素来构成，即认识行为性质以及行为与危害结果间的关系，并且表明对行为和结果的意向。不同的知、意种类结合，构成了不同的犯罪心态模式。[1] 而英国刑法在犯意的构造上采用“分解法”，这种方法是将犯罪行为分为行为、结果、情况加以讨论和分析，犯意就是针对行为、结果、情况的内心态度。这种建立于对犯罪行为进行分解之上的犯意术语，按照我国刑法的术语和习惯，也是可以以认识因素和意志因素加以说明的。[2]

二、罪过理论解释能力的不足

马克思主义哲学认为，意识包含着知、情、意三者的统一；心理学也认为人的心理包括认识、情感、意志等活动过程。显而易见，传统罪过理论与哲学观点以及心理学的常识等现代科学理论相抵触。罪过理论不仅在理论上不能自圆其说，在司法实践中它的解释能力也不断遇到麻烦。

1.难以区分间接故意犯罪和轻信过失犯罪

笔者认为，由于罪过理论中缺乏情感因素，导致罪过理论对实践的指导和解释能力上存在重大缺陷。比如，在司法实践中区分间接故意与轻信过失就成为“刑法中最困难和最有争议的问题之一”。[3]

2.疏忽大意过失犯罪的罪过性难以说明

当世界各国刑事立法普遍地将疏忽大意的过失行为规定为犯罪，我们普通公民也能不假思索地认为疏忽大意的过失行为应予惩罚的同时，在传统罪过理论的语境中，由于缺乏对情感因素的考虑，导致在司法实践中对于疏忽大意过失的罪过性无从说明。[4]

3.对情感罪过不能正确分析

传统罪过理论对罪过心理的分析仅以认识因素和意志因素来定性，当罪过心理中的情感因素居于心理主导方面的时候，仍然坚持传统罪过理论的思路，就

---

[1] 储槐植编著：《美国刑法》，北京大学出版社 1987 年版，第 75—77 页。
[2] 王雨田：《英国刑法犯意研究》，中国人民公安大学出版社 2006 年版，第 208 页。
[3] 谢勇、温建辉：《区分间接故意与轻信过失的最终方案》，载《河北法学》2007 年第 1 期。
[4] 谢勇、温建辉：《破解疏忽大意过失罪过性的两难之题》，载《河北法学》2007 年第 3 期。

显得不合时宜了。比如,在传统罪过理论的语境中,像“法轮功”这样的痴狂型犯罪,其罪过心理不能得到妥当的说明。[1]

尽管传统罪过理论阙如情感因素,但它并没有严重影响到刑事立法的合理诉求和刑事司法的现实运行;只是表明了刑法的罪过理论已经落后于刑事实践。一方面,罪过情感在刑事立法和刑事司法中有所体现或得到了适当的考虑;另一方面,情感因素在罪过理论之中却没有任何名分,或者没有取得应有的地位。传统罪过理论的这一缺陷,不时地暴露出来,导致了传统罪过理论自身及其与其他科学理论之间的抵触,甚或对一些犯罪的罪过不能做出适当的说明。在此指出理论与实践的脱节之处,以期补益刑事实践和罪过理论的完善。

---

[1] 谢勇、温建辉:《如何实现对情感型罪过的准确定性》,载《社会科学战线》2007 年第 2 期。

第八章 正确定性一般率性犯罪[1]

罪过是犯罪活动中行为人的心理活动，作为一种心理活动，它的基本方面必然不能脱离一般的心理活动的基本状况。罪过理论必须以心理学为基础，并接受心理学知识的支持。心理学认为人的心理包括认识、情感、意志等活动过程，罪过理论也必须与此相一致。与其他科学理论相一致是说明任何理论正确性的必要条件。

传统罪过理论是缺失情感因素的。[2] 它的这一缺陷，不时地暴露出来，导致了传统罪过理论自身及其与其他科学理论之间的抵触，甚或对一些犯罪的罪过不能做出适当的说明。特别是在 20 世纪 90 年代末期开始涌现的“法轮功”分子进行的犯罪活动，其罪行昭昭，但在传统罪过理论的语境中，对他们的主观罪过却简直无从说明。这些来自司法实践的要求，加速了我们完善传统罪过理论的步伐。

第一节 传统罪过理论对率性犯罪难以认定

在行为人的心理中，理智和情感共同指导或驱动着人的行动，而理智和情感并不总是协调一致，当其中一方处于支配地位时，这时行为的性质就由处于支配地位的理智或情感决定着。传统罪过理论对罪过心理的谴责着眼于以理智来定性。当罪过中的情感因素居于心理主导方面的时候，仍然坚持传统罪过理论的思路，就显得不合时宜了。

---

[1] 率性犯罪的概念详见温建辉：《率性犯罪的发现》，载《社会科学家》2011 年第 1 期。

[2] 例见张明楷：《刑法学》，法律出版社 2003 年版，第 212 页；苏惠渔主编：《刑法学》，中国政法大学出版社 1997 年版，第 152 页；何秉松主编：《刑法教科书》，中国法制出版社 1997 年版，第 259 页和第 263 页，等等。

笔者认为，如前所述，传统罪过理论对疏忽大意过失犯罪的罪过心理不能够给予科学的说明和解释，而对如下的三类率性犯罪也难以准确定性；至于更为复杂的率性犯罪，我们在后面进行详述。

一、冷漠型率性犯罪

冷漠型率性犯罪指行为人在冷漠型情感罪过支配下实施的犯罪活动。例如，当我们谴责一成年人遗弃他年迈多病的父母时，经常会说："这种人对他父母都这样，简直是冷血动物！"这里显然表明了，遗弃罪受谴责的是它的利他情感的缺乏。如果我们只是说："他这么做是故意的"，我们会感觉没有谴责到位。没有谴责到位，就说明我们对该种罪过没有确切地予以说明。这就暴露了传统罪过理论的不足。"刑法之罪应尽可能地与道德之恶求取一致。这是从立法到司法都必须确立的目标。"❶我们的法律不能脱离实践中的伦理基础。没有伦理基础的法律是不成其为法律的。我们这里所说的"冷血动物"就是谴责行为人冷漠无情的情感态度，而这正是我们对遗弃罪谴责的伦理基础。其他如遗弃伤病军人罪、战时拒不救治伤病军人罪，等等，亦属于这种情况。

二、痛快型率性犯罪

痛快型率性犯罪指行为人在痛快型情感罪过支配下实施的犯罪活动。例如，发生在河北馆陶和山东冠县的7起刺伤女青年案，案犯张某一直在外地打工，"感情受挫产生扭曲心理，从而实施了犯罪行为报复社会，寻求感官刺激是他的主要作案动机。"张某最初在选择用刀捅人之前，也想到了一些别的方式寻求刺激，但是在他看来"都不刺激"。2012年3月15日，张某第一次用刀子在馆陶县城一条街上实施了犯罪，一名女青年被扎伤，张某在极度紧张和快感中骑着摩托车逃离现场。3月16日，又一名青年女性遭受伤害。3月28日下午，张某骑着摩托车来到了与馆陶县相邻的山东省聊城市冠县东古城镇。16时许，发现一名骑车的女性，他从后面出刀，然后迅速离开了。17时许，高度亢奋的张某再次骑着摩托车回到七一大桥上，一名骑车经过七一大桥的女孩被张某用刀捅了。骑着摩托车的张某再次回到了馆陶县城，又有两名年轻女性被他捅伤。4月7

❶ 冯亚东：《罪与罚的探索之道》，中国检察出版社2005年版，第160页。

日凌晨，张某落网。笔者认为，张某的行为即是典型的痛快型犯罪。

三、痴狂型率性犯罪

痴狂型率性犯罪指行为人在痴狂型情感罪过支配下实施的犯罪活动。例如，“法轮功”痴迷者制造了一系列的刑事案件。“法轮功”痴迷者伤害他人时，他们甚至认为杀死亲人是为了把他们“度”到天国去，免得在世间受罪。这样的犯罪就是典型的痴狂型犯罪。痴狂型犯罪的痴狂应达到对自己的行为性质发生错误认识的程度，这是它与间接故意犯罪的重要区别。笔者以下面的例子进行说明。

美国纽约有一位因经常偷开火车而屡次被捕入狱的超级火车狂。过去20年来，39岁的麦科勒姆经常非法开走或企图开走地铁列车、火车和公共汽车，总共被捕约20次之多。去年6月，刑满释放不久的麦科勒姆故伎重演，在皇后区企图开走一架M-17火车头和连接的车卡，虽然这次他做足了准备功夫：戴上安全帽、穿上荧光背心，俨然一副铁路安全顾问打扮，但是，他还是再次被捕，并被判刑入狱3年。在法庭上，火车狂直言：“我真的很热爱火车，我控制不了自己的行为。”❶

笔者所述的痴狂型罪过，尽管与间接故意有相似之处，但仍有明显的区别，上面所讲的犯罪人的罪过应该是间接故意而不是痴狂型罪过，因为该犯罪人的意识状况仍然没有达到对自己的行为性质发生错误认识的程度。

像“法轮功”这种痴狂型的犯罪，他们不仅认识不到他们的行为有社会危害性，相反，他们甚至还认为自己在做有益于他人的事情。那么，对这种出于“好心”却客观上办坏了事，还能谴责其明知会损害他（她）人而去实施犯罪行为吗？如果不能，那又该如何说明这样的罪过呢？或者你按照“对行为性质认识错误”来处理，但“对行为性质认识错误”却是要“阻却故意成立”的❷，那还能构成什么罪呢？可见，在传统罪过理论的语境中，像“法轮功”这样的痴狂型犯罪，其罪过心理是得不到说明的。事实上，像傅怡彬这样的“法轮功”分子残忍地弑父杀妻伤母案件，就如何定罪的问题，笔者也分别询问过基层人民法院和高级人民法

---

❶ 小言：《为“爱”痴狂》，载《海外星云》2005年第18期。

❷ ［日］泷川幸辰：《犯罪论序说》，王泰译，法律出版社2005年版，第108页。

院的法官,他们都说构成故意杀人罪,但具体到罪过心理却都不能够确切说明。笔者认为这种情况反映了传统罪过理论在这些问题上暴露了自身的缺陷、显得无能为力了。

第二节 对情感罪过心理分析的理论前提

认识到理论的不足,是完善理论的前提。但要实际地完善理论,却不是一蹴而就的。为完善传统罪过理论,达到对情感罪过心理内容的恰当分析,我们应当首先达成一些共识,以能够共同探讨、协同解决。

一、伦理道德和法律规范具有同一性

人性是人在社会关系中表现出来的属性,换言之,它是人在社会实践中的行为属性。实践活动是人的本质力量的对象化过程。实践是主观见之于客观的东西,它体现了人的意志性,但这种意志行为不是人为所欲为的一意孤行,而是合乎必然性的人的意志行为;实践体现了人的交往性,但这种交往不是你死我活的利益争夺,而要彼此都可接受,也即具有正义性;人们的实践活动也决不是单个人的恣意枉为,而是由在一起生活的人们群体的物质生活条件决定的。实践所具有的这三种品格,即合乎必然性的意志性、具备正义性的利益性、群体物质生活条件的制约性,我们简而称之为实践的规范性。❶ 规范性是人性的基本内容和本质特征,也是社会性的基本内容和本质特征。

伦理道德和法律规范之间密切的关系不是人为的或外在的偶然巧合,而是由于它们有着同一的产生基础——规范性。规范性是伦理道德和法律规范形成的出发点和得以实现的落脚点。离开了人性的规范性,所有的伦理道德和法律规范就只能是不切实际的空中楼阁,根本没有实现的可能。原始社会的氏族习惯发端于人性的规范性,阶级社会中的伦理道德和法律规范也同样滥觞于此。

规范性是伦理道德和法律规范的共有品质,或者说,伦理道德和法律规范统一于规范性。两者之间的同质性使得它们能够相通相融、相辅相成。也因此,使得法律具有了伦理品质,而法律也不过是依靠国家暴力来强制推行的那一部分

---

❶ 参见温建辉:《从社会化看犯罪产生》,载《理论界》2006年第1期,第125页。

伦理规范。刑罚只有奠基于道义谴责的基础上才具有合理性。对罪过的说明越是与道义的谴责相吻合,则罪过理论越是合乎实践的需要和便于操作。

“在立法和适用刑法时,必须充分考虑到社会道德和伦理的评价,尽可能将法律的评价与道德的评价有机地结合起来,力求达到伦理与法律的一致。”“如果在对同一行为的评价上出现了法律和道德(这里当然指在社会意识中占统治地位的道德标准)相违背的情况,那么,首先应当反思的是该项法律是否妥当。换句话说,缺乏必要的伦理根据的法律(包括刑罚)是没有生命力的,不可能长期存在于现实社会中。”❶

传统罪过理论在对情感型罪过的说明上就与人们对其所进行的伦理评价不相一致,这说明传统罪过理论已经脱离实践、已经背离了它的伦理根据。已经到了我们对其进行修正的时候了。

二、坚持知、情、意并重

情感型罪过心理,譬如“法轮功”这样的痴狂型犯罪,其社会危害之巨、其主观恶性之烈,虽为普通百姓,亦无不斥之为罪恶,与此相反,我们的刑法学者以及司法实务部门的同志竟然不能准确地说出它的心理事实以及这种心理的悖理(违背社会伦理)之处。

理论来源于生活与实践,而决不是拿理论来套实践。当理论不能适应我们的日常生活经验和实践的需要时,这个理论就必须进行修改了。

任何犯罪活动都是有意识的,也即是有罪过心理的。情感型罪过心理的罪过性从心理的认识因素和意志因素两个方面得不到说明。我们不得不进行反思,是不是我们在罪过之中漏掉了能够说明情感型罪过心理罪过性的其他心理因素?

对于罪过究竟是什么,笔者认为,人的意识具有社会性。心理活动一旦以行为表现出来,就要接受社会伦理的评价。规范性行为谓之“善”;反之,谓之“恶”。行为招致危害结果是恶行,心理认可危害结果是罪过。恶是社会伦理谴责的行为,罪过是社会伦理谴责的心理。罪过心理的社会表现就是恶。说明心理的罪过性,也就是证明行为的恶。

---

❶ 黄立:《刑罚的伦理反思》,载《中国人民公安大学学报(社会科学版)》2006 年第 2 期,第 67 页。

罪过反映的是行为人面向危害结果的心理事实，而心理事实包括认识、情感、意志等心理过程，所以，罪过心理中的认知、情感或者意志反映的都是面向危害结果的心理活动。我们说明任何一种罪过形式的罪过性，必须达到这样的要求：即我们不仅要找到这种罪过的心理事实，还必须指出其悖理（违背社会伦理）之处。

在追究刑事责任的过程中，本来谴责的对象是行为人的主观罪过，但将罪过分析成认识因素、情感因素和意志因素等心理因素后，谴责的对象就具体落实到了认识因素、情感因素或意志因素上，而且这种谴责还必须做到使其无可推脱，这样才能确保谴责的真实准确。

三、严格区分情感动机和罪过情感

罪过反映的是行为人面向危害结果的心理事实，所以，无论认知、情感或者意志都反映的是面向危害结果的心理活动，也就是说心理活动的对象是危害结果的发生，只有认可危害结果发生的情感才是罪过情感，也只有这种罪过情感才能纳入罪过理论之中。

行为的动机非同于行为。无辜的动机也可能实施犯罪，如饥寒交迫的人去行盗窃；相反，邪恶的动机，也可能表现为善行，如出于对女人的不良企图，而主动帮助女人（向女人献殷勤）。行为的动机有好有坏，它与行为并不一致。所以，难以用动机去评价行为的善恶。因而，动机不是犯罪构成的要件，它也不能成为罪过的内容。

当代心理学家邱国梁认为，情感型犯罪是由于不良的情感或者情绪导致的犯罪。这种犯罪在司法实践中以年轻犯罪人居多。一些情感和情绪可以直接影响犯罪行为，以犯罪动机的形式出现，或者在一些犯罪动机中包含着某些情感和情绪因素，如嫉妒、憎恨、好奇心、自尊心、自卑感、友情、愤怒、恐惧等都可以成为犯罪动机，或影响犯罪动机的产生、变化。❶ 从这里可以看出，犯罪学上对情感和情绪的论述是从犯罪原因或犯罪动机的角度出发的。例如，切萨雷·龙勃罗梭对犯罪人感觉的论述❷是用来说明犯罪原因的，因而，龙氏所说的犯罪人的麻

---

❶ 孟昭兰主编：《情绪心理学》，北京大学出版社2005年版，第289页。

❷ 参见［意］切萨雷·龙勃罗梭《犯罪人论》，黄风译，中国法制出版社2005年版，第73—79页。

木不仁等表现属于犯罪人的犯罪动机(消极的犯罪动机),而不是罪过情感。

我们必须严格区分引起犯罪行为的情感动机和面向危害结果的罪过情感。而对此二者不加区分,那么,我们试图将情感因素纳入罪过理论之中或以此进行罪过心理分析,都将变得不再可能。

第三节　对率性犯罪主观罪过的具体分析

一、对冷漠型率性犯罪罪过心理的分析

对于冷漠型率性犯罪,例如,对于遗弃罪,如果我们仅仅说“行为人是故意的”,就没有充分表达我们对它的谴责。我们会一针见血地谴责其是冷血动物。我们这里所说的“冷血动物”就是谴责行为人冷漠无情的情感态度,而这正是我们对遗弃罪谴责的伦理基础。罪过理论对该类罪行罪过的说明只有与此相一致,才是合乎实际的、能为人们接受的理论解释。冷漠型罪过的行为人对行为的危害后果是明知的,这是它的认识因素;它的情感态度是对危害后果的冷漠无情;同样由于冷漠型情感罪过的行为人对行为相对人利害的冷漠无情,所以,它的意志因素是放任危害后果的发生。

现行刑法中应以冷漠型情感罪过定性的冷漠型率性犯罪有:遗弃罪(第二百六十一条),不解救被拐卖、绑架妇女、儿童罪(第四百一十六条),拒不救援友邻部队罪(第四百二十九条),遗弃伤病军人罪(第四百四十四条),战时拒不救治伤病军人罪(第四百四十五条)等。

二、对痛快型率性犯罪罪过心理的分析

对于痛快型率性犯罪的理论解释也应当与我们日常对它的伦理谴责相一致。前面已经说明,对痛快型情感罪过的谴责,仅仅谴责其明知故犯是不够的,我们更痛恨行为人在进行危害行为时所持的幸灾乐祸的情感态度。因而,我们的罪过理论必须反映这样的伦理谴责,也只有这样的伦理谴责,才能体现痛快型罪过的特殊性。

现行刑法中应以痛快型情感罪过定性的犯罪有:聚众淫乱、罪引诱未成年人聚众淫乱罪(第三百零一条)、聚众斗殴罪(第二百九十二条)、寻衅滋事罪(第二百九十三条),强制猥亵侮辱妇女罪、猥亵儿童罪(第二百三十七条)等。

其他犯罪中行为人如果以他人痛苦为乐的心理成为了主导性罪过心理，则其罪过亦应定性为痛快型情感罪过，如以侮辱他人取乐、以伤害他人取乐、或在杀人中对他人的惨死抱有强烈的快感等。

三、对痴狂型率性犯罪罪过心理的分析

对于像"法轮功"这样的痴狂型率性犯罪，他们不仅认识不到他们行为的社会危害性，相反，他们认为在做有助于他人的事情。这有罪过吗？你怎么谴责它？传统的罪过理论，在这里，显然已经行不通了。因为没有对危害结果的认识，就没有对危害结果的意志。痴狂型犯罪的行为人不认为自己的行为有危害结果，即没有罪过中的认识因素，所以也就没有罪过中的意志因素。但他（她）对自己的行为不被他人所接受是有认识的，却仍痴迷于此，不管不顾别人的感受而一意孤行。因而，虽然他（她）不屑去认真考虑这些事情，但他（她）所痴迷的东西内在地包含着危害结果。所以，他（她）的情感态度是痴迷于危害结果的发生。真正值得谴责的罪过心理是它的痴狂情感。这是分析痴狂型犯罪罪过心理的关键。

心理事实找到后，仍然要说明它的悖理之处。我们知道，规范性的行为是合乎必然性的意志行为，它具有交往双方都可接受的正义性，并是由在一起生活的人们群体的物质生活条件决定的。而像"法轮功"这样的痴狂行径，其认识已严重违反常理，其行径已为他人完全不能接受，而推动这种恣意妄为行径的全部心理根源在于它的痴狂情感，所以，它的痴狂情感责无旁贷、理应受到谴责。

综上所述，与传统罪过理论根本不同，笔者将情感确立为罪过的因素，使其与认识因素、意志因素一起承担起分析行为人罪过心理的功能。笔者将率性犯罪三种类型及其罪过因素列成一表，以使我们一目了然，确知各个犯罪类型的罪过成分，简化我们对罪过的分析过程。见下表。

率性犯罪类型	认识因素	情感因素	意志因素
冷漠型	认识到危害结果可能发生	对危害结果冷漠无情	放任危害结果的发生
痛快型	认识到危害结果可能发生	乐于危害结果的发生	希望危害结果的发生
痴狂型	没有认识到危害结果	痴迷于危害结果的发生	没有对危害结果的意志

在这个罪过成分分配表中，罪过情感在行为人心理中居于主导地位的罪过得到了准确地分析和定性，特别是科学地说明了冷漠型率性犯罪、痛快型率性犯罪和痴狂型率性犯罪的罪过形式，解决了诸多司法实践中不能回避的难题。

第九章　正确认定事故型犯罪的罪过形式

在告别了结果责任的当代，像丢失枪支不报罪、重大责任事故罪、重大劳动安全事故罪、工程责任事故罪、违法发放贷款罪、滥用职权罪、玩忽职守罪等这些犯罪，不仅严重危害我国社会主义建设的国计民生，而且大都有着广泛深远的社会影响，而关乎它们的罪过形式的定性又极其复杂疑难，因而对这些案件准确定性无论从司法实践还是从刑法理论上都成为了一个棘手的问题。

第一节　问题的概括

一、罪行的概括

关于如何准确认定像丢失枪支不报罪这样的因违法故意导致严重危害后果这样犯罪的罪过形式，存在的各种论见一直以来都是观点庞杂、争论不休。而根据普通逻辑的矛盾律，我们知道，相互反对的观点必定有一些是错误的。也就是说，这些观点和认识长期以来运用于司法实践的结果必然是造成了大量的冤假错案，大量的犯罪分子被放纵、大量无辜的人被冤枉。而在译介、借鉴外国刑法理论不能统一认识、解决问题的情况下，笔者基于法治本土建设（立足中国法制现实、运用中国刑法理论、解决中国司法问题）的立场，试从对这些犯罪的行为特征分析上入手，表明自己对这些犯罪罪过形式的认识。

笔者认为，这些行为有若干显著的特征，就是：1.在实际的严重危害结果❶发生之前，行为人的行为即便被执法机关稽查或发现，也只能定性为违法或违章行为（笔者将这些行为简称为违法行为）；2.违法行为一旦实施，严重危害结果的

❶　本论述部分所称严重危害结果系指致人重伤、死亡或者使公私财产遭受重大损失以及使重大的法律秩序遭受严重破坏。见苏惠渔主编：《刑法学》，中国政法大学出版社1999年版，第124页。

发生便处于行为人的控制之外，危害结果是否发生，就只能听天由命了；3.而只有在严重的危害结果发生之时或之后才能被认定为犯罪行为，但行为人对这个严重的危害结果没有故意心理；❶4.在刑罚上，这类犯罪的处刑较轻。例如，丢失枪支不及时报告是违法行为；而只有发生了严重的后果，才能被定性为丢失枪支不报罪。简言之，这类行为表现为一个社会行为，而依其行为阶段可划分为两个法律行为，即一个违法行为和一个犯罪行为（或曰犯罪实行行为）。它的违法行为是导致严重危害结果的唯一原因或必要条件；它的犯罪行为可以是作为或不作为。传统的刑法理论对此没有区分，径行将整个社会行为作为研究和定性的对象。但在笔者看来，我们完全可以只择取行为人一个社会行为的后阶段部分的犯罪行为进行研究和定性，只有这样，我们才能抓住问题的实质，抓住对这类因违法行为所致犯罪罪过形式定性的关键。

对于因违法行为所致犯罪的罪行做这样的概括，可以使我们站在更高的理论视角，对这一类犯罪进行比较全面的认识和把握，以便得出统一的结论。因为不将本属同类犯罪的诸多个罪进行归类，便可能在罪过的定性上发生矛盾，而事实也正是这样。

这类犯罪为数众多，其涵盖了所有的业务过失犯罪和一部分普通过失犯罪❷。例如，在普通过失犯罪中，非法殴打他人致人伤害或死亡的，即属此类犯罪；而亲人看护婴幼儿，不小心致孩子重伤或死亡，就不属于此类犯罪。

二、罪过形式的概括

长期以来，对于因违法行为所致犯罪罪过形式的定性相当混乱，以至于连其是故意犯罪还是过失犯罪都存在争议。不仅对于同类犯罪没有形成统一的罪过形式的共识，即便是其中的每一个个罪的罪过形式也是向无定论。这种理论上的纷争，导致了司法实践上的无所适从。但笔者认为，同类犯罪应当有相同的罪过形式。因违法行为所致犯罪作为一类犯罪，尽管数目庞杂、形态各异，但同样

---

❶ 对于严重危害结果是否属于故意的心理态度，理论界与实务部门始终存有争议。笔者的主张是没有故意心理，并将在后文有详细的论证。

❷ 这里的业务过失犯罪包括了刘志伟、聂立泽主编：《业务过失犯罪比较研究》（法律出版社2004年版）中所列我国的业务过失犯罪，还包括该书没有包括的业务过失犯罪，如国有公司、企业、事业单位人员滥用职权罪、滥用管理公司、证券职权罪、滥用职权罪等。

应该有一个统一的罪过形式。这是一种去芜归整、甚至拨乱反正的工作，笔者不揣浅陋，试对既往关于因违法行为所致犯罪罪过形式的认定进行概括和归纳，以总结前人探索的得失、明了继续前进的方向。在对以往观点概括归纳之时，笔者进行了如下考虑。

（1）由于因违法行为所致犯罪是笔者新近概括出的一类犯罪，所以以往没有产生针对这类犯罪罪过形式的任何探讨和研究性工作，而只有针对其中的某一个罪罪过形式或若干个罪罪过形式的论述，但它们之中的每一个个罪属于类罪，所以，笔者对每一个个罪罪过形式的评析都具有认识和评析该同类犯罪的意义。

（2）在对罪过形式认定的过程中，按行为人心理态度的对象是危害行为还是危害结果，会产生两种不同的定性结果。因此，在将因违法行为所致犯罪的罪过形式定性为故意的情况下，应注意区分存在的两种情况，即以行为人对违法行为的心理态度所确定的故意和以行为人对违法行为所致严重危害结果的心理态度所确定的故意。而在将因违法行为所致犯罪的罪过形式定性为过失的情况下，亦应注意区分存在的两种情况，即以行为人对违法行为的心理态度所确定的过失和以行为人对违法行为所致严重危害结果的心理态度所确定的过失。

在“危害行为标准说”与“危害结果标准说”未分高下之前，笔者谨做如下分析：关于因违法行为所致犯罪的罪过形式被认定为故意的问题上，我们应对这样两种情况进行严格区分，即如果因违法行为所致犯罪实际上是过失犯罪，那么将其评价为故意犯罪与将本不是过失犯罪而只是与其相对应的故意犯罪误以为是因违法行为所致犯罪而定性是截然不同的两种情况，它的后一种情况在司法实践中的意义是会导致刑罚畸轻。而如果因违法行为所致犯罪实际上是故意犯罪，那么将其评价为过失犯罪与将本不是故意犯罪而只是与其相对应的过失犯罪误以为是因违法行为所致犯罪而定性同样是截然不同的两种情况，它的后一种情况在司法实践中的意义是会导致刑罚畸重。

（3）在观点分类上，笔者以类行杂，而不是与持某种观点人士的商榷，也不是针对某种观点的评析。因为持某种观点的人士或观点可能将因违法行为所致犯罪中的一些罪行定性为一种罪过形式，而与此同时将另一些罪行定性为另一种罪过形式，所以，他们（它们）尽可能在笔者所分观点的一类中出现，而同时在另一类观点中出现。而就笔者所涉观点的评析中，因为笔者认为作为传统罪过理论就此问题派生出来的观点全都值得商榷,且限于篇幅,所以笔者也仅仅是指出其理论的要害,只要能说明其难以成立的理由,并藉此引出笔者拙见为已足,因此不拟对其理论所存逻辑矛盾及其他方面进行系统全面的评析。

基于上述考虑,笔者将关于因违法行为所致犯罪罪过形式的各种论见概括为双重罪过说、复合罪过说、结果故意说、行为故意说、结果过失说和行为过失说共计六种。

第二节　流行观点的评析

在提出新观点之前,不予说明既存理论的缺陷,便是在制造理论混乱。而欲确立因违法行为所致犯罪统一的罪过形式,必先指出传统罪过理论在此问题上立论的不足或不能成立的理由。在对因违法行为所致犯罪罪过形式的定性问题上,存在六种典型的观点。笔者将逐一进行探讨。

一、双重罪过说及简评

双重罪过又称复杂罪过[1]、混合罪过[2],盖指一个犯罪中同时存在两种罪过形式的情况。这种观点由来已久,其最初发见于前苏联的刑法理论[3]。它也是我国对因违法行为所致犯罪定性的主流观点。而将马克思辩证唯物主义矛盾理论中的重点论应用于双重罪过的认识,就产生了"主要罪过"说。及至今日,其中的"主要罪过"说再次复兴,"犯罪结果分层"说也相续问世。

对于双重罪过说,从总体上讲,笔者认为,因违法行为所致犯罪是一个社会行为表现为两个法律行为,即一个违法行为和一个犯罪行为。行为人对违法行为的心理态度是过错,行为人对犯罪行为的心理态度是罪过,这是不应混淆的。而产生这种错误的根源在于长期以来我国刑法理论没有对因违法行为所致犯罪进行阶段性划分,没有注意到一个社会行为实质上是两个性质不同的法律行为,从而导致对这种行为不能准确定性的结果。

---

[1] 王安异、毛卉:《我国刑法中的复杂罪过研究》,载《法学评论》2005 年第 6 期,第 26 页。

[2] 林亚刚:《犯罪过失研究》,武汉大学出版社 2000 年版,第 269 页。

[3] [苏]H.A.别利亚耶夫、M.N.科瓦廖夫编,马改秀等译:《苏维埃刑法总论》,群众出版社 1987 年版,第 160 页。

在对复杂罪过应如何正确定罪的问题上，持“主要罪过”说的学者认为，“必须找出占主要矛盾地位的主观和客观因素。如前所述，在复杂罪过的案件中，由几个活动构成的犯罪行为，会造成一系列的结果，行为人对每个行为及其产生的直接后果都有其主观的心理态度，它们构成复杂状态。这时，就要从若干结果中找出对于定罪有着重要意义的结果。”[1]“犯罪人实施危害社会行为时的心理状态，是一个复杂的心理过程。在分析行为人主观心理状态时，只有坚持矛盾的对立统一学说，把握主要矛盾和矛盾的主要方面，才能得出正确的结论。”[2]这个思路本身没错，但它不应误把“过错”当作“罪过”而将两者相提并论。

“主要罪过”论者举例说，“对于滥用职权罪，可以认为行为人对于任意行使职权、超越职权行为是故意的，对于特定危害结果的发生是过失的。滥用职权行为是具有决定性意义的行为，危害结果是滥用职权必然产生的伴随结果，与滥用职权行为相关联的罪过属于‘次要罪过’，过失的心态具有从属性。也就是说，在对行为人的罪过进行具体的、最终的评价时，将有意滥用职权评价为基础罪过、主要罪过，将对结果发生的心态评价为过失。由于滥用职权行为本身在通常情况不具有发生特定结果的危险，滥用职权的意思实际支配了结果的发生，可将滥用职权罪总体上定性为故意犯罪。”[3]笔者坚持对因违法行为所致犯罪具体社会行为的二分法，认为行为前阶段的滥用职权是违法行为，行为人对此滥用职权的故意是过错；而其后伴随发生严重危害结果的滥用职权行为是犯罪行为，行为人对此滥用职权行为危害结果的过失是罪过，这才是认定滥用职权行为的唯一罪过心理。

如果说任何领域都存在犯罪，严重的违法就是犯罪，发生了严重危害结果的滥用职权行为也就是犯罪，那么，我们单说行为人有对于伴随严重危害结果发生的滥用职权行为的故意心理，又当如何解释呢？即我们将论争焦点集中在笔者认为的真正的犯罪行为（社会行为的后阶段）上，“主要罪过”说能否成立？关于这点，笔者认为，能够说明行为危害性最终的根据是危害结果，脱离危害结果孤立地看行为将使法律的或伦理的评价结论失去依托和意义。即便直接故意犯罪的犯罪预备、犯罪中止、犯罪未遂等犯罪阶段之能够被认为是犯罪的各种形态，

---

[1] 姜伟：《复杂罪过定罪刍议》，载《现代法学》1984 年第 2 期，第 35 页。

[2] 宋庆德：《混合罪过浅探》，载《中央政法管理干部学院学报》1997 年第 1 期，第 54 页。

[3] 周光权：《论主要罪过》，载《现代法学》2007 年第 2 期，第 40 页。

其据以成立的最终依据也只能是行为的社会危害结果。特别是在行为人对行为与行为结果的心理态度不相一致的情况下，对行为的定性就必需有个明确的立场。

"犯罪结果分层"论者举例说，"在交通肇事罪中，行为人对于违章驾驶机动车辆的行为是'故意'的，肇事行为产生的第一层结果就是法律规范并保护的交通秩序遭到破坏，第二层结果是具体被害人的伤亡。"而且"这两个犯罪结果又有一定的层次性。这种层次性一方面体现在，从行为作用对象来看，这两个犯罪结果不是针对同一层面的对象而发生，交通秩序被破坏：行为是针对交通秩序这一作用对象而产生的，具体被害人的伤亡是行为针对具体的被害人而产生的；另一方面，在人们的观念里，从行为对对象的作用进程来看，这两个犯罪结果的发生有一定的顺序性或者因果性，破坏交通秩序发生在前，具体被害人伤亡发生在后。"❶对此笔者认为，"犯罪结果分层"论者所言的第一层次犯罪结果和第二层次犯罪结果分别对应笔者认为的行为二阶段违法行为结果和犯罪行为结果，那么，对它们的态度就依次是过错和罪过。

二、复合罪过说及简评

"所谓复合罪过形式，是指同一罪名的犯罪心态既有故意（限间接故意）也有过失的罪过形式。如现行刑法规定的滥用职权罪和玩忽职守罪，其主观罪过既可能是故意，又可能是过失。"❷这种观点认为重大劳动安全事故罪，工程重大安全事故罪，教育设施重大安全事故罪，消防责任事故罪，生产、销售劣药罪，生产、销售不符合标准的医用器械罪，生产、销售不符合安全标准的产品罪，生产、销售伪劣农药、兽药、化肥、种子罪，生产、销售不符合卫生标准的化妆品罪，用账外客户资金非法拆借、发放贷款罪（该罪已更名为吸收客户资金不入账罪），违法向关系人发放贷款罪（该罪名已经取消）与违法发放贷款罪，非法出具金融票证罪，对违法票据承兑、付款、保证罪，签订、履行合同失职被骗罪，徇私舞弊造成破产、亏损罪，徇私舞弊低价折股、出售国有资产罪，故意延误投递邮件罪，滥用

---

❶ 张晓华、潘申明：《犯罪结果分层与罪过形式的确定》，载《法学》2007年第11期。

❷ 储槐植、杨书文：《复合罪过形式探析——刑法理论对现行刑法内含的新法律现象之解读》，载《法学研究》1999年第1期，第53页。其他同见者，参见白建军：《罪刑均衡实证研究》，法律出版社2003年版，第350页。

管理公司、证券职权罪等等皆属复合罪过犯罪。❶

有复合罪过论者基于类型学方法论和模糊学理论,具体分析了复合罪过形式的模糊心理❷。其实,对于间接故意与轻信过失能否区分的问题上,笔者认为两者之间并非不可区分❸;而且,倘若在类型(故意和过失)之间都不能区分,那么,类型之内的东西(如直接故意和间接故意、轻信过失和疏忽大意过失)将更不可能区分,结果将使所有关于罪过的类型和形式变成遥不可及的梦想,因为宏观较之微观、大的东西较之小的东西更容易辨认一些吧。

对于复合罪过说,笔者认为,就其对所举例罪的解释也有超越文义之嫌。例如,其认为"第一百三十五条重大劳动安全事故罪中行为人在有关部门或者单位职工提出劳动安全设施存在事故隐患后,本应积极采取防范措施,然而行为人却无动于衷,熟视无睹,不采取措施,终致重大伤亡事故或者其他严重后果的发生;此间行为人对自己不作为将导致的后果的态度既可能是过失,也可能是间接故意,因此本罪主观方面是复合罪过。"而当时法条的规定是"工厂、矿山、林场、建筑企业或者其他企业、事业单位的劳动安全设施不符合国家规定,经有关部门或者单位职工提出后,对事故隐患仍不采取措施,因而发生重大伤亡事故或者造成其他严重后果的行为。"这里显见的理解分歧是——有关部门或者单位职工提出的是整改违法或违章的意见而不是消除事故隐患的意见,而行为人不予采取措施的对象是客观存在事故隐患的违法或违章事实而不是事故隐患本身?可见,作者的解释添加了"有关部门或者单位职工提出劳动安全设施存在事故隐患",这是法条中并不包含的内容,因此,依此得出的"行为人对自己不作为将导致的后果的态度既可能是过失,也可能是间接故意"这一结论并不可靠。随着刑事立法的发展,在刑法修正案(六)中,(第一百三十四条被修改为:"在生产、作业中违反有关安全管理的规定,因而发生重大伤亡事故或者造成其他严重后果的,处三年以下有期徒刑或者拘役;情节特别恶劣的,处三年以上七年以下有期徒刑。强令他人违章冒险作业,因而发生重大伤亡事故或者造成其他严重后果的,处五年以下有期徒刑或者拘役;情节特别恶劣的,处五年以上有期徒

❶ 储槐植、杨书文:《复合罪过形式探析——刑法理论对现行刑法内含的新法律现象之解读》,载《法学研究》1999年第1期,第53—54页。

❷ 李兰英、任国库:《透视复合罪过的心理机制》,载《河北法学》2004年第4期。

❸ 参见谢勇、温建辉:《区分间接故意与轻信过失的最终方案》,载《河北法学》2007年第1期。

刑。")将容易致人误解的关于"事故隐患"的规定和表述去掉了,这样,语义的误解就应该消除了。

也就是说,在重大劳动安全事故罪中,刑法没有规定行为人对严重危害结果的认识。同样道理,复合罪过论者所言其他罪行,刑法也没有规定行为人对行为的严重危害结果有认识。而且笔者认为,复合罪过论者所言包括重大劳动安全事故罪在内的那些罪行的行为人全都不能对严重危害结果有认识,否则,就构成其他罪行。譬如,工厂、矿山、林场、建筑企业或者其他企业、事业单位的劳动安全设施不符合国家规定,行为人在有关部门或者单位职工提出劳动安全设施存在事故隐患的情况后,说明其已经对严重的社会危害结果有了认识,在这种情况下,知错不改,坚持违章作业,甚至于强令他人违章冒险作业,因而发生重大伤亡事故或者造成其他严重后果的,其意志因素当属放任或希望,因而行为人的行为构成故意犯罪,依案件的具体情节可构成以危险方法危害公共安全罪、故意杀人罪、故意伤害罪或者其他故意犯罪。

三、结果故意说及简评

新近有学者比较系统地论证了结果故意说,其将刑法中规定的因违法行为所致犯罪中的一部分犯罪认定为故意犯罪,如主张将丢失枪支不报罪,教育设施重大安全事故罪,违法向关系人发放贷款罪(该罪名已经取消),违法发放贷款罪,用账外客户资金非法拆借、发放贷款罪(该罪已更名为吸收客户资金不入账罪),非法出具金融票证罪,对违法票据承兑、付款、保证罪,出版歧视、侮辱少数民族作品罪,非法使用窃听、窃照专用器材罪,妨害传染病防治罪,传染病菌种、毒种扩散罪,妨害国境卫生检疫罪,采集、供应血液、制作、供应血液制品事故罪,逃避动植物检疫罪,擅自进口固体废物罪,滥用职权罪,滥用管理公司、证券职权罪等这些犯罪认定为故意犯罪[1]。

论者将刑法分则的过失犯罪归为三类,并认为不属此三类的过失犯罪就是

[1] 张明楷:《罪过形式的确定——刑法第15条第2款"法律有规定"的含义》,载《法学研究》2006年第3期。当然之前也有结果故意论者,如有学者认为玩忽职守罪可以是故意,见侯国云:《过失犯罪论》,人民出版社1993年版,第363页。

故意犯罪❶,如论者认为,"对于单纯造成财产损失的行为不宜确定为过失犯罪"。笔者认为持结果故意说者对过失犯罪的归类有遗漏,不能据此得出"对于单纯造成财产损失的行为不宜确定为过失犯罪"等几个结论,这是逻辑规则上的前提错误。即从论者归纳出的错误前提,不能得出可靠的结论。

论者基于责任主义原理和刑法基本原则,做出过失犯罪的存在应以对应的故意犯罪的存在为前提的立论(事实上这个判断是不真实的),而且其据此指出"许多条文都存在类似问题。例如,刑法第三百三十九条第二款前段规定:'未经国务院有关主管部门许可,擅自进口固体废物用作原料,造成重大环境污染事故,致使公私财产遭受重大损失或者严重危害人体健康的,处五年以下有期徒刑或者拘役,并处罚金。'按照文理规定说,将擅自进口固体废物罪确定为过失犯罪,具有文理的根据("造成重大环境污染事故")。但问题是,如果将本罪确定为过失犯罪,那么,出于故意的行为符合何种犯罪的构成要件?"❷对此,笔者认为,学者的想象非同于实际的行为,想象的可能性也不会全然对应于现实的行为。想象可以达致任何可能性,但现实的行为总蕴含着行为人的价值选择,没有任何价值的行为不会为人选择和实施。就以本例所举,倘若行为人明知会"造成重大环境污染事故,致使公私财产遭受重大损失或者严重危害人体健康的",他(她)还会"擅自进口固体废物用作原料"吗?做这种得不偿失无利可图的冒险的违法犯罪行为,何苦呢?同样的道理,我们可以释然对于丢失枪支不报罪"对于丢失枪支不报告造成严重后果持故意时,应当如何处理?既然过失可以成立某种犯罪,故意更能构成犯罪。所以,主张丢失枪支不报罪属于过失犯罪的学者,必须考虑行为人出于故意时构成何罪。如果声称某种犯罪由过失构成,而根本不考虑故意行为是否符合其他犯罪的构成要件,至少会间接违反罪刑法定原则"这样的忧虑。

该学者还举例说,"再如,倘若将违法发放贷款罪、违法向关系人发放贷款罪确定为过失犯罪,就必须考虑故意违法发放贷款、故意违法向关系人发放贷款的行为构成何罪。事实上,在排除了共同犯罪的情形下,故意违法发放贷款或者

---

❶ 论者所措原辞为"不宜确定为过失犯罪",笔者认为,法律应当明确,司法应当确定,"不宜"应是"不应",不应确定为过失犯罪,就是应当确定为故意犯罪。

❷ 张明楷:《罪过形式的确定——刑法第15条第2款"法律有规定"的含义》,载《法学研究》2006年第3期,第108页。

故意违法向关系人发放贷款的行为，不可能符合其他更为严重的故意犯罪的构成要件。既然如此，就不能将违法发放贷款罪、违法向关系人发放贷款罪确定为过失犯罪，否则便形成了刑法就同一客观事实仅处罚过失犯而不处罚故意犯的不正常现象。”对此，笔者认为，贷款方的行为人如果仅仅认识到违法放贷会造成重大损失，而自己也要冒着因此承担法律制裁的风险而别无所图，他还（她）会放贷吗？难道因为现实中没有与过失犯罪相对应的故意犯罪就不能和不应追究过失犯罪的刑事责任吗？或许还真有人认识到违法放贷会造成重大损失，却严重不负责任，也是可以追究玩忽职守的刑事责任。而如果贷款方的行为人乘机牟利，与贷款方私下合谋，骗取银行或其他金融机构的贷款，四六分账或五五分账，这就足以构成贷款诈骗罪的共犯；如果贷款方的行为人认识到违法放贷会造成重大损失，却权钱交易，慷国家和集体之慨，乘机索贿受贿的，则可以构成受贿罪或非国家工作人员受贿罪。所以说，倘若一定要找出与过失犯罪对应的故意犯罪，也只能是这样的对应关系。但这种对应关系却不为持结果故意论者所认同❶，因而笔者认为此说值得商榷。

依上所述，结果故意论者所言丢失枪支不报罪等故意犯罪，当其作为过失犯罪时，一类情况是不存在对应的故意犯罪，另一类情况是可以与第三人共同犯罪，或者构成其他故意犯罪。

笔者认为，“结果故意说”如果应用于司法实践，其发挥的作用必然是使一部分故意犯罪依过失犯罪对待而得到了从轻处理，而使另一部分过失犯罪得不到刑事追究而只能做无罪处理。一句话：放纵了犯罪分子。

四、行为故意说及简评

行为故意说在对因违法行为所致犯罪罪过形式的认定上以犯罪人对行为的心理态度而认定为故意。例如工程重大安全事故罪❷、非法出租枪支罪❸、丢失

---

❶ 张明楷：《罪过形式的确定——刑法第15条第2款“法律有规定”的含义》，载《法学研究》2006年第3期，第108页。

❷ 赵秉志主编：《新刑法典的创制》，法律出版社1997年版，第190页。

❸ 这里指非法出租枪支罪中的“依法配置枪支的人员，非法出租、出借枪支，造成严重后果的”规定。见高铭暄、马克昌主编：《刑法学》，北京大学出版社2000年版，第372页；苏惠渔主编：《刑法学》，中国政法大学出版社1999年版，第446页。

枪支不报罪[1]、用账外客户资金非法拆借、发放贷款罪罪名（该罪已更名为吸收客户资金不入账罪）[2]、滥用职权罪[3]、滥用管理公司、证券职权罪[4]、不解救被拐卖绑架妇女儿童罪[5]、故意延误投递邮件罪[6]，等等罪行都存在被认定为故意犯罪的情况。对此，笔者认为，对行为的故意属于对违法行为的过错心理，不属于罪过心理。

此说有论者提出“客观的超过要素概念”[7]，认为“事实上，只要行为人丢失枪支后不及时报告，因而造成严重后果的，不管行为人是否希望或者放任严重后果的发生（可以肯定，行为人能预见严重后果发生的可能性），都应当追究行为人的刑事责任。因此，本罪中的‘造成严重后果’虽然是构成要件，但不需要行为人对严重后果具有认识与希望或放任态度。‘造成严重后果’便成为超出故意内容的客观要素，属于‘客观的超过要素’。”“客观的超过要素的主要特点是，不需要行为人对之具有认识与放任或希望态度，因此，就故意犯罪提倡客观的超过要素的概念才具有意义。”对于此处此论的核心推理，笔者认为其有倒果为因之嫌。笔者将问论者，行为人对于客观的超过要素究竟有没有认识和意志？

没有，你说行为人对客观的超过要素有没有罪过？

没有，你说这是否客观归罪？

换言之，在传统罪过理论的语境中，行为人对作为构成要件的危害结果没有认识和意志因素而追究其刑事责任是一种纯粹的客观归罪。而依客观归罪的事实反推出客观归罪的合理性是此论要害之所在。

---

[1] 陈兴良：《规范刑法学》，中国政法大学出版社 2003 年版，第 321 页；向朝阳主编：《中国刑法学教程》，四川大学出版社 2002 年版，第 243 页。

[2] 苏惠渔主编：《刑法学》，中国政法大学出版社 1999 年版，第 525 页；陈兴良：《规范刑法学》，中国政法大学出版社 2003 年版，第 393 页。

[3] 高铭暄主编：《刑法专论》第 2 卷，高等教育出版社 2002 年版，第 893 页；公安部人事训练局编：《刑法学》，中国人民公安大学出版社 2001 年版，第 512 页；陈兴良：《规范刑法学》，中国政法大学出版社 2003 年版，第 694 页；赵忠伟：《复杂罪过研究——以滥用职权罪为范例》，载《广西政法管理干部学院学报》2006 年第 1 期。

[4] 苏惠渔主编：《刑法学》，中国政法大学出版社 1999 年版，第 908 页；公安部人事训练局编：《刑法学》，中国人民公安大学出版社 2001 年版，第 526 页。

[5] 公安部人事训练局编：《刑法学》，中国人民公安大学出版社 2001 年版，第 522 页。

[6] 苏惠渔主编：《刑法学》，中国政法大学出版社 1999 年版，第 722 页；公安部人事训练局编：《刑法学》，中国人民公安大学出版社 2001 年版，第 407 页。

[7] 张明楷：《“客观的超过要素”概念之提倡》，载《法学研究》1999 年第 1 期。

五、结果过失说❶及简评

对于因违法行为所致犯罪依行为人对危害结果的心理态度定性为过失犯罪,可以分为轻信的过失❷和疏忽大意的过失❸两种情况。例如,失火罪"主观方面是过失。可以是疏忽大意,也可以是过于自信。这里的过失,是针对造成致人重伤、死亡或者重大公私财产损失的严重后果而言,非指行为是有意还是无意。"❹

笔者对于结果过失说分而述之。首先说轻信过失。轻信过失行为人对危害结果的发生是有认识的,而且危害结果的发生是客观存在的,因为在传统罪过理论的语境中,如果行为人认为利用行为时有利的主客观条件,危害结果就不会发生,那么,即便危害结果实际发生了,也只能是意外事件,也就是说,在轻信过失的犯罪中,行为人认识的内容是"即便行为时利用了有利的主客观条件,危害结果仍然会发生"。轻信过失的犯罪人明知危害结果会发生还要坚持危害行为,所以其对危害结果的意志是放任。这样,行为人对危害结果有认识,且对危害结果持放任的意志态度,那么,这就是间接故意,行为人的行为就构成了故意犯罪。这里体现了传统罪过理论在区分间接故意与轻信过失上的不足。

对于疏忽大意过失,概括地讲,在传统罪过理论的语境中,疏忽大意过失行为人对危害结果没有认识,而离开了认识过程,意志就无从产生。❺ 换言之,没有对危害结果的认识,就没有对危害结果的意志。所以,疏忽大意过失的行为人对危害结果没有意志态度。那么,在疏忽大意过失中,行为人对危害结果既没有认识,也没有意志,还有什么罪过可言,还凭什么承担刑事责任。这里同样暴露了传统罪过理论在解释疏忽大意过失罪过性上的无能为力。

具体地说,对于疏忽大意的过失,理论界与实务部门常以"不注意"或"违反注意义务"为由责之。但注意是心理活动对一定事务的指向和集中,它是心理活动的一种属性,是对心理特征的描述,而不是直接关乎危害结果的心理态度。

---

❶ 参见梅象华:《论重大责任事故罪的主观罪过》,载《商场现代化》2007 年第 8 期,第 290 页;王斌:《工程重大安全事故罪争议问题梳理与补遗》,赵炳寿、向朝阳主编:《刑事法问题研究》,法律出版社 2005 年版,第 248 页。

❷ 孟庆华:《重大责任事故罪的认定与处理》,人民法院出版社 2003 年版,第 235 页。

❸ 王章学编著:《重大责任事故犯罪的定罪与量刑》,中国民主法制出版社 2003 年版,第 221 页。

❹ 高铭暄、马克昌主编:《刑法学》,北京大学出版社 2000 年版,第 359 页。

❺ 曹日昌主编:《普通心理学(合订本)》,人民教育出版社 1987 年版,第 362 页。

"不注意"和"违反注意义务"都只是描述心理活动的外在特征和对心理活动结果的外部评价。而罪过心理不仅要揭示行为人心理活动的诸要素，更重要的是要反映心理活动的社会内容。对心理过程外在的描述和评价不能混淆于对罪过心理内容的分析和刻画。简言之，"不注意说"与"违反注意义务说"都没有揭示疏忽大意过失的罪过心理内容。

六、行为过失说及简评

我国学界对于因违法行为所致犯罪在定性的问题上依行为人对违法行为的心理态度而定性为过失犯罪也是一类观点。譬如对签订、履行合同失职被骗罪[1]、出具证明文件重大失实罪、玩忽职守罪[2]、失职致使在押人员脱逃罪[3]、商检失职罪[4]，等等，都存在针对行为人对违法行为本身的过失而认定其为过失犯罪的情况。

对此，笔者认为，对违法行为的心理态度是过错而不是罪过；即便是过错，也包含了一如上述的结果过失说的所有类似不妥。

经过上述评析，我们发现在对因违法行为所致犯罪定性的问题上，不止是其中的一些观点必然错误，而是每一种观点对罪过心理的分析都经不起推敲。这种情况之下，充分表明了在司法实践中对因违法行为所致犯罪定性上存在的问题之大之多，要比我们原先想象的还要严重。

第三节　问题的症结

一、罪过是对危害行为还是对危害结果的态度

坚持主客观相统一，就应当坚持一个行为（犯罪的客观要件）只有一个罪过（犯罪的主观要件）。对于罪过究竟是什么，笔者认为，1.人的心理活动一旦以行为表现出来，就要接受社会伦理和法律的评价。行为招致严重危害结果是罪行，心理认可这种危害结果就是罪过。罪行是社会伦理谴责的行为，罪过是社会伦

---

[1] 王凤芝主编：《刑法学》，工商出版社 1998 年版，第 414 页。

[2] 郭大力主编：《渎职罪》，中国人民公安大学出版社 2003 年版，第 112 页。

[3] 高铭暄、马克昌主编：《刑法学》，北京大学出版社 2000 年版，第 659 页。

[4] 向朝阳主编：《中国刑法学教程》，四川大学出版社 2002 年版，第 483 页。

理谴责的心理。罪过反映的是行为人面向危害结果的心理事实,所以,无论认知、情感或者意志都反映的是面向危害结果的心理活动。换言之,作为罪过的行为人心理活动的对象是危害结果的发生。❶ 还要说明的是,运动是一切事物的根本特征。一方面,人的认识是在实践中发生的;另一方面,人认识的对象也只是发展变化的事物。所以,罪过的心理态度与其说是对“危害结果”的认可,不如说是对“危害结果发生”的认可。所以,笔者采用“危害结果发生”的措辞,而不是“危害结果”。而凡是笔者在文中所提“危害结果”的说法,也仅仅是“危害结果发生”的简略语。2.对罪过的评价以行为人对危害结果的心理态度为标准,与我国刑法第十四条、第十五条的规定相符合。换言之,我国刑法第十四条、第十五条的规定是立法对危害结果标准说的确认。因此,坚持主客观相统一,就是说在有客观的危害结果的同时,还必须有对危害结果的主观认可。

如果说在行为人对行为的心理态度与对行为结果的心理态度相一致的情况下,对两者同时进行分析并不影响对行为的定性;然而,在行为人对行为的心理态度与行为结果的心理态度不一致的情况下,对两者就必须有所区分,并择取其一作为认定行为性质的标准。否则的话,必然产生不可克服的理解困难。譬如,有学者云,“令人困惑的是,同一条文使用了相互冲突的用语(既有表明故意的用语,也有表明过失的用语)的情形。”❷笔者认为,评价行为的性质,关键是看行为的结果,因为危害结果是行为具有危害性的确证,因此,罪过的性质也应看行为人对行为结果的心理态度,而不是对危害行为的心理态度。我们来看,甲一刀将乙的腹部剖开,就甲的这一行为,你说甲的心理是否有罪过?当我们得知甲是一名医生、乙是一位需做阑尾炎手术的患者这样的医患关系后,虽然甲是故意持刀剖开乙的腹部,但甲的心理一点罪过都没有。而假设医生甲过失造成患者乙伤残的结果,难道能说甲是故意的吗?

二、罪过与意志自由问题

在传统罪过理论中,意志自由或相对意志自由理论固然能够说明意志行为

---

❶ 温建辉:《将情感因素纳入罪过理论的探索》,载《社会科学家》2007 年第 5 期。

❷ 张明楷:《罪过形式的确定——刑法第 15 条第 2 款“法律有规定”的含义》,载《法学研究》2006 年第 3 期,第 102—103 页。

的责任根据，但对于疏忽大意过失罪过性的解释却始终见证着它的能力不逮。❶因为在疏忽大意过失中，行为人对危害结果没有认识，自然也没有对危害结果的意志，所以，疏忽大意过失的犯罪行为谈不上意志行为。因而，在传统罪过理论的语境中，疏忽大意过失的罪过性始终不得其解无从说明。从这个传统罪过理论自身包含的一个不足，我们可见传统罪过理论解释能力的缺陷，我们可知传统罪过理论的根据还需要拓宽。

我们知道，"愿望可以由激情或思虑所引起。单纯由激情所推动的行动是冲动的行动，人在进行这种行动时，一般对行动目的和后果缺乏清醒的认识，缺乏理智的控制，并且往往不能持久。相反，由思虑引起的愿望所推动的行动，是意志的行动，对于为什么要行动，行动要达到什么以及如何行动，有比较明白的认识，并且为达到目的而能做坚持不懈的努力。"❷有时也会发生"理智与情感的冲突"，"其实也是意志与情感的冲突；所谓'理智对情感的驾驭'，其实是由意志遵循理智的要求而实现的对情感的驾驭。认识过程本身并不具有控制情感的功能，控制是由意志来完成的。所谓'理智战胜情感'，是指意志的力量根据理智的认识克服了与理智相矛盾的情感；而'情感战胜理智'，是指意志力不足以抑制情感的冲动而成为情感的俘虏，背离了理智的方向。"❸但基础科学非为某一学科专设，罪过理论在需要援引心理学成果时，仍需做一些加工的努力。前面所述"冲动的行动"和"意志的行动"是从行为动机角度而言，但它给予笔者的启示是可以依伴随行为的情感和意志将行为分类。笔者认为从伴随行为的心理因素作用的高下上讲，人类有社会意义的行为可以分为两类，一类是在认识指导下由意志控制的理性行为，另一类是率性而为的行为。同样，在伴随犯罪行为认可危害结果发生的心理活动中，同样不仅有知、情、意并存，还有意志因素和情感因素作用高下的问题。犯罪行为依此可划分为理性犯罪和率性犯罪。如果对理性犯罪可以运用意志自由学说可以说明其罪过性，那么，对于率性犯罪就不能简单地以意志自由学说来解释其罪过。

❶ 详见谢勇、温建辉：《破解疏忽大意过失罪过性的两难之题》，《河北法学》2007年第3期。

❷ 曹日昌主编：《普通心理学（合订本）》，人民教育出版社1987年版，第376页。

❸ 曹日昌主编：《普通心理学（合订本）》，人民教育出版社1987年版，第364页。

第四节　一种新的探索

一、在因违法行为所致犯罪中，行为人对违法行为的心理态度只能是故意

因为如果行为人对违法行为持轻信过失的心理态度，而轻信过失的心理认识因素是预见到危害结果的发生、意志因素是放任危害结果的发生、情感因素是排斥危害结果的发生，因而其对严重危害结果是既没有认识[1]也没有意志，与对一般危害结果（违法结果）的情感态度相一致，其情感因素也没有对严重危害结果的认可。简言之，如果行为人对违法或违章的行为是轻信过失，则行为人对作为犯罪构成要件的严重危害结果没有任何罪过。所以，行为人对违法行为的心理态度不能是轻信过失，这是我们应予注意的。

而如果行为人对违法行为持疏忽大意的心理态度，即行为人没有认识到自己行为违反了法律或规章制度，对违反了法律或规章制度也没有意志，但对违反法律或规章制度的结果持漠不关心的情感态度。这样的行为人对严重危害结果的发生肯定是没有认识，也没有意志，那么，行为人对严重危害结果有无罪过，关键就看行为人有无罪过情感了。

而倘若行为人对危害社会的后果（包括违法结果和严重危害结果）不是漠不关心的态度，则其首先能够认识到其行为违反了法律或规章制度，而因为严重危害结果的发生在行为人控制之外，其是否会发生，行为人不能断言，因此，对严重危害结果的发生是可能认识到、也可能认识不到。那么，这样的漠不关心态度就不属于罪过中的疏忽大意的过失心理，因为在疏忽大意过失心理中，行为人若不是对危害结果的发生不是漠不关心的情感态度，就不会疏于谨慎，而能认识到危害结果可能发生，并杜绝或防止危害结果的实际发生。

因此，在因违法行为所致犯罪中，行为人对违法行为的心理态度只能是故意。最高人民法院、最高人民检察院曾在 1986 年 6 月 21 日发出的《关于刑法第

---

[1] 这里特别需要注意，对严重危害结果不能是有认识。因为对严重后果有认识且坚持去做，其意志因素就是放任；对严重后果的发生不可控且坚持做，那么，其对严重后果是一种可接受不排斥的情感态度。对轻危害排斥、而对重危害不排斥，这种情感态度是违反人之常情的，因而这种情况不可能存在。

一百一十四条规定的犯罪主体的适用范围的联合通知》的司法解释中正确地指出，“企业、事业单位的职工和群众合作经营组织，个体经营户从业人员，没有经过培训、也没有经过技术培训、没有受到必要的安全教育，不了解规章制度，因而发生重大责任事故，行为人不负法律责任，应由发生事故的单位和经营组织、经营户有直接责任的人员负法律责任。”这里的具体行为人就因为无知于规章制度而对违反规章制度不是出于故意而不能构成责任事故罪。

明白这一点，对于避免冤枉无辜有着重要意义；而如果不明白这一点，那么，无罪的人被冤枉归罪则在所难免。例如，在业务过失当中，只要有危害结果发生，而不问行为人对违反规章制度是否故意，而一概认为构成业务过失犯罪就包含了冤枉无辜的可能。

二、行为人对严重危害结果的发生不能有认识或者行为人认为危害结果不会发生

如果行为人对严重危害结果的发生有认识或认为会发生，则其对违法行为所致严重危害结果的心理态度不能是过失。因为如果行为人对违法行为将要造成的严重危害结果有认识，即行为人明知严重危害结果发生的可能性，而其又坚持违法的行为，即按照传统罪过理论，行为人的意志因素是对这个严重的危害结果持放任（包括希望）的态度，也就是说行为人对这个严重危害结果持故意的罪过心理，从而构成故意犯罪。简言之，如果将故意违法行为的危害结果置换为犯罪的危害结果，因为对违法结果的故意是过错、对犯罪结果的故意是罪过，那么，行为的性质将随之由故意违法转变为故意犯罪。

笔者主张将情感因素纳入罪过理论，在对罪过心理分析和定罪过程中，坚持知、情、意三因素并用法，即便对危害结果的发生有认识，对危害结果持放任的意志态度也不能断言行为人的罪过形式是间接故意，因为还有一个情感因素，还要看情感态度。放任不能仅仅是意志一维，而应是行为人的包括情感态度在内的心理态度。放任的意思是“听其自然，不加干涉”。❶ 认识与意志总是并行不悖，但情感与意志可以相互抵触。间接故意的情感态度是对危害结果的冷漠无情，也即与意志过程不排斥，而轻信过失的情感态度是对危害结果排斥，也即与意志

---

❶ 《新华词典》，商务印书馆1989年版，第239页。

过程相抵触。这样的两种心理状况表现在外就是:间接故意对行为没有节制;而轻信过失对行为有节制,并尽可能避免危害结果的发生。

在因违法行为所致犯罪中,如果行为人对违法行为有节制并尽可能避免严重危害结果的发生,就应当纠正违法或违章行为,严重的危害结果也就不会发生。因为因违法行为所致犯罪中的违法行为或违章行为是导致严重危害结果发生的唯一原因或必要条件,而且由于行为人违法行为所能导致的严重危害结果是否发生,在违法行为做出后,便为行为人所不能控制,如果想要避免严重危害结果的发生,行为人所能做的只有纠正违法行为或违章行为这一项,而无他凭。如果而且只有行为人纠正了这个违法或违章的行为,其严重危害结果就能够而且必然避免,而事实上行为人没有纠正这个违法或违章行为。也就是说,因违法行为所致犯罪中行为人的情感因素与其意志过程并不抵触,而与其意志态度相一致,那么,行为人在行为中的罪过心理依然是故意(间接故意)。因此,如果因违法行为所致犯罪行为人对严重危害结果有认识,那么行为人对严重危害结果的心理态度就是故意,这样,行为人的这个行为就构成故意犯罪。

因此说,因违法行为所致犯罪的罪过形式不能是轻信过失。而非因违法行为所致轻信过失犯罪中的行为人由于其情感因素对意志过程的抵触,表现在行为上就是行为有节制、尽可能避免危害结果的发生,但无奈在非因违法行为所致轻信过失犯罪中,行为人即便凭借了有利的主客观条件,其行为仍然可能发生危害结果。因为如果行为人出于凭借行为时存在的有利主客观条件、危害结果就不会发生的认识,促成了行为的实施。既然这样,即便行为最终发生了危害结果,但这个危害结果也只能是意外事件,而不能因此将这个行为定性为轻信过失的犯罪。而因违法行为所致犯罪与此不同,因违法行为所致犯罪中行为人的情感因素并不与其意志过程相抵触。这是因违法行为所致犯罪与非因违法行为所致轻信过失犯罪的一个重要区别。换言之,笔者认为,在一个思维过程或认识过程中,不能出现两个相互矛盾或反对的思想。同样,在一个情感过程之中对同一个对象也不能或不应出现两个相互矛盾或反对的情感态度。也就是说,在因违法行为所致犯罪的行为中,行为人不能既对危害社会的结果(违法行为的社会危害结果)持追求或不排斥的态度,又对危害社会的结果(因违法行为所致犯罪的危害结果)持排斥的态度。如果说违法行为的社会危害结果与因违法行为所致犯罪的社会危害结果有着区别,那它们同样作为危害社会的结果时,仅仅是量上的区别，行为人在同一行为、同一时间中对它们的情感态度即便有所差别，但是也不能相互矛盾或反对。

明白这一点，对于避免放纵犯罪分子，有着重要意义；而如果不明白这一点，那么，放纵犯罪分子就在所难免。由于观点的混乱，司法实践中放纵犯罪分子的情况必然大量存在，这种状况必需引起我们的高度重视，并应努力扭转这种不良局面。例如，有学者认为“行为人明知没有安全保证，甚至于已经发现事故苗头，仍然不听劝阻，拒不采纳正确意见和补救措施，造成重大事故”[1]属于重大责任事故罪中的后果特别严重的情节，以这种观点定性必然放纵犯罪分子；而笔者认为这种草菅人命、罔闻公益的行径实属故意犯罪。

根据结论一和结论二，笔者认为，在所有的因违法行为所致犯罪中，违法行为的过错心理实质是故意，而其所致犯罪的罪过心理实质是过失，无认识的过失。因此，笔者将“因违法行为所致犯罪”命名为“事故型犯罪”。

三、在事故型犯罪中，罪过情感是行为人唯一值得谴责的罪过心理因素

在事故型犯罪中，行为人对严重危害结果没有认识或者认为严重危害结果不会发生，其对严重危害结果也没有意志，那么，我们对行为人进行谴责的罪过心理就只能从行为人心理中的情感因素上找原因了。

笔者认为，事故型犯罪行为人对于严重危害结果的发生持漠不关心的情感态度。倘若行为人对严重危害结果的发生不是漠不关心的情感态度，那么行为人就会认识到他的违法行为可能招致严重的危害结果。而如果行为人想要避免严重危害结果的发生，其所能做的只有纠正违法行为或违章行为这一项，而无他凭。所以如果行为人对于严重危害结果不是漠不关心的情感态度，就会中止违法行为。因此说，事故型犯罪的行为人对严重危害结果持漠不关心的情感态度。

在事故型犯罪中，行为人完整的心理活动和过程是：对行为违法有认识，对严重危害结果的发生没有认识或认为不会发生；对行为违法持希望或放任的意志态度，对严重危害结果的发生没有意志；对行为违法持冷漠无情的情感态度，对严重危害结果的发生持漠不关心的情感态度。而在这些心理活动或过程中，能够表明行为人认可危害结果发生的心理因素和态度，并且只有它对于分析行

[1] 王章学：《重大责任事故调查与定罪量刑》，群众出版社 2002 年版，第 535 页。

为人罪过心理才有价值,因而能够纳入罪过心理的是且仅是:对严重危害结果的发生持漠不关心的情感态度。而这种对危害结果的发生持漠不关心的情感态度与疏忽大意过失的罪过心理完全一样。所以说,事故型犯罪的罪过形式是疏忽大意的过失。简言之,事故型犯罪是一种特殊的疏忽大意过失犯罪,就犯罪本质而言,其实质是一种率性犯罪。

第五节 附带的解释

一、过于自信的事故型犯罪

前面我们详细论证了事故型犯罪的罪过形式,但我们仍需明确我们前述的事故型犯罪是一种被限定为具有如下行为特征的行为:(1)它首先表现为一种违法的行为,(2)违法行为一旦实施,严重危害结果的发生便处于行为人的控制之外,(3)只有在严重的危害结果发生之时或之后才能被认定为犯罪行为,(4)在刑罚上,这类犯罪的处刑较轻。而事实上,这是一般意义上的事故型犯罪,一般意义上的事故型犯罪的罪过形式是疏忽大意过失,丢失枪支不报罪是典型的一般意义上的事故型犯罪;那么,事故型犯罪有没有过于自信的罪过形式呢?是有的,我们广义上的事故型犯罪中,不仅包括疏忽大意的事故型犯罪,还包括过于自信的事故型犯罪。

为什么说无认识的事故型犯罪是一般意义上的事故型犯罪呢?首先,笔者认为认定这类犯罪是有认识还是无认识,应当依据行为人的意识情况,而不是被害人的认识状况。这是因为只有从行为人角度界定意外的灾祸,才能将其与故意犯罪区分开来。而有认识的过失,是一种理智与情感相冲突的罪过形式,它毕竟存有对危害结果排斥的情感态度,因此,可以将过于自信的事故型犯罪纳入广义的事故型犯罪之中。

通过前面对疏忽大意的事故型犯罪罪过形式的分析,理解过于自信的事故型犯罪罪过形式就不难了。一般意义上的事故型犯罪在行为上有四个特征,如果它的第二个特征替换为行为人对于严重危害结果的发生能够干预、可以控制其是否发生,那么,这样的事故型犯罪就可以成立过于自信的事故型犯罪。因为这样的行为,行为人对于严重危害结果的发生能够具有排斥的情感态度,排斥严重危害结果发生的情感态度就有了客观依据或者行为表现,这样的罪过就能够成立过于自信的过失,这样的犯罪就能够成立过于自信的事故型犯罪。交通肇事罪常常表现为典型的过于自信的事故型犯罪。因此,一般而言,事故型犯罪包括疏忽大意和过于自信两种罪过形式。

二、主客观相统一的问题

坚持主客观相统一,是行为人承担刑事责任的一条根本原则,其核心思想就是在有客观危害结果的同时,还必须有对危害结果的主观认可。但由于传统罪过理论的缺陷,致使其对一些犯罪的罪过心理难以说明,但这些问题又不能回避,因而使得一些理论观点和具体主张与主客观相统一原则时有背离。

譬如,提出“客观的超过要素”的论者为开脱自己客观归罪之嫌,讲了三条理由:“首先,从前述笔者所列举的一些犯罪来看,行为人主观上都认识到了行为的危害性质。如非法发放贷款的人、丢失枪支不及时报告的人、擅自进口固体废物的人,他们都认识到了自己行为的危害性质。其次,行为人主观上对客观的超过要素以外的某种危害结果显然具有希望或者放任发生的态度。例如,上述犯罪的行为人对金融秩序的破坏、公共安全的危险、环境资源保护的破坏等危害结果都具有希望或者放任发生的态度。最后,行为人对作为客观的超过要素的危害结果具有预见可能性。”[1]与此对应地,笔者认为,首先,行为危害性质与客观的超过要素以外的某种危害结果不属于主客观相统一的客观内容。其次,犯罪行为人对行为危害性质的认识与行为人主观上对客观的超过要素以外的某种危害结果所具有的希望或者放任发生的态度不属于主客观相统一的主观内容。最后,行为人对作为客观的超过要素的危害结果具有预见可能性不能等同于行为人对作为客观的超过要素的危害结果具有预见,没有预见即没有认识,没有认识当然也没有意志。对危害结果既没有预见,也没有意志,那么,对这样的危害结果以罪相论(在传统罪过理论中),算不算结果责任呢?

三、关于“过失犯罪,刑法有规定的才负刑事责任”的规定

经常看到有论者以“过失犯罪,法律有规定的才负刑事责任”为据进行论

---

[1] 张明楷:《“客观的超过要素“概念之提倡》,载《法学研究》1999年第1期,第30页。

证。[1] 笔者认为,这样的规定只有在类推定罪的语境中才有意义。在罪刑法定的语境下,无论是故意犯罪还是过失犯罪,都必须有刑法的规定才能定罪量刑。可见,这样的法律规定只是类推定罪的遗留规则,已经失去原有的功能。对于事故型犯罪同样必须也只需坚持罪刑法定的原则。

至于刑法有规定的过失犯罪,在对它的罪过心理分析的过程中,也就是在揭示关于它承担刑事责任主观根据的问题上,亦应分别情况区别对待。由于轻信过失犯罪属于意志犯罪,可以用以意志自由或相对意志自由思想为基础的传统罪过理论责之;而疏忽大意过失犯罪属于率性犯罪,传统罪过理论对它的罪过心理的分析简直无从着手,而只能另辟他途。

四、故意犯罪与过失犯罪同等对待的问题

我国刑法规定有一些行为性质不同但危害结果相同,而适用同样档次法定刑的犯罪。譬如,国有公司、企业、事业单位人员滥用职权罪与国有公司、企业、事业单位人员失职罪、滥用职权罪与玩忽职守罪等罪行即属此类。

将国有公司、企业、事业单位人员滥用职权罪和滥用职权罪归于故意犯罪与将国有公司、企业、事业单位人员失职罪和玩忽职守罪归于过失犯罪是理论界和实务界流行的观点,然而,将罪过类型不相同的犯罪归属于同样档次的法定刑大有不妥,因为这样就违背了罪责刑相适应的原则;以及复合罪过形式学说对于将间接故意与轻信过失两类犯罪一刀切地归属于同样档次法定刑进行合理化解释亦必然有同样不妥之嫌。

而依笔者之见,国有公司、企业、事业单位人员滥用职权罪与国有公司、企业、事业单位人员失职罪、滥用职权罪与玩忽职守罪等本是同样的罪过形式,故而不存在不同类型的罪过而适用同样档次的法定刑的问题。至于复合罪过形式论者所言滥用职权罪、玩忽职守罪等等罪行的罪过形式本就不是间接故意或轻信过失,遑论其他了。

五、刑罚畸轻畸重的问题

事故型犯罪本是过失犯罪,但在司法实践中,在行为人对严重危害结果的发

---

[1] 例见,张明楷:《罪过形式的确定——刑法第 15 条第 2 款“法律有规定”的含义》,载《法学研究》2006 年第 3 期,第 98 页;周光权:《论主要罪过》,载《现代法学》2007 年第 2 期,第 40 页。

生有认识或认为危害结果会发生的情况下，依刑法规定的因违法行为所致犯罪论处，或者依结果故意说把它定性为故意犯罪，那么其结果必然是放纵了犯罪，刑罚畸轻。而把因过失违法行为所致严重危害结果，也以刑法规定的因违法行为所致犯罪论处，则会发生冤枉无辜，刑罚畸重。

综上所述，只有把情感因素纳入罪过理论，在对行为人罪过心理分析和定罪过程中，坚持知、情、意并用，才能进行合理准确的分析和定性。在对因违法行为所致犯罪的罪过分析中，情感因素之于罪过理论的重要性，得到了进一步的说明。

第十章　正确认定结果加重犯的罪过形式

在告别了结果责任的当代，结果加重犯，不仅与它密切相关，而且在实际的犯罪中屡见不鲜。关于结果加重犯聚讼的焦点集中在结果加重犯的罪过形式上。古典学派在19世纪末就开始抨击结果加重犯系“结果责任的遗物”，而只承认具有过失的结果加重犯；进入20世纪后，近代学派以危险性说取代了过失说的主流地位，并且互有争论至今。我国对结果加重犯罪过形式的认识大体上可分为从犯罪论角度和从刑罚论角度出发的两种立场。从犯罪论的角度对结果加重犯罪过形式的认识主要有“故意+故意”、“故意+过失”以及“过失+故意”等三种；而从刑罚论的角度对结果加重犯罪过形式的认识主要有“危险性说”和“客观处罚条件说”两种。从犯罪论角度形成的关于结果加重犯罪过形式的诸种观点不可避免地陷入一个犯罪具有两个罪过形式或一个犯罪可以认定为两个犯罪的悖论；而从刑罚论角度形成的关于结果加重犯罪过形式的那些观点则蕴含了行为人对加重结果的发生没有罪过心理的判断，即具有客观归罪之嫌。总体而言，关于结果加重犯的罪过形式众说纷纭，向无定论。

第一节　关于结果加重犯罪过形式的观点综述

当世界各国刑事立法普遍地对结果加重犯加重刑罚，普通公民也能不假思索地认为结果加重犯应予加重惩罚的同时，我们刑法学者却不能令人满意地给出其罪过形式，甚至于说明结果加重犯罪过形式竟成了刑法学界的魔鬼三角。为解决这一难题，笔者首先整理和评析当前流行的主要观点，以探求其要害，为正本清源之先。笔者求大同、弃小异，择其比较典型的主要观点，归为两类六种，具体整理如下。

一、双重罪过说

从犯罪论角度论述结果加重犯罪过形式的主张于今表现为双重罪过说。这类观点主张结果加重犯为双重罪过，即在犯罪行为中，行为人对基本犯有一个罪过，对加重结果有另一个罪过，并且他们在论述罪过的过程中，对基本犯的罪过与对加重结果的罪过分而述之。对结果加重犯持双重罪过的论见一直以来都是我国刑法学界主流的观点。这其中又可细分为四种观点。

第一种观点为“故意+故意”说。

例如，《犯罪通论》认为，我国刑法中的结果加重犯有两种类型，其中的一种是基本犯为故意、加重结果也为故意。❶ 另有学者认为，“强奸罪的结果加重犯中并不排除强奸犯为使被害妇女难于反抗，甚至不能反抗，以便奸淫，而故意使用暴力致人重伤这种情况。”❷而“若在抢劫罪中间接故意致人死亡，则只定抢劫罪”❸。“将像抢劫罪，在抢劫财物过程中故意杀人的按数罪并罚予以处理的观点显然是不科学的。因为在以故意杀人为手段的抢劫财物的情况中，抽去其故意杀人行为，抢劫罪的‘暴力、胁迫’等手段行为就没有了，抢劫罪就不能成立，怎么能数罪并罚？”❹等等这些观点，在论者看来，结果加重犯行为人的罪过心理都包含了一个对基本危害结果的故意和一个对加重危害结果的故意。

第二种观点为“故意+过失”说。

凡是主张结果加重犯主观罪过可为“故意+故意”的，无不承认结果加重犯主观罪过也可以是“故意+过失”。❺ 例如，《犯罪通论》认为，我国刑法中的结果加重犯有两种类型，其中的第二种是基本犯为故意、加重结果为过失。❻ 其他观点如，前联邦德国刑法学者汤姆逊根据行为人对加重结果所持的心理态度将结果加重犯分为偶然的结果加重犯、过失的结果加重犯和故意的结果加重犯三种。❼ “行为人对基本犯罪有故意，对加重结果无故意。”❽等等。

---

❶ 马克昌主编：《犯罪通论》，武汉大学出版社 1999 年版，第 658 页。

❷ 吴振兴：《罪数形态论》，中国检察出版社 2006 年版，第 96 页。

❸ 赖宇主编：《中国刑法之争》，吉林大学出版社 1989 年版，第 228 页。

❹ 李邦友：《结果加重犯基本理论研究》，武汉大学出版社 2001 年版，第 45 页。

❺ 参见吴振兴：《罪数形态论》，中国检察出版社 2006 年版，第 92 页；李邦友：《结果加重犯基本理论研究》，武汉大学出版社 2001 年版，第 45 页及以下，等等。

❻ 马克昌主编：《犯罪通论》，武汉大学出版社 1999 年版，第 658 页。

❼ ［日］丸山雅夫：《结果加重犯论》，株式会社成文堂 1990 年版，第 182 页及以下。

❽ 顾肖荣：《试论结果加重犯》，载《法学研究》1984 年第 4 期。

第三种观点为“过失+故意”说。

也有学者认为结果加重犯的罪过形式可以是“过失+故意”，例如，对于刑法第一百三十三条以及最高人民法院《关于审理交通肇事刑事案件具体应用法律若干问题解释》中的“‘因逃逸致人死亡’，是指行为人在交通肇事后为逃避法律追究而逃跑，致使被害人因得不到救助而死亡的情形”的规定，有论者认为“因逃逸致人死亡的”既成立结果加重犯又存在间接故意的罪过心理。❶

第四种观点主张结果加重犯为“主要罪过”。

持“主要罪过”说的学者认为，在存在复杂罪过的犯罪中，一般是由若干个活动构成的犯罪行为，它们会造成一系列的危害结果，而行为人对其中的每个行为及其产生的危害结果都有特定的心理态度，它们形成复杂状态。❷ 那么，在分析犯罪行为人主观罪过时，必须依照马克思主义的矛盾学说，把握心理状态中的主要矛盾和矛盾的主要方面，才能正确认定罪过的性质。❸ 主要罪过说认为，结果加重犯行为人对基本行为有故意，也能够预见到重结果的发生可能，就具有避免该结果发生的注意义务，对加重结果注意义务的来源和基本行为是相同的，因此，应当肯定主要罪过和次要罪过的并存。但是结果加重犯基本犯罪中包含着重结果发生的危险性，因此，刑法才规定了基本行为与加重结果相结合的结果加重犯。其中基本犯的罪过是主要罪过，行为人对于加重结果的心理属于次要罪过。因此，可以将通说中所认为的基本犯是故意、加重结果是过失的犯罪认定为故意犯罪。❹

二、独立罪过说

从刑罚论角度论述结果加重犯罪过形式的主张于今形成了独立罪过说。独立罪过说认为结果加重犯存在一个罪过心理。这类观点又可具体分为两种，分述如下。

第一种观点为“故意+对加重结果的无罪过”。

论者认为，按照主客观相统一的犯罪构成理论，任何犯罪都是犯罪主体所实

❶ 吴振兴:《罪数形态论》，中国检察出版社 2006 年版，第 111 页。
❷ 姜伟:《复杂罪过定罪刍议》，载《现代法学》1984 年第 2 期，第 35 页。
❸ 宋庆德:《混合罪过浅探》，载《中央政法管理干部学院学报》1997 年第 1 期，第 54 页。
❹ 周光权:《论主要罪过》，载《现代法学》2007 年第 2 期，第 42 页及以下。

施的危害行为与主观罪过的有机统一。"双重罪过"说所指的几类犯罪,其罪过形式仍然只是一种。结果加重犯是行为人在实施某种故意犯罪的过程当中,由于意志以外的原因,出现了与行为人所追求的犯罪结果不同的其他危害结果。例如,某人只有伤害他人的故意,不料伤及动脉,导致死亡结果发生,所造成的死亡结果超出了行为人追求的伤害结果的范围,是结果加重犯,不存在行为人对实际发生的危害后果有无故意或过失的问题。❶ 日本亦有学者指出:"结果加重犯是指由于实行了基本的故意犯罪而引起行为者未预见的重结果发生,因此以重结果为理由而加重刑罚的场合。"❷我国有学者进一步提出了"客观的超过要素概念",❸并以丢失枪支不报罪为例来说明,认为如果行为人丢失枪支没有及时报告,并且造成严重危害后果,那么无论行为人是否希望或者放任该结果的发生,都应当追究刑事责任。对该罪不需要考虑对严重后果是否具有认识和意志态度。

第二种观点为"具体危险故意"。

"具体危险故意"说是主张结果加重犯的罪过形式为独立罪过的另一种表现。这种观点认为,结果加重犯的主观罪过,并非像现在理论界和实务部门所认定的双主观要件,而是单一的主观要件,也就是"危险故意"。也并非所有对于加重结果的"危险故意"都是结果加重犯的主观要件,只有基本行为超出故意范围时,才有结果加重犯成立的可能。也就是说,结果加重犯基本行为的主观要件是单一的"具体危险故意"。这种具体危险故意因为超出了基本行为故意的容许范围,也就不能将表现这种具体危险故意的结果加重犯的行为与该基本犯罪行为视作同类。❹ 结果加重犯的罪过形式也只是单一的"具体危险故意"。

第二节　对结果加重犯罪过形式诸观点的评析

提出新的观点之前,应当首先说明既存理论的缺陷,否则就可能增添理论的

---

❶ 刘明祥:《评双重罪过说》,载《法学评论》1989年第5期。

❷ [日]野村稔:《刑法总论》,全理其、何力译,法律出版社2001年版,第176页。

❸ 张明楷:《"客观的超过要素概念"之提倡》,载《法学研究》1999年第1期。

❹ 柯耀程:《变动中的刑法思想》,中国政法大学出版社2003年版,第121页。持同见者如徐光华:《犯罪既遂理论问题研究》,中国人民公安大学出版社2009年版,第245页。

混乱。而欲统一结果加重犯的罪过形式,必先指出现行罪过理论在此问题上立论的不足或欠妥的理由。在对结果加重犯罪过形式认定的问题上,笔者首先对关于结果加重犯罪过形式的两类六种观点分别进行探讨。

一、对双重罪过说的评析

说明结果加重犯罪过形式的见解众说纷纭,莫衷一是。对于前述的第一类观点,从总的方面(也即第一类观点存在的共同问题)来看,因为定罪的标准是犯罪构成,所以判断罪数的标准也只能是犯罪构成,这是我们进行罪数判断必须坚持的一个原则。一个行为在刑法的评价中,符合了一个犯罪构成,就构成了一个犯罪;符合了几个犯罪构成,就构成了几个犯罪。由于具体的犯罪情状错综复杂,而犯罪的本质是犯罪的主观罪过,[1]主观罪过与危害行为、危害结果是体与用的关系,而且犯罪主观要件又是直接包含了全部构成要件内容的要件,[2]所以,定罪的实质也就是认定犯罪的主观罪过,那么,以罪过作为判断罪数的标准是一个简洁而又准确的方法。以此见解观之,第一类观点主张结果加重犯为双重罪过,明显违背了一个犯罪只能符合一个犯罪构成、只能有一个罪过的犯罪构成原理。从一个行为的前提,推论出可以符合多个犯罪构成要件的结论,显然是一个悖论,而多数刑法学者对此理论误区已然习非成是。所以,笔者认为第一类观点不能成立。

就具体的观点,关于第一类观点中的第一种观点"故意+故意"说,首先,笔者认为抢劫和强奸等犯罪都是复行为犯,复行为犯和结果加重犯属于不同类型的实质一罪。这是需要严格区分的。复行为犯对不同法益的故意侵害是复行为犯的应有之义,复行为犯的基本犯罪一般情况下都会侵犯不同的法益,而结果加重犯一般是在"加重"的情况下才侵犯不同的法益。而且,复行为犯作为实质的一罪,其对不同法益的侵害是出于一个故意罪过,而不是"故意+故意"的两个罪过。其次,依循该观点的逻辑,因为结果加重犯行为人对加重的结果持故意的态度,而故意犯罪中危害结果没有发生能够成立犯罪未遂,所以将对加重结果的故意作为犯罪行为人的罪过心理必然导致"重结果没有发生而能成立结果加重犯

[1] 温建辉:《犯罪本质新论》,载《理论探索》2012 年第 1 期。
[2] 陈忠林:《刑法散得集》,法律出版社 2003 年版,第 272 页。

未遂”[1]的结论，而这种推理的结论与结果加重犯是一种结果犯（犯罪成立意义上的）明显相悖。

第一类观点中的第二种观点“故意+过失”说可以再分为“故意+轻信过失”和“故意+疏忽大意过失”。对于“故意+轻信过失”，笔者认为，这种情况不可能存在。因为这种情况必然是行为人对基本危害结果和加重危害结果都有认识，既然行为人认识到加重危害结果可能发生，而又仍然坚持犯罪行为，那么对加重危害结果的意志态度只能是放任，那么行为人对加重危害结果的罪过心理就成立间接故意，而不能成立轻信过失。对于“故意+疏忽大意过失”，笔者认为，总体而言，疏忽大意过失行为人对危害结果的发生没有认识，而心理学常识认为，离开了认识过程，意志就无从产生。[2] 所以，疏忽大意过失的行为人对危害结果没有任何的意志态度。那么，在疏忽大意过失犯罪中，行为人对危害结果的发生既没有认识，也没有意志，它的罪过无从可言，它的刑事责任无据可责。对此，理论界与实务部门常以“违反注意义务”来解释其刑责的根据。但“违反注意义务”只是对心理活动结果的外部评价。而罪过心理应当揭示行为人心理活动的具体要素，以及心理活动的反社会内容。可见，对心理过程的外在评价有别于对罪过心理内容的分析和刻画。“违反注意义务说”在揭示疏忽大意过失罪过心理方面劳而无功。

第一类观点中的第三种观点“过失+故意”说亦可分为“轻信过失+故意”和“疏忽大意过失+故意”两种情况，那么，无论是结果加重犯行为人对基本危害结果是不希望发生或者是没有预见到基本危害结果的发生，而会对加重的危害结果持希望或放任的态度，都是不可思议的。而其所列举的在交通肇事案件中“因逃逸致人死亡应包括间接故意”，笔者对此认为，交通肇事罪在已经符合构成要件的情况下，如果肇事者因为交通肇事而负有救助义务且明知被害人处于得不到医治将会死亡的结果，而逃逸的，可以成立独立的犯罪构成，属于间接故意杀人；而不是成立交通肇事罪的结果加重犯。

第一类观点中的第四种观点“主要罪过说”认为，结果加重犯行为人对基本行为有故意，也能够预见到重结果发生的可能，就具有避免该加重结果发生的注

---

[1] 张明楷：《未遂犯论》，法律出版社1997年版，第19页。

[2] 曹日昌主编：《普通心理学（合订本）》，人民教育出版社1987年版，第362页。

意义务，对加重结果注意义务的来源和基本行为是相同的，因此，应当肯定主要罪过和次要罪过的并存。笔者对此见解有两点商榷：第一，该见解就加重结果对行为人提出“注意义务”不合情理。因为当犯罪人故意伤害或侵害你的人身或其他权益的时候，你会要求其注意不要造成更严重的危害后果吗？刑事立法也不可能规定犯罪者对加重危害结果的注意义务，并要求其谨慎犯罪。第二，该见解有客观归罪之嫌。该见解没有指出犯罪行为人心理中的认识和意志的具体内容，而只是科行为人以外界的规范评价并强调行为人有注意义务，但是罪过是行为人的内心心理，外界的评价不能与之等同，即便行为人确实有注意的义务，而倘若他又确实没有注意，也没有产生罪过心理，又当如何？所以，仅仅以外界的评价或外在的表现而科以刑责，难避客观归罪之嫌。

值得注意的还有一种观点，其表面虽然没有提出关于结果加重犯罪过形式的主张，但已经内涵其中，亦即“加重结果必须是具体罪刑规范阻止的结果”❶这样的观点，笔者对此亦有商榷。因为“基本的危害结果”属于犯罪构成客观要件的内容，并为罪刑规范所阻止，而“基本的危害结果”加上“故意造成的轻微伤、过失造成的轻伤、过失造成的名誉毁损、过失造成的财产损害等结果”，也就是说结果加重犯的危害结果明显大于基本犯的危害结果，那么，“基本的危害结果”加上“故意造成的轻微伤、过失造成的轻伤、过失造成的名誉毁损、过失造成的财产损害等结果”，就必然应当成为犯罪构成客观要件的内容，并为罪刑规范所阻止，这个结论表明在基本危害结果的基础上“故意造成的轻微伤、过失造成的轻伤、过失造成的名誉毁损、过失造成的财产损害等结果”也必然属于罪刑规范所阻止的内容，而不能孤立地看待“故意造成的轻微伤、过失造成的轻伤、过失造成的名誉毁损、过失造成的财产损害等结果”。持“加重结果必须是具体罪刑规范阻止的结果”的观点实质是把引起加重结果的行为部分与基本犯同样地看作了独立的犯罪，而我们应当注意“基本犯和引起加重结果的行为部分”只是一个危害行为，这是这种观点要害之所在。既然将引起加重结果的行为部分看作了一个独立的犯罪，就应该按照数罪对待它们，而不再是一罪了，这表明这种思路似乎跑题。与“加重结果必须是具体罪刑规范阻止的结果”这种观点相反，笔者认为加重结果不能局限于具体罪刑规范阻止的结果。因为诚如“加重结果

❶ 张明楷：《严格限制结果加重犯的范围与刑罚》，载《法学研究》2005年第1期，第88页及以下。

必须是具体罪刑规范阻止的结果"观点所言，则这个犯罪人在一个犯罪行为中就能够具备两个罪过形式（犯罪主观要件）、两个危害结果（犯罪客观要件），也就是犯罪人完全具备了两个犯罪的构成要件，成立了数罪，而非一罪了。

二、对独立罪过说的评析

对于第二类见解而言，由于此说认为犯罪行为人对于加重的危害结果没有罪过心理，那么行为人对此部分的加重危害结果的发生就不应负刑事责任；而在没有对加重危害结果的发生存有罪过心理的情况下，追究行为人的刑事责任显然是客观归罪，这与现代主客观相统一的刑事责任追究原则相违背。

具体而言，持"故意+对加重结果的无罪过"说的论者认为"结果加重犯是行为人在实施某种故意犯罪的过程当中，由于意志以外的原因，出现了与行为人所追求的某种犯罪结果不同的危害结果"，那么，这个与行为人意志以外的原因导致的危害结果，对于行为人而言只是一种意外事件，而不应当因此承担刑事责任。"故意+无罪过"说和"客观的超过要素"说，在传统罪过理论的语境中已然陷入了步履维艰的绝境。因为没有对危害结果发生的认识，也就没有对危害结果发生的意志，在这样的基础上追究行为人的刑事责任将不可避免地违反现代主客观相统一的定罪原则。

"具体危险故意"论者认为结果加重犯的主观要件是单一的"具体危险故意"。这种具体危险故意因为超出了基本行为故意的容许范围；所以就不能将表现这种具体危险故意的加重结果犯的行为与该基本犯罪行为等同视之。可见，"具体危险故意"说中的主观罪过的对象是危险，而不是危害结果的发生，而按照我国刑法的规定或者主流的罪过理论[1]都认为罪过心理的对象是危害结果的发生。需要注意这里不能将危险视作广义的危害结果，因为结果加重犯的加重结果仅指确定的实害结果而不是危险。所以，此论也不为笔者所认同。而且，一方面，以"具体危险故意"论者之意，只要行为产生了具体的危险，就应当认定为犯罪既遂，即危险犯的既遂；另一方面，因为结果加重犯是一种结果犯，仅有加重结果发生的危险，而没有加重结果实际的发生就不是结果加重犯，可见，这又是一个悖论。

[1] 姜伟：《罪过形式论》，北京大学出版社 2008 年版，第 10 页。

第三节　对结果加重犯罪过形式的正本清源

基于上述分析，现行各种关于结果加重犯罪过形式的见解都值得商榷。在前述评析的基础上，笔者在澄清一些基本事实的基础上，转换思路、以罪过情感概念[1]为分析工具，进行全新的思考。

一、澄清两个基本的事实

（一）结果加重犯是一个犯罪行为

因为定罪的标准是犯罪构成，所以判断罪数的标准也是犯罪构成，而如前所述，可以主观要件作为认定罪数的标准。而因为判断罪数的标准是犯罪构成，且一个犯罪只有一个犯罪构成，所以一个犯罪只能有一个犯罪构成行为。因而，尽管人们对结果加重犯的罪过形式有各种各样的观点，但他们对结果加重犯只构成一个犯罪、只有一个构成行为基本上意见一致。对此，我们易于统一认识，也应该将此认识基础作为对结果加重犯进行理论探讨的依据。

一个危害行为（犯罪构成行为），无论如何不应该被认定为数罪。笔者认为，从认识论上来说，将对基本结果的心理态度和对加重结果的心理态度孤立看待，是不科学的。既然认为结果加重犯只有一个构成行为，而将对基本结果的心理态度与对加重结果的心理态度割裂开来看待的观点，可以得出一个犯罪活动存在两个犯罪主观要件的推论，而导致一个犯罪构成行为可以成立两个犯罪的悖论。

（二）结果加重犯只能有一个罪过形式

对于一个犯罪只能有一个犯罪构成行为，即结果加重犯只有一个犯罪构成行为，我们已经统一了认识。而罪过可以作为判断罪数的标准，反过来，罪数也可以用来判断罪过的个数，自然，一个犯罪只能有一个罪过形式。换言之，我们坚持主客观相统一的定罪原则，而主客观相统一原则表明了一个犯罪构成只能有一个客观行为（犯罪的客观要件）和一个主观罪过（犯罪的主观要件）。而迄今为止，刑法理论界和司法实务部门都认为结果加重犯是实质的一个犯罪，是一

---

[1] 温建辉：《将情感因素纳入罪过理论的探索》，载《社会科学家》2007年第5期。

个犯罪构成，那么，它就应该只有一个犯罪构成行为。所以，我们应当认定结果加重犯只能有一个罪过形式。而如果从结果加重犯是一个犯罪的立场出发，而又认可结果加重犯可以有两个罪过形式，这将直接与根据主客观相统一原则得出的结果加重犯只有一个罪过形式的结论相矛盾。以强奸致人死亡的犯罪为例，如果认为它有两个罪过形式，就能够得出强奸致人死亡符合两个犯罪构成要件、构成两个犯罪的结论，但这样的认定结论就与刑法规定的结果加重犯为一罪不相符合。而且，如果强奸致人死亡构成两个犯罪，那么，强奸致人死亡也就不是结果加重犯了。

坚持结果加重犯只有一个罪过形式，那么，可以推知，第一，结果加重犯行为人对基本危害结果与对加重危害结果应当是一个罪过心理；第二，结果加重犯行为人对基本危害结果的心理态度与对加重危害结果的心理态度不应矛盾，以保证两者之间能够兼容。当然，行为人的意志和行为人的情感可能相冲突，❶但行为人的认识过程、意志过程以及情感过程它们自身不应相矛盾。

二、对结果加重犯罪过心理的全新分析

笔者认为罪过是行为人在实施犯罪过程中认可危害结果发生的心理态度，主张罪过心理包括知、情、意三个方面，对犯罪人罪过心理的分析必须考虑其罪过情感。❷ 依此分析，可以得出三个确定的结论。

结论一：在结果加重犯中，行为人对基本危害结果的心理态度只能是故意。

在假设行为人对基本危害结果持过失心理态度的情况下，可分为两种情况，即轻信的过失与疏忽大意的过失。首先假设行为人对基本危害结果持轻信过失的心理态度，而轻信过失的认识因素是认识到危害结果的发生、意志因素是放任危害结果的发生、情感因素是排斥危害结果的发生。在此情况下，假设一：行为人对加重危害结果是没有认识，那么，行为人自然也没有对加重危害结果的意志（因为没有对事物的认识，就不能产生对该事物的意志），与对基本危害结果的情感态度相一致，其情感因素也没有对加重危害结果的认可。这样，显而易见，行为人对加重危害结果没有任何主观罪过可言。换言之，如果行为人对基本危

❶ 曹日昌主编：《普通心理学》（合订本），人民教育出版社 1987 年版，第 378 页。

❷ 温建辉：《论罪过理论中应有情感的一席之地》，载黄明儒主编：《潇湘刑事法论丛》第一卷，湘潭大学出版社 2007 年版，第 242—265 页。

害结果的发生持轻信过失的罪过心理，且行为人对加重危害结果没有认识，那么，行为人对基本危害结果的心理态度不能是轻信过失。假设二：行为人对加重危害结果的发生有认识，那么，行为人对基本危害结果的意志自然延及为对加重危害结果的意志内容，情感态度也是一样，那么，行为人对基本危害结果的心理态度与对加重危害结果的心理态度就完全一样，也就失去了对基本危害结果与对加重危害结果心理态度的区别，就应直接以对这个所谓的加重危害结果的心理态度定性，结果加重犯的称谓也就失去了理由。

然后，我们再来假设行为人对基本危害结果持疏忽大意的心理态度。而如果行为人对基本危害结果的发生是疏忽大意的心理态度，即行为人没有预见到自己行为会造成基本危害结果的发生，在此情况下，假设行为人对加重危害结果的发生是有认识，那么，这样假设的行为心理并不能存在，因为这样的加重危害结果应直接认定为犯罪结果，而无需所谓的基本危害结果的存在。而如果行为人没有认识到自己行为会造成基本危害结果的发生，并且对加重危害结果的发生也是没有认识，那么，这样的加重危害结果也应直接认定为犯罪结果，而没有区分基本危害结果与加重危害结果的必要，即这种情况也不能构成结果加重犯。

因此说，在结果加重犯中，行为人对基本危害结果的心理态度只能是故意。而且从上面分析可知，在过失犯罪中，存在基本危害结果与加重危害结果划分的情况只有一种，即轻信过失犯罪中存在对基本危害结果有认识和对加重危害结果无认识的情况，然而，轻信过失犯罪的行为人对此加重结果没有罪过，不应为此承担刑事责任。而如果在司法实践中将过失犯罪及其后续严重结果一起作为结果加重犯处理，则会冤枉无辜量刑过重。例如，对于过失致人伤亡的情况，在行为人预见到致人重伤的可能，而没有预见到致人死亡的情况下，因被害人特异体质或其他情况致人死亡，行为人构成过失致人重伤罪，而不应承担过失致人死亡的刑事责任。

结论二：结果加重犯行为人在实施犯罪行为的过程中，对加重危害结果的发生没有认识。如果行为人认识到加重危害结果发生的可能性，则会陷入不能自圆其说的双重悖论之中。

因为如果行为人认识到加重危害结果发生的可能性，而其又坚持实施犯罪行为，那么，行为人对基本危害结果的意志和情感态度自然延伸为对加重危害结果的意志和情感态度，因为一个行为不可能同时具备两个相互矛盾的心理态度，那么，行为人的意志因素就是对加重危害结果持希望或放任的意志态度，对加重危害结果的情感态度是冷漠无情，也就是说行为人对这个加重的危害结果持故意的罪过心理，从而构成相应的故意犯罪，而不再是我们所说的结果加重犯了，如强奸致人死亡的结果加重犯将构成故意杀人罪，这显然是极其荒谬的结论；或者说，行为人对这个加重的危害结果就能形成独立的罪过形式（故意），那么，再加上行为人对基本危害结果的罪过心理，犯罪人的一个行为也就同时具备了两个罪过形式，如强奸致人死亡的结果加重犯同时具备强奸的故意和杀人的故意，从而构成强奸罪和故意杀人罪两个犯罪，而这同样是不可能的。所以说，结果加重犯行为人对加重危害结果的发生不能有认识。

在司法实践中，对“加重结果的发生”有认识的犯罪，本可以构成更严重的故意犯罪或者构成数罪，如果仍以结果加重犯论罪处理，就会发生放纵犯罪分子的后果。

结论三：结果加重犯行为人对于加重危害结果的发生持漠不关心的情感态度。

在结果加重犯中，如前所述，行为人对加重危害结果的发生没有认识，自然也没有对加重危害结果发生的意志，那么，行为人对加重危害结果承担责任唯一的心理根据必然在于行为人的情感态度上面。笔者认为，结果加重犯犯罪人对加重危害结果的发生持漠不关心的情感态度，如果犯罪人对加重危害结果的发生不是漠不关心的情感态度，那么，犯罪人在追求或放任基本危害结果的意志行为中就不会对加重危害结果是否发生置若罔闻、不予考虑，行为人就会认识到加重危害结果可能发生。

事实上，有且只有行为人停止犯罪行为这一项，是避免加重危害结果发生的唯一选择，再没有别的选择，因为行为人由于对加重危害结果的发生持漠不关心的情感态度而对自己犯罪行为可能导致加重危害结果的发生没有认识，他（她）也就不可能有意识地利用其他条件或采取其他措施避免加重危害结果的发生，因此结果加重犯中的加重危害结果的发生就在所难免。而结果加重犯行为人对基本危害结果持有的是故意的心理，当然不会停止犯罪行为，所以，在结果加重犯的行为过程当中，加重危害结果发生的可能性始终不可避免，而造成这一可能性唯一的主观根据是行为人漠不关心的情感态度。因此说，结果加重犯行为人对加重危害结果应受谴责的是他（她）的漠不关心的情感态度。

综上所述,结果加重犯是一个独立犯罪,而不能构成二个犯罪,其罪过心理是一个包含知、情、意在内的完整的心理过程,其对加重危害结果的发生没有独立的罪过形式。在结果加重犯中,行为人完整的心理活动和过程是:对基本的危害结果的发生有认识,对加重危害结果的发生没有认识;对基本的危害结果的发生持希望或放任的意志态度,对加重危害结果的发生没有意志;对基本危害结果的发生持冷漠无情的情感态度,对加重危害结果的发生持漠不关心的情感态度。可见,结果加重犯相对于基本犯只是其主观罪过添加了罪过情感,属于恶上加恶,而不是罪上加罪。结果加重犯因为其罪过心理中添加了罪过情感,也使其具有了新的规定性。在结果加重犯中,加重危害结果不是客观的超过要素,其对应的心理内容是罪过情感,这种在情感罪过支配下实施的犯罪实质是一种率性犯罪。[1]

---

[1] 温建辉:《率性犯罪的发现》,载《社会科学家》2011 年第 1 期。

第十一章 过失危险犯的罪过心理分析

自从德国学者乌尔里希·贝克提出“风险社会”的概念后，德国刑法学界以乌尔斯·金德霍伊泽尔、乌尔里希·齐白等为代表提出了风险刑法概念。风险社会是风险刑法产生的基础和条件，风险刑法应风险社会之需而生。由于现代社会风险增多的趋势和人们认识水平的提高，较之危害社会的结果实际发生时惩罚犯罪，人们更寄望于危害结果发生前发挥刑罚的预防功能。因此，刑法介入社会的保护时期应当提前，具体表现为立法上大量增设抽象危险犯和具体危险犯，甚至是增设过失危险犯。

第一节 我国刑法中存在的过失危险犯立法例

我国刑法学者对过失危险犯的研究以刑法修正案（八）为界，大体可分为两个阶段。在刑法修正案（八）出台前，学者们积极应对风险社会的到来，顺应国际风险刑法的立法潮流，具体探讨了97年刑法中的三个疑似过失危险犯；而在这之后，对于修正案（八）新增加的一个过失危险犯，我国学者们反倒集体噤声。

一、我国刑法学者对刑法中过失危险犯的研究和确认

在推动我国刑法向风险刑法转向的过程中，刑法学者的理论论证无疑发挥了基础的原动力作用。我国学者对于97年刑法主要研究了三个疑似过失危险犯的立法例。这三个疑似过失危险犯是过失损坏广播电视设施公用电信设施罪、妨害传染病防治罪和妨害国境卫生检疫罪。其中对于过失损坏广播电视设施、公用电信设施罪是否过失危险犯尚存争议，而对于另两个立法例则形成了共识。

第一个立法例是我国刑法第一百二十四条规定了“破坏广播电视设施、公

用电信设施，危害公共安全的，处三年以上七年以下有期徒刑；造成严重后果的，处七年以上有期徒刑。过失犯前款罪的，处三年以上七年以下有期徒刑；情节较轻的，处三年以下有期徒刑或者拘役。”我国有学者认为该条第二款规定的过失损坏广播电视设施、公用电信设施罪是一款过失危险犯。❶ 持此观点的学者认为刑法中“危害公共安全”的表述就是危险犯的法律标志，❷所以该条规定是过失危险犯。笔者对此有商榷意见，首先，从语义理解上看，“危害公共安全”是一种作为实害结果的危害，不包括危险状态；其次，从立法惯常来看，我国刑事立法一般把对公共安全造成危险状态以“危及”来标示，例如非法携带枪支、弹药、管制刀具、危险物品危及公共安全罪，就是以危及来标示，那么，“危害公共安全”也就是实害结果，所以，过失损坏广播电视设施、公用电信设施罪不是过失危险犯。

另两个立法例规定的过失危险犯是妨害传染病防治罪和妨害国境卫生检疫罪。❸ 刑法第三百三十条规定违反了传染病防治法的一些情形规定，在研究过失危险犯的学者看来，该条规定的妨害传染病防治罪作为一款过失危险犯是没有争议的。刑法第三百三十二条规定违反国境卫生检疫法规，引起检疫传染病传播或者有传播严重危险的，处三年以下有期徒刑或者拘役，并处或者单处罚金。该条规定的妨害国境卫生检疫罪也是一款过失危险犯。该条由于也有明文规定的“危险”字样，而在研究过失危险犯的学者看来，妨害国境卫生检疫罪作为一款过失危险犯也是没有争议的。

二、笔者对过失危险犯立法例的补充

笔者认为，我国刑法中规定的过失危险犯远不止于上述的两个过失危险犯。至少还有下述存在于 6 个法条中的 7 个过失危险犯的罪行。现详述如下。

1.危险驾驶罪

我国 2011 年刑法修正案（八）新增一款过失危险犯，即危险驾驶罪。与原

---

❶ 参见刘仁文：《过失危险犯研究》，中国政法大学出版社 1998 年版，第 27—28 页；吴富丽：《过失危险犯立法比较研究》，载《渤海大学学报（哲学社会科学版）》2006 年第 2 期，第 46 页。

❷ 王志祥、马章民：《过失危险犯基本问题研究》，载《河北法学》2005 年第 5 期，第 71 页。

❸ 参见刘仁文：《过失危险犯研究》，载《法学研究》1998 年第 3 期，第 52 页；马松建：《过失危险犯比较研究》，载《郑州大学学报（社会科学版）》2001 年第 4 期，第 41 页；华关根、王媛媛、冯云：《论危险犯在我国刑事立法中的适度扩张》，载《法学》2009 年第 5 期，第 152 页；周建中、胡佳、曹俊华：《危险犯的具体实践认定》，载《法学》2009 年第 5 期，第 160 页；等等。

先我国学者对过失危险犯研究的热衷相比，对于危险驾驶罪这一新增过失危险犯，我国学者却普遍没有注意其也是一个过失危险犯。以 2011 年中国刑法学年会关于危险驾驶罪为主题提交的论文来看，共有 49 篇论文，只有笔者 1 篇论文认为是过失危险犯。

笔者认为危险驾驶罪属于过失危险犯，因为如果危险驾驶罪是故意犯罪，那么，它在危害公共安全罪中就与以危险方法危害公共安全罪属于相同类别的犯罪。而以危险方法危害公共安全罪包括故意类的危害公共安全罪和过失类危害公共安全罪，也就是说危险驾驶罪如果是故意犯罪，只能类同于以危险方法危害公共安全罪中的故意犯罪。具体而言，以危险方法危害公共安全罪中尚未造成严重后果的处三年以上十年以下有期徒刑；致人重伤、死亡或者使公私财产遭受重大损失的，处十年以上有期徒刑、无期徒刑或者死刑。也就是说危险驾驶罪相当于以危险方法危害公共安全尚未造成严重后果的情形，就是应当处以三年以上十年以下有期徒刑。而这就与危险驾驶罪仅处拘役这一主刑有天壤之别、大相径庭。这说明，危险驾驶罪不应当是故意犯罪，否则，罪与罪之间的刑罚严重不协调，而只能是过失犯罪，也就是过失危险犯。

2.交通肇事罪中的过失危险犯

《最高人民法院关于审理交通肇事刑事案件具体应用法律若干问题的解释》第二条第二款规定，交通肇事致一人以上重伤，负事故全部或者主要责任，并具有下列情形之一的，以交通肇事罪定罪处罚：

（一）酒后、吸食毒品后驾驶机动车辆的；

（二）无驾驶资格驾驶机动车辆的；

（三）明知是安全装置不全或者安全机件失灵的机动车辆而驾驶的；

（四）明知是无牌证或者已报废的机动车辆而驾驶的；

（五）严重超载驾驶的；

（六）为逃避法律追究逃离事故现场的。

该规定表明了立法对交通肇事罪中存在过失危险犯的认可。为什么这个规定是对过失危险犯的认可呢？因为交通肇事致一人或者两人重伤，负事故全部或者主要责任，一般不构成交通肇事罪，因为致一人或者二人重伤的尚不符合交通肇事罪所要求的构成结果，即不构成犯罪，而只有在具有上述条件的情况下，才构成犯罪。所以这些情况下成立的犯罪即不是结果犯，但它又是过失犯罪，因此，这些情形成立的犯罪是过失危险犯。

3.虚假广告罪

我国刑法第二百二十二条规定：广告主、广告经营者、广告发布者违反国家规定，利用广告对商品或者服务作虚假宣传，情节严重的，处二年以下有期徒刑或者拘役，并处或者单处罚金。该法条规定的虚假广告罪是我国刑法规定的又一个过失危险犯的立法例。

笔者认为虚假广告罪属于过失危险犯的理由：第一，虚假广告罪的危害是非常严重的，例如，以假充真以劣代优，虚夸效果而实际没有，讲能治病却不能治病等等，如果是故意犯罪，简直就是谋财害命，且是危害公共安全的严重罪行。对于这样严重的故意犯罪处以二年以下有期徒刑显然是罪行不相适应的，所以，只能是过失犯罪；第二，虚假广告罪的行为情节是严重的，后果也是严重的，如果危害后果实现的话，就应当成立过失以危险方法危害公共安全罪，应处以三年以上七年以下有期徒刑，而以虚假广告罪的法定刑来看，只能属于严重危害后果还没有发生的情况。因此，虚假广告罪是一例过失危险犯。

4.非法出租、出借枪支罪

刑法第一百二十八条第二款规定：依法配备公务用枪的人员，非法出租、出借枪支的，处三年以下有期徒刑、拘役或者管制；情节严重的，处三年以上七年以下有期徒刑。该法条规定的非法出租、出借枪支、弹药罪是我国刑法规定的又一个过失危险犯的立法例。

首先我们说，对于一个犯罪是故意还是过失，是要看对行为结果的心理态度，而不是对行为本身的心理态度。因而非法出租、出借枪支、弹药罪是过失犯罪；而依法配备公务用枪的人员非法出租、出借枪支的与依法配置枪支的人员非法出租、出借枪支的，两者相比较，后者需要造成严重后果才成立犯罪，而前者不需要造成严重后果即可成立犯罪。因此，依法配备公务用枪的人员，非法出租、出借枪支构成的非法出租、出借枪支罪是一个过失危险犯。

5.非法携带枪支、弹药、管制刀具、危险物品危及公共安全罪

刑法第一百三十条规定：非法携带枪支、弹药、管制刀具或者爆炸性、易燃性、放射性、毒害性、腐蚀性物品，进入公共场所或者公共交通工具，危及公共安全，情节严重的，处三年以下有期徒刑、拘役或者管制。

从法律规定上看，非法携带枪支、弹药、管制刀具、危险物品危及公共安全罪

是一个危险犯,而从它的罪过形式上看,它只能是过失犯罪,因为如果是故意犯罪,就相当于故意的危害公共安全罪,法定刑是很高的。所以,非法携带枪支、弹药、管制刀具、危险物品危及公共安全罪是一个过失危险犯。

6.非法处置进口的固体废物罪、走私废物罪

我国刑法第三百三十九条第一款规定了非法处置进口的固体废物罪(违反国家规定,将境外的固体废物进境倾倒、堆放、处置的,处五年以下有期徒刑或者拘役,并处罚金)以及第三款规定了走私固体废物罪(以原料利用为名,进口不能用作原料的固体废物、液态废物和气态废物的,依照本法第一百五十二条第二款、第三款的规定定罪处罚)。这两个罪名也是过失危险犯的立法例。

首先,这两个犯罪都不以严重危害结果的发生为成立的条件,属于危险犯。其次,它们也不是故意犯罪,因为如果是故意犯罪,就相当于故意的危害公共安全罪,法定刑就不会如此低。所以,这两个犯罪都是过失危险犯。

第二节　过失危险犯出于违法的故意

一、关于过失危险犯存在范围的见解

确定过失危险犯的存在范围旨在为过失致险行为犯罪化明确方向。过失危险犯范围界定不当,就会不当扩人或者缩小刑法的打击圈。对于过失危险犯存在的范围,学术界已有若干理论探索,主要有三种代表性观点。

(一)过失危险犯仅存在于业务过失犯罪中

我国有学者认为过失危险犯仅限于业务过失犯罪,这种观点认为:“如果行为人没有违章的故意,则不能处罚过失危险犯、只能处罚过失实害犯,因为有无违章的故意是衡量过失行为人主观恶性大小的一个重要方面,故意违章肯定比过失违章的主观恶性要大,因而对危害结果要求相对轻一些(危险结果轻于实害结果)也属法理之中。对过失危险犯设置这样一个前提条件,为的是把过失危险犯控制在必要的限度内。防止无限制地扩大过失危险犯的范围,同时也为保证刑法介入社会生活面不致太宽,避免人人自危的局面。”❶

对此,笔者认为有两点商榷意见,第一,该观点认为故意违章比过失违章的

❶ 刘仁文:《过失危险犯研究》,中国政法大学出版社 1998 年版,第 58 页。

主观恶性大，以及为了防止无限制地扩大过失危险犯的范围，所以应当仅对故意违章引起危险状态的行为犯罪化。据此可见，这种主张是一种价值判断，而不是事实判断。而笔者认为故意违法行为引起危险状态犯罪化是一种客观的必然，有着客观的依据。也即过失违法引起危险状态的行为，因为缺乏必要的犯罪主观要件而不能成立犯罪。也就是说，该论者认为的"如果行为人没有违章的故意，则不能处罚过失危险犯、只能处罚过失实害犯"这句话也不能成立。因为笔者认为，在业务行为中，没有违章的故意，即过失违章，即便发生实害结果，也不能构成过失犯罪。❶

第二，且不论其解释的故意违章能够构成过失危险犯而过失违章不能构成过失危险犯的理由是否成立，仅就其解释本身而言，该论者亦有避重就轻之嫌，因为他首先应当解释为何过失危险犯仅限于业务过失而不存在于普通过失之中，但却没有对此探究。笔者认为，普通过失犯罪中一般不存在过失危险犯主要是因为普通过失与业务过失的罪过心理不同。它们罪过心理的差别是导致业务过失的危险犯具有犯罪化的可行性，而普通过失引起危险状态则一般不能犯罪化，只有其中的因故意违法而过失致险行为才可能犯罪化。具体论述见后文。

（二）过失危险犯应存在于重大危害公共安全罪中

另一种观点认为过失危险犯应当存在于一些重大危害公共安全罪的条文中。❷ 该观点认为可设立失火危险罪、过失决水危险罪、过失爆炸危险罪、过失投毒危险罪、重大飞行事故危险罪、铁路运营安全事故危险罪、重大责任事故危险罪、重大劳动安全事故危险罪、工程重大安全事故危险罪等等。❸

该观点注意到了犯罪化是对重大法益的保护，也即值得适用刑罚才可构成犯罪，但该观点没有注意到这些行为适用刑罚是否有效的问题，也即通过对其犯罪化而对其适用刑罚是否能够达到预防犯罪的目的。比如过失爆炸危险罪、过失投毒危险罪的设立是否能够有效防止危害结果的发生。在笔者看来，对这些过失行为即便适用刑罚也不能有效避免危害结果的发生。

---

❶ 笔者认为，在业务行为中，因违反规章制度，造成重大意外事故的，属于事故型犯罪。事故型犯罪对违章行为只能具有故意的心理，如果过失违章并因此造成重大事故的，不构成事故型犯罪。参见温建辉：《事故型犯罪的罪过形式》，载赵秉志主编《刑法论丛》2010 年第 3 卷，法律出版社 2010 年版。

❷ 陈洪兵：《危险社会的危险犯论刚》，载陈兴良主编：《刑事法评论》2011 年第 1 期，第 316 页。

❸ 储槐植、蒋建峰：《过失危险犯之存在性与可存在性思考》，载《政法论坛》2004 年第 1 期，第 127 页。

（三）过失危险犯存在于对重大法益的侵害中

再一种观点认为，除了危害公共安全犯罪以外，在妨害社会主义市场经济秩序罪、妨害社会管理秩序罪名中均可设置过失危险犯。[1] 例如，持该论的学者认为，“现阶段我们应在交通、建筑、采矿等领域增设过失危险犯。因为近年来我国所发生的各类事故中，上述领域的事故居于前几位。在上述这些领域中，发生事故的损害结果非常严重，因此亟需刑法的介入。在这些领域一般都有具体的操作规程和安全守则可供遵循，这对于确定行为人的注意义务可以提供具体的标准。同时在这些领域一般也有行政法规的调整和规范，只是由于行政立法的规定与刑法的规定存在真空地带，对于严重的过失危险行为或者没有涉及，或者规定的法律责任难以起到预防和惩戒作用。上述因素为在这些领域设立过失危险犯提供了比较好的条件，因此笔者建议增设过失交通危险罪、过失建筑工程危险罪、过失重大安全事故危险罪和过失环境危险罪四罪。”[2]

持该论的吴富丽教授言简意赅地论述了过失危险行为犯罪化的重要性，也对过失危险犯行为犯罪化的可行性进行了解释。笔者对其的商榷主要有两点：第一，其列举了三个可设置过失危险犯的领域，但没有上升到将此概括为一般情况的理论高度；第二，该论没有说明对过失危险行为适用刑罚的有效性问题。

二、过失危险犯是一种因故意违法而过失致险的犯罪

探讨过失危险犯的存在范围旨在为立法机关规定新的过失危险犯提供理论根据。笔者通过对过失危险犯的实践归纳和理论论证，认为过失危险犯是一种因故意违法而过失导致危险状态的犯罪。因为危险犯是实害犯的未遂形态，[3]那么，过失危险犯就是过失实害犯的未遂形态。既然过失危险犯属于因故意违法而过失致险的犯罪，而事故型犯罪是因故意违法导致的过失实害犯罪，[4]那么，过失危险犯就是事故型犯罪的未遂形态。

---

[1] 参见冀莹：《过失危险犯的基础及边界》，载陈兴良主编：《刑事法评论》2011 年第 1 期，第 175 页；凌文珍：《过失危险犯中外立法比较研究》，载《贵州社会科学》2006 年第 3 期，第 90—91 页。

[2] 吴富丽：《中国的过失危险犯立法——实然与应然的双重考量》，载《国家检察官学院学报》2005 年第 6 期，第 104 页。

[3] 温建辉：《论犯罪既遂的标准》，载《广西社会科学》2012 年第 1 期，第 103 页。

[4] 温建辉：《事故型犯罪的罪过形式》，载赵秉志主编：《刑法论丛》（第 23 卷），法律出版社 2010 年版，第 58 页。

关于过失危险犯与事故型犯罪的关系,笔者以危险驾驶罪为例予以说明。笔者认为,危险驾驶罪是交通肇事罪的未遂形态,而且它们都是过失犯罪。这是因为,我国刑法第一百三十三条之一规定的危险驾驶罪位列我国刑法第二章危害公共安全罪序列,如果危险驾驶罪是故意犯罪,那么,它在危害公共安全罪中就与以危险方法危害公共安全罪属于一个类别的犯罪。而以危险方法危害公共安全罪包括故意类的危害公共安全罪和过失类危害公共安全罪,也就是说危险驾驶罪如果是故意犯罪,只能属于以危险方法危害公共安全罪中的故意犯罪。具体而言,以危险方法危害公共安全罪中尚未造成严重后果的处三年以上十年以下有期徒刑。也就是说危险驾驶罪相当于以危险方法危害公共安全尚未造成严重后果的情形,就是应当处以三年以上十年以下有期徒刑。而这就与危险驾驶罪处拘役有天壤之别、大相径庭。这说明,危险驾驶罪不应当是故意犯罪,否则,罪与罪之间的刑罚严重不协调,而只能是过失犯罪。因为危险驾驶罪是交通肇事罪的未完成形态,是交通肇事罪必要的危害结果还没有发生的犯罪停止形态,所以作为构成危险驾驶罪实行行为的危险驾驶行为如果造成了严重危害结果的发生,直接成立交通肇事罪。

因为未遂犯与既遂犯具有相同的犯罪心理,而事故型犯罪行为人对于违反行政管理法规持故意的心态,那么,在过失危险犯中,行为人对于违反行政管理法规也持故意的过错心理,因为在造成危险状态之前,对这个违法行为只能定性为违法而不是犯罪,所以只能说是过错而不是罪过。因此,在过失危险犯中,行为人对于违反行政管理法规不能是过失心理。换言之,如果行为人对于违反行政管理法规持过失的心理,即便发生了危险状态,也不构成犯罪。

明白这一点,对于避免冤枉无辜有着重要意义;而如果不明白这一点,那么,无罪的人被冤枉归罪则在所难免。例如,在过失职务行为当中,只要发生了危险状态,而不问行为人对违反行政管理法规是否故意,而一概认定构成过失危险犯就包含了冤枉无辜的可能。

第三节　过失危险犯的罪过形式

因为事故型犯罪存在疏忽大意的过失和过于自信的过失两种罪过形式,而过失危险犯是事故型犯罪的未遂形态,相同的犯罪具有相同的罪过形式,因此,过失危险犯也存在疏忽大意的过失和过于自信的过失两种罪过形式。

一、疏忽大意过失的过失危险犯

与疏忽大意过失的事故型犯罪一样，疏忽大意过失的过失危险犯必须具有如下行为特征：(1)它首先表现为一种违法的行为，(2)违法行为一旦实施，严重危害结果的发生便处于行为人的控制之外，(3)而只有在严重的危害结果发生之时或之后才能被认定为犯罪行为，(4)在刑罚上，这类犯罪的处刑较轻。

因为未遂犯与既遂犯有着相同的罪过心理，而且疏忽大意过失的事故型犯罪的罪过心理是对重大事故或者严重危害结果的发生持有漠不关心的情感态度，[1]所以疏忽大意过失的过失危险犯也是对重大事故或者严重危害结果的发生持有漠不关心的情感态度。而这种对危害结果的发生持漠不关心的情感态度与疏忽大意过失的罪过心理完全一样。所以说，这样的过失危险犯的罪过形式是疏忽大意的过失，一种无认识的过失。

综合前述，在疏忽大意过失的过失危险犯犯罪中，行为人完整的心理活动和过程是：对行为违法有认识，对重大事故或者严重危害结果的发生没有认识或认为不会发生；对行为违法持希望或放任的意志态度，对重大事故或者严重危害结果的发生没有意志；对行为违法持冷漠的情感态度，对重大事故或者严重危害结果的发生持漠不关心的情感态度。而在这些心理活动或过程中，能够表明行为人认可危害结果发生的心理因素是：对重大事故或者严重危害结果的发生所持的漠不关心的情感态度。换言之，疏忽大意过失的过失危险犯的罪过形式是一种特殊的疏忽大意的过失，因为它的完整的罪过心理中较之一般的疏忽大意过失存在着对违法的故意心理。

对此的理解需要注意犯罪心理和罪过心理的区别。第一，犯罪心理是犯罪人在行为过程中关于犯罪活动的全部心理内容，而罪过心理仅指犯罪人在行为过程中认可作为犯罪客观要件的危害结果的心理态度。即犯罪心理包括罪过心理部分和非罪过心理部分。第二，犯罪心理支配了犯罪的过程，而罪过心理不一定支配犯罪的过程。例如危险驾驶罪中支配行为过程的是违反道路交通法规的

---

[1] 温建辉：《事故型犯罪的罪过形式》，载赵秉志主编：《刑法论丛》（第23卷），法律出版社2010年版，第62页。

故意心理，疏忽大意过失不是支配危险驾驶行为的心理，它只是伴随其行为的认可危害结果发生的心理态度。第三，犯罪心理对犯罪行为有多种影响，而罪过心理仅用来判断行为的性质。所以，当需要判断犯罪行为故意或者过失的性质时，我们运用罪过心理来分析；而当我们需要判断适用刑罚是否能够有效预防犯罪的时候，就需要分析犯罪的全部心理。

二、过于自信的过失危险犯

通过前面对疏忽大意的过失危险犯罪过形式的详细分析，理解过于自信的过失危险犯罪过形式就不难了，因为对它们的分析具有基本相似的思路。疏忽大意过失的过失危险犯在行为上有四个特征，如果它的第二个特征替换为行为人对于严重危害结果的发生能够干预、可以控制其是否发生，那么，这样的疏忽大意过失的过失危险犯就转换为过于自信的过失危险犯。因为这样的行为，行为人对于严重危害结果的发生能够具有排斥的情感态度，排斥严重危害结果发生的情感态度就有了客观依据或者行为表现，这样的罪过就能够成立过于自信的过失，这样的犯罪就能够成立过于自信的过失危险犯。

第四节　过失危险行为犯罪化的根据和标准

一、过失危险行为犯罪化的根据

结果是人有意识追求的结果，结果也就是人有意识活动的意义。因此，人对自己行为负责的根据在于人的主体意识。而犯罪心理是犯罪人的主体意识，也是犯罪人对自己行为承担责任的根据，这是主体意识理论运用于刑事责任根据论的必然结果。没有对犯罪结果的主观认可，也就不会有刑事责任。这一结论在刑事立法和刑事司法中都有广泛体现。犯罪心理是刑事责任的唯一根据，而原因有根据和条件之分，犯罪的主观心理是产生刑事责任的根据，而犯罪的主体要件、客观要件、客体要件等只是刑事责任产生的条件。

承担刑事责任的根据和犯罪化的根据有着内在的联系，它们是一致的。这种一致性表现为承担刑事责任的根据是行为犯罪化的可行性条件。刑事责任的根据是行为人的主体意识，其包括罪过心理部分和非罪过心理部分。过失危险犯犯罪化的根据也就在于行为人在行为中所具有的对违法的故意的非罪过心理和对严重危害结果发生的过失的罪过心理。

二、过失危险行为犯罪化的标准

行为犯罪化的标准有三个，第一个是犯罪化重要性，即该行为对社会危害较大值得用刑；第二个是犯罪化必要性，即该危害行为非刑罚不可防治；第三是犯罪化可行性，即通过对该行为适用刑罚能够预防犯罪结果的发生。

（一）过失危险行为犯罪化的重要性

对于故意的严重犯罪，预防的范围可以直达预备行为；对于危害较轻的行为，要求达到较大的社会危害才值得适用刑罚。那么，对于过失致险行为在什么情况下值得通过适用刑罚达到预防犯罪的目的呢？笔者认为，如果一个行为危害后果非常严重，不及时制止，危害结果发生后不堪设想，在这种情况下，能制止一定要制止，有制止的办法一定要适用。而过失危险犯危害的对象都是关系国计民生的重大法益，只要适用刑罚能够达到预防犯罪结果发生的目的，就一定要采取保护措施，也即对其犯罪化，这就是过失危险犯。

（二）过失危险行为犯罪化的必要性

犯罪化的必要性也就是刑罚的必要性。刑罚的必要性也就是在民事责任、行政责任等法律责任不足以对付这种危害行为的情况下才适用刑罚这种措施。理解过失危险犯犯罪化的必要性，首先是因为这种过失行为的危害结果多是重大人身伤亡或者财产损失的后果，这是不可恢复，不能补救的，而只能给予惩罚。而民事制裁主要是恢复原状、损失补偿的法律责任方式，行政责任主要是更正行为、给予赔偿的法律责任方式，它们显然不足以应对犯罪的法律责任。其次，过失危险犯作为犯罪与民事违法和行政违法也具有区别，它不具有像民事违法和行政违法那样具有明确的主体身份，有承担责任的主体，犯罪者行为时都是不与相对人协商的，犯罪后也是逃匿的，这也是民事责任和行政责任无以应对的。

（三）过失危险行为犯罪化的可行性

过失危险犯不能是一般的过失犯罪，而只能是因故意违法而过失致险的犯罪，这是由过失危险行为犯罪化的可行性决定的。如前所述，过失危险犯对违法行为存有故意心理，而一般过失犯罪只有对危害结果的过失心理，而且过失危险犯的违法行为是导致危害结果发生的唯一原因或者必要条件，所以两者的这种区分导致对过失危险犯可以通过适用刑罚达到制止过失危险犯行为人继续实行行为和预防危害结果发生的目的。也就是通过对出于违法故意而导致重大险情的行为施以刑罚可以起到阻吓过失危险犯的继续实施,从而达到预防重大事故或者严重危害结果的实际发生,这正是刑罚适用的目的。这也是过失危险犯犯罪化的可行性。

第十二章　监督犯罪过心理的分析

监督犯包括监督故意犯罪和监督过失犯罪。风险社会中存在大量的监督犯罪，它们会给人类造成极大的危害。在风险社会中，严密刑事法网，正确揭示犯罪的罪过形式，对于准确认定犯罪性质、有效惩罚犯罪有着重大的现实意义。其中监督犯罪的罪过形式就是一个具有重大理论意义和实践价值的问题。

第一节　监督过失的罪过心理分析

一、关于监督过失罪过形式的观点及其简评

监督过失与管理过失为同一种过失，前者基于对人的监督，后者面向对人、物、制度的管理。学术交流时一般将两者统称为"监督、管理过失"，监督过失为其借代的指称。我国关于监督过失的学说来源于大陆法系，所以讨论监督过失的问题不能脱离大陆法系对我国监督过失学说的影响。对我国和大陆法系相关监督过失理论的解析，可发现它们都有不足。

（一）我国关于监督过失罪过形式的观点

1.我国关于监督过失罪过形式的具体内容

我国关于监督过失罪过形式的相关论见多数未予明谈，言下之意即包括过于自信过失和疏忽大意过失。也有少数学者明确提出监督过失包括过于自信过失和疏忽大意过失的观点。[1] 我国刑法理论认为罪过由认识和意志二因素构成，过于自信过失是有认识的过失，疏忽大意过失是无认识的过失。

---

[1] 张明楷：《监督过失探讨》，载《中南政法学院学报》1992 年第 3 期，第 3 页。杨建军、周绍忠：《监督过失责任研究》，载《国家检察官学院学报》2010 年第 5 期，第 102 页。

2.对我国监督过失罪过形式诸观点的简评

对于过于自信过失，刑法学主流的观点认为其罪过心理是认识到危害结果可能发生，意志上是不希望危害结果的发生，也就是认为利用行为时有利的主客观条件可以避免危害结果的发生，甚至于采取了一些避免危害结果发生的措施，但最后危害结果还是发生了的情况。笔者认为，这种否定危害结果发生的心理不应当成为罪过，因此发生的损害也只能是不可抗力或意外事件。

而疏忽大意过失是无认识的过失，既然没有认识，也就没有意志，可见，在疏忽大意过失的罪过心理中，认识因素和意志因素都没有内容，那么，在传统的知意二因素的罪过理论语境下，疏忽大意过失还有什么罪过心理内容呢？没有罪过心理的任何内容，我们又怎么能说这是罪过呢？

尽管论证的不合理不能证明论点的错误，但错误的论证不能证明论点的成立，也就是说，我国关于监督过失罪过形式的观点——过于自信过失和疏忽大意过失都难以成立。

（二）大陆法系关于监督过失有责性的学说

1.大陆法系的结果预见义务、结果回避义务以及畏惧感说

大陆法系关于罪过的分析一般定位于犯罪构成的第三个层次即有责性的评价中，其关于监督过失的理论是其中的一个组成部分，对监督过失的具体讨论都是在相关的过失学说的框架下展开的。因此，了解大陆法系监督过失理论，可从了解其关于过失的学说着手。

有责性理论对过失的见解大体分为三个阶段，依次是就旧过失论、新过失论和新新过失论。旧过失论是大陆法系传统的过失理论，该理论认为过失是责任的一种形式，违反结果预见义务是过失犯的本质。在发生危害结果的情况下，如果行为人具有预见的可能性，就成立过失犯罪。过失犯的成立，需要行为人具有注意能力，在行为人具有该能力的基础上，行为人没有注意危险结果可能发生以致于造成危害结果的，就应当给以责任的非难。

新过失论认为，对具体结果的预见仅仅是过失责任成立的基础条件，过失主要是违反了结果避免义务。认定过失的成立，应结合被允许的危险理论加以理解。倘若为社会进步所不可避免，风险的存在便成为合理，那么即使出现一定的危害后果，也不应苛责。在监督过失犯罪中，新过失论排除了部分预见到的但没有回避义务的犯罪成立。

新新过失论又称为危惧感说。该说认为新过失论对过失犯罪的处罚范围偏窄。新新过失论认为,对于成立过失的预见可能性,行为人不必要有具体的预见,而以对危险的发生有模糊的不安全感或者是危惧感为已足。也就是在对监督过失犯罪中,不需要行为人预见到严重危害结果的发生,而只要行为时感到心情不安即可成立过失犯罪。

2.对大陆法系监督过失有责性诸观点的简评

对于旧过失说、新过失说,笔者认为,所谓的注意能力、结果注意义务以及结果回避义务都只是外界对行为人的规范评价,而不是行为人心理事实本身,而罪过首先是一种心理过程、心理事实,如果脱离基本的内容不谈反顾左右而言他的讨论就只能不着边际,始终是不成熟的理论。

对于畏惧感说,笔者认为,从实体上看,它违背了罪过是一种认可危害结果发生的心理态度。从程序上看,由于畏惧感因人而异,无从评定,特别是越是没有责任心、缺乏内疚感的人对行为的危害越是麻木不仁,反倒因为畏惧感的缺乏而免责,这是适得其反的效果;而且由于畏惧感没有具体的可操作的标准,因而极易发生擅断人罪的情况。

二、监督过失罪过心理的特点

对监督过失罪过心理的分析需要解剖麻雀式的研究方法,为此笔者选取食品监管渎职罪为其典型样板展开分析。[1]

特点一:始于故意的过错,终于过失的罪过

监督过失犯罪与一般过失犯罪不同,它有一个显著的特点,就是在法定的作为犯罪构成的危害结果发生之前,监督过失行为即便被查处,也只能定性为违法行为;而只有在危害结果发生之时或之后才能被认定为犯罪行为。我们以食品监管渎职罪为例进行剖析,刑法中的食品监管渎职罪规定,在重大食品安全事故或者其他严重后果发生之前,食品监管人员的行为即便被查处,也只能定性为违法行为;而只有在重大食品安全事故或者其他严重后果发生之时或之后才能被认定为犯罪行为,但监管人对此种严重的危害结果没有故意心理,因为事故的含义就是意料之外的灾害。可见,食品监管渎职行为表现为一个社会行为,但它又

[1] 温建辉:《食品监管渎职罪的认定》,载《聊城大学学报(社会科学版)》2012 年第 3 期。

能够划分为两个法律行为，是从一个违法行为过渡到一个犯罪行为。行为人对于违法食品监管法规的心理是过错，行为人对于重大食品安全事故或者其他严重后果的心理是罪过。因此，食品监管渎职罪的心理就是始于过错，而终于罪过。

在食品监管渎职罪中，行为人对于违反食品监管法规是持故意的过错心理，因为在重大食品安全事故或者其他严重后果发生之前，对这个渎职监管行为只能定性为违法而不是犯罪，所以只能说是过错而不是罪过。而假设食品监管人员对于违反食品监管法规持过失的过错心理，那么，会存在轻信的过失和疏忽大意过失两种情况，下面分而述之。

第一种假设，如果食品监管人员持有轻信过失的过错心理。因为如果行为人对违法行为持轻信过失的心理态度，而轻信过失的心理认识因素是预见到危害结果的发生、意志因素是放任危害结果的发生、情感因素是排斥危害结果的发生，[1]因而其对重大食品安全事故或者其他严重后果是既没有认识也没有意志（没有对对象的认识当然没有对对象的意志），与对违反食品监管法规的情感态度相一致，其情感因素也没有对重大食品安全事故或者其他严重后果的认可。换言之，如果行为人对违反食品监管法规持轻信过失的过错心理，则行为人对作为犯罪构成要件的重大食品安全事故或者其他严重后果没有任何罪过心理。所以，行为人对违反食品监管法规的心理态度不能是轻信过失。

第二种假设，如果食品监管人员持有疏忽大意的过错心理。而如果食品监管人员对违反食品监管法规持疏忽大意的心理态度，即行为人没有认识到自己行为违反了食品监管法规，对违反了食品监管法规也没有意志，但对是否违反食品监管法规持漠不关心的情感态度。而行为人对重大食品安全事故或者其他严重后果的发生也是没有认识，自然也没有意志，但是却不是漠不关心的情感态度。因为即便行为人在违反食品监管法规的行为中不是漠不关心的情感态度，也只是会预见到违反食品监管法规，而不是一定会预见到重大食品安全事故或者其他严重后果的发生，也即这种心理不符合对重大食品安全事故或者其他严重后果持有漠不关心的情感态度的心理。换言之，如果行为人对违反食品监管法规持疏忽大意的过错心理，则行为人对作为犯罪构成要件的重大食品安全事

---

[1] 谢勇、温建辉：《区分间接故意与轻信过失的最终方案》，载《河北法学》2007 年第 1 期，第 41 页。

故或者其他严重后果没有任何罪过心理。所以,行为人对违反食品监管法规的心理态度不能是疏忽大意。

综上所述,在食品监管渎职罪中,行为人对于违反食品监管法规是持故意的过错心理,而不是过失。换言之,如果食品监管人员对于违反食品监管法规持过失的心理,即便发生了重大食品安全事故或者其他严重后果,也不构成犯罪。对监督过失这一特性的理解,可以避免在司法实践中冤枉无辜。

特点二:只能是疏忽大意的过失

监督过失犯罪与一般过失犯罪不同,它还有另一个显著的特点,就是监督过失行为一旦实施,法定危害结果的发生便处于监督过失行为人的控制之外,危害结果是否发生,就只能听凭被监督人意志而定了。

在食品监管渎职犯罪中,行为人对作为犯罪构成要件的重大食品安全事故或者其他严重后果的发生不能有认识或者行为人认为这种危害结果不会发生。因为如果行为人对违反食品监管法规可能造成的严重危害结果有认识,即行为人预见到重大食品安全事故或者其他严重后果发生的可能性,而其又坚持违反食品监管法规的行为,那么,行为人的意志因素就是对这个严重的危害结果持放任(或者希望)的态度。而在对危害结果的发生有认识、对危害结果持放任的意志态度的情况下,行为人的罪过形式可能是间接故意或者轻信过失。间接故意的情感态度是对危害结果的冷漠无情,也即与意志过程不排斥,而轻信过失的情感态度是对危害结果排斥,也即与意志过程相抵触。换言之,间接故意和轻信过失这两种罪过心理的外部表现都是放任危害结果的发生,但轻信过失对行为有所节制,这种节制是行为人抵触情绪的具体表现。

在食品监管渎职犯罪活动中,如果食品监管人员对行为有节制并尽可能避免严重危害结果的发生,就应当纠正或停止这种违反食品监管法规的行为,严重的危害结果也就不会发生。因为食品监管渎职犯罪中的违反食品监管法规行为是导致严重危害结果发生的必要条件,而且由于行为人违反食品监管法规行为所能导致的严重危害结果是否发生,在违反食品监管法规行为做出后,便为行为人所不能控制,如果想要避免严重危害结果的发生,行为人所能做的只有纠正违法行为或终止这种违反食品监管法规行为。而如果行为人纠正或终止了这个违反食品监管法规行为,严重危害结果就能够避免,但事实上行为人没有纠正或终止这个违反食品监管法规行为。也就是说,食品监管渎职犯罪中行为人的情感态度与其意志态度并不抵触,而与其意志态度相一致,那么,行为人在违反食品监管法规行为中的罪过心理就是故意(间接故意)。

综上所述,在食品监管渎职犯罪中,行为人对重大食品安全事故或者其他严重后果的发生没有认识或者行为人认为这种危害结果不会发生。换言之,如果食品监管渎职犯罪中行为人对严重危害结果有认识,那么行为人对严重危害结果的心理态度就是故意,这样,行为人的违反食品监管法规行为就构成故意犯罪。对监督过失这一特性的理解,可以避免在司法实践中放纵犯罪。

三、监督过失的独立性

对于监督人监督过失与被监督人主观心理的关系,基本上可分为独立性说和从属性说。认为监督人的监督过失与被监督人主观心理各自成立,而且被监督人的罪过心理不限于过失,这样的观点是独立性说;认为监督人的监督过失和被监督人的罪过心理存在决定与被决定关系的观点称之为从属性说。

(一)独立性说

认为监督过失和被监督人主观心理各自成立的观点是独立性说。独立性说具体来讲,大体可分为两类观点:第一类观点为完全心理形式说,该说认为,“在存在被监督者行为的情况下,既存在着被监督者的不适当行为,也包括被监督者的适法行为;在存在被监督者的不适当行为,既存在被监督者的故意行为,也存在被监督者的过失行为。”❶第二类观点为部分心理形式说,该说认为,“在监督过失中,被监督者的行为既可以是故意犯罪行为、也可能是过失犯罪行为。”❷

笔者认为第二类观点不太全面,赞成第一类观点的结论并认为,监督人怠于职守、疏忽大意是发生危害社会结果的必要条件,如果监督人勤勉负责就能够发现危害结果的发生并防止危害结果的发生。而无论被监督人出于故意,还是过失,抑或无过错行为,只要其行为会导致危害社会的结果,而监督人没有履行监督义务、没有主动制止这些行为,并因而导致危害结果的发生,那么,监督过失的行为都与危害结果的发生存在因果关系,都应当为此承担责任。例如,保姆看护小孩不慎致孩子从楼窗摔下而死,保姆是过失致人死亡的监督过失,而小孩子却

---

❶ 韩玉胜、沈玉忠:《监督过失论略》,载《法学论坛》2007 年第 1 期,第 44 页。

❷ 杨建军、周绍忠:《监督过失责任研究》,载《国家检察官学院学报》2010 年第 5 期,第 102 页。

没有任何的罪过或者过错。

(二)从属性说

从属性说大体可分为两类观点:第一种观点为被监督过失从属性说,该说认为被监督人过失心理从属于监督人的监督过失。第二种观点为监督过失从属性说,该说认为监督过失的成立取决于被监督者的犯罪心理。

1.被监督过失从属性说

这类观点认为被监督人过失心理由监督人的监督过失引起,并且认为被监督人的罪过心理只能是过失。我国学者"认为被监督者的行为性质为过失的居多"。[1] 典型的说法如,"监督过失中的注意义务,不是预见由自己的行为直接发生危害结果,并采取措施避免该结果发生的义务,而是预见自己的行为将引起被监督人的过失行为并产生结果,为了避免结果应采取措施的义务。"[2]

笔者认为,从属性说可以较好地解释既然监督行为和被监督行为共同造成危害结果的发生但不认为它们构成共同犯罪的问题,因为被监督人是过失犯罪,监督人也是过失,所以,尽管监督人和被监督人的行为同是引起同一危害结果的原因,但他们不构成共同犯罪。但从属性说也存在认识的偏颇,因而难以成立。在林林总总错综复杂的犯罪现象中,在监督人持有过失心理的情况下,被监督人的行为也不是一个过失所能概括的,它们既有故意行为也有过失行为。例如,在食品监管渎职犯罪中,都存在监督对象即被监督的行为,然而这个被监督行为可能构成生产销售有毒有害食品罪、生产销售不符合安全标准的食品罪,而这两个犯罪都是故意犯罪。也就是说,在食品监管渎职犯罪中,被监督人的主观心理可以是故意。仅此一例,我们即可推翻被监督过失从属性说。

2.监督过失从属性说

这类观点认为监督过失的成立取决于被监督者的犯罪心理,如果被监督者是故意的犯罪心理,则监督过失就不能成立。该观点认为,在监督人存在过失的场合,如果被监督者与危害结果之间存在故意的心理,由于被监督者对于结果的发生处于完全支配的地位,客观上中断了监督人原来过失行为的进程,监督人原

---

[1] 李蕤宏:《监督过失理论研究》,载陈兴良主编:《刑事法评论》(第 23 卷),北京大学出版社 2008 年版,第 398 页。

[2] 张爱艳:《论监督过失责任》,载《山东社会科学》2010 年第 5 期,第 92 页。

来的过失行为就对结果的发生没有发挥支配作用，监督人就不应对危害结果负责。❶ 所以，在监督过失中，中介行为的性质排除故意，包括过失和无过失行为。❷

笔者认为，首先，如前所述，被监督行为应当包括合法行为以及违法和犯罪行为。其次，监督人的监督过失行为不是支配了危害结果的发生，它只是发生危害结果的必要条件，即没有监督过失行为就不会发生危害结果；而是由于监督人没有履行制止危害结果发生的义务，即监督人有制止危害结果发生的作为义务，但他不作为，这是造成危害结果发生的必要条件。再次，被监督行为也不是监督过失和严重危害结果之间的"中介行为"。因为监督过失行为和被监督行为是严重危害结果发生的共同原因，它们在危害结果的发生中共同发挥着原因作用。如果认为被监督行为仅仅是中介行为的话，就不能解释离开监督行为被监督行为仍然能够独立造成严重危害社会的结果，这种情况表明被监督行为具有独立性，它们也可以独立构成过失犯罪。

第二节　监督故意的罪过心理分析

一、问题的提出

监督犯包括监督故意犯罪和监督过失犯罪。监督故意是监督故意犯罪的罪过心理，是具有监护、监督和管理责任的人员不履行或者不积极履行监督责任，放任被监督者危害社会的心理态度。对监督故意的研究既是实践的需要，也是填补理论研究的空白。

（一）实践的需要

对监督过失犯罪的处罚反映了刑事法网的严密，对监督过失的研究反映了刑法学体系的完善，然而总有被遗忘的角落，其中一个被刑法学研究遗忘的很大的空间就是监督故意犯罪。

1.事件一：包庇、纵容黑社会性质组织

2010 年 2 月 2 日至 6 日，重庆市第五中级人民法院公开开庭审理了重庆市

---

❶ 谭淦：《监督过失的理论与实态》，载冯军主编：《比较刑法研究》，中国人民大学出版社 2007 年版，第 196 页。

❷ 李蕤宏：《监督过失理论研究》，载陈兴良主编：《刑事法评论》（第 23 卷），北京大学出版社 2008 年版，第 400 页。

人民检察院第五分院指控被告人原重庆市司法局局长文强犯受贿罪、包庇纵容黑社会性质组织等罪一案，并于2010年4月14日做出一审刑事判决，认定文强犯受贿罪，判处死刑，剥夺政治权利终身，并处没收个人全部财产；犯包庇、纵容黑社会性质组织罪，判处有期徒刑十年，决定执行死刑，剥夺政治权利终身，并处没收个人全部财产。一审宣判后，文强提出上诉。重庆市高级人民法院经依法公开开庭审理，于2010年5月21日做出刑事裁定，驳回文强上诉，维持原判，并依法报请最高人民法院核准。

这样的案件有刑法专门规定，是对监督故意犯罪的刑事处罚。法律对个别的监督故意犯罪已有规定，但对监督故意的研究尚无专题论述。

2.事件二：派出所收取“黄、赌、毒”保护费

派出所收取保护费的问题并不是什么新闻，在不少地方都存在着这种现象。❶ 只是在收取的方式上可能有所区别，有的稍微有所选择，有的可能以其他方式出现。“黄、赌”横行成为一些地方部门的小金库。从派出所来看，收取保护费，侵害的利益就是“社会管理秩序”，维护的就是赌博违法行为。他们的执法行为是赤裸裸的“为钱”执法，就是为了给小部门、小圈子甚至于个人以利益。在一些地方，赌博、扫黄的罚款金额是惊人的，这还不包括私下里的“打点”和“保护费”，可是“黄、赌”依然横行，没有根本好转的迹象，甚至于越来越严重。❷

对于诸如此类的案件，司法实践中一般追究受贿罪、滥用职权罪、玩忽职守罪、私分罚没财物罪等犯罪的刑事责任，而对监督故意犯罪不作处理或不以结果故意犯罪处理。

3.事件三：精神病患者杀人事件

某农村约30岁的精神病患者甲闲居在家，经常骚扰、无辜殴打邻居，其50多岁的父母视若无睹，放任不管。2012年7月的一天，精神病患者甲行为愈加严重，持刀在大街追砍村里百姓，造成1人死亡、3人重伤的后果。

对于诸如此类的事件，法律上没有刑事责任的专门规定，司法实践中也没有将监督人的行为作为犯罪定罪处罚的判例。

---

❶ 海鹏飞、涂峰、张立璞、龙玉琴：《设“打黄禁赌”队专收“保护费”》，载《南方都市报》2011年6月20日。

❷ 碧翰烽：《派出所收取保护费让“黄赌”成为顽症》，http://news.timedg.com/2012/06/29/content_10848433.htm。

（二）理论的探照

1.监督故意与一般故意的区别

根据我国刑法第十四条的规定：明知自己的行为会发生危害社会的结果，并且希望或者放任这种结果发生，因而构成犯罪的，是故意犯罪。从刑法第十四条的规定可以看出一般故意和监督故意区别。一般故意是认识到“自己”的行为会发生危害社会的结果，而监督故意是认识到“他人”即被监督人的行为会发生危害社会的结果。两者的这种区别是我们研究监督故意必要性的出发点。

监督故意与一般故意的区别有刑法的规定，而从理论上对此问题的关注可使我们正确认识到监督犯的特殊性，从而能将监督故意犯罪与一般故意犯罪区别开来。

2.监督故意犯罪与间接正犯的区别

监督故意犯罪与间接正犯不同，需要注意区分。间接正犯亦称间接实行犯，是指把他人作为工具利用的情况。利用者与被利用者不成立共同犯罪。教唆、组织未成年人、无刑事责任能力人从事违法犯罪活动，可以构成间接正犯。例如，我国《刑法》第二百六十二条之二规定：“组织未成年人进行盗窃、诈骗、抢夺、敲诈勒索等违反治安管理活动的，处3年以下有期徒刑或者拘役，并处罚金；情节严重的，处3年以上7年以下有期徒刑，并处罚金”。

监督故意犯罪与间接正犯的区别主要有两点。第一，间接正犯危害社会是在间接正犯行为人意志支配下实施的，是间接正犯行为人主观追求的结果；而监督故意犯罪对社会的危害不是在监督故意行为人意志支配下实施的，也不是监督故意犯罪人主观追求的结果。第二，间接正犯中犯罪主体只有一个，即间接正犯行为人，具体实施危害行为的无责任能力人只具有工具的价值；而监督故意犯罪中犯罪主体不限于监督故意行为人，被监督者也可以是犯罪主体。

将监督故意犯罪与间接正犯区分开来，第一，有利于对犯罪的科学分类，这样，犯罪就可以分为单独犯罪、共同犯罪和监督犯罪三个类别。第二，有利于说明监督故意的独立性。

3.监督故意犯罪与不作为犯罪的区别

不作为犯罪与监督故意犯罪非常相像，它们都是不作为的社会表现形式。它们最大的区别：不作为是危害结果发生的直接原因，而监督故意犯罪不是危害结果发生的直接原因。例如，母亲拒不哺乳自己的婴儿，放任其活活饿死。这个案件是不作为的故意杀人。而母亲放任自己的未成年子女杀人，则该母亲是监督故意犯罪的故意杀人。

在没有提出监督犯、监督故意概念之前，对监督犯的处理要么于法无据而被放纵，要么按不作为犯定罪处理，所以，提出监督犯、监督故意的概念对于科学认识犯罪、严密刑事法网具有重要意义。

4.监督故意犯罪与包庇罪、窝藏罪、帮助犯罪分子逃避处罚罪的区别

包庇罪、窝藏罪以及帮助犯罪分子逃避处罚罪和监督故意犯罪也有相似之处，它们都表现为对犯罪分子的放纵。它们的区别主要在于监督故意犯罪是对正在实施犯罪行为的犯罪分子的放纵，而包庇罪和窝藏罪是对已经完成犯罪的犯罪分子的掩护和放纵。

刑法第三百一十条规定的包庇罪、窝藏罪与第三百六十二条规定的包庇罪不同，刑法第三百一十条规定的包庇罪、窝藏罪是对已经完成或已经结束的犯罪活动的掩护和放纵，而第三百六十二条规定的包庇罪是对正在进行的违法犯罪活动进行的掩护和放纵，因而刑法第三百一十条规定的包庇罪、窝藏罪不是监督故意犯罪，而第三百六十二条规定的包庇罪可以构成监督故意犯罪。

二、监督故意罪过心理分析

（一）监督故意名不副实

1.监督故意不能是直接故意

如前所述，我国刑法规定对“自己的行为”会发生危害社会的结果明知的，才能构成故意犯罪，才符合故意的法律规定。这样规定是因为只有对“自己的行为”会发生危害社会结果的明知，才能够追求或放任这种结果。而监督故意不是对“自己的行为”会发生危害社会结果的明知，而是对“他人的行为”会发生危害社会结果的明知。不是自己的行为，那么监督行为人就不能追求行为的危害结果。因此，监督故意不能是直接故意。

2.监督故意也不是间接故意

监督故意因其行为特点而不能是直接故意，那么，它能是间接故意吗？严格说起来，监督故意行为人自己没有实施危害社会的行为，而意志是在行为过程中确立目的实现目的的心理活动，所以监督故意行为人没有对危害结果发生的意志，也即监督故意行为人对他人危害社会行为的放任不属于间接故意的放任心

理。在此,需要特别指出,理解监督故意罪过心理必须注意到支配行为人危害行为的意志中的放任与对非出于己行为的放任是不同的,这是理解监督故意罪过心理的奥秘所在。因此,监督故意也不是间接故意。

(二)监督故意实质是冷漠以待的罪过情感

上述是在阙如情感因素的传统罪过理论语境中对监督故意的认识,也显见在知意二因素罪过理论中监督故意没有容身之地。客观犯罪事实的存在不会对传统罪过理论削足适履。如何突破传统罪过理论的缺陷,确立监督故意在理论上的容身之地并给予其合理的解释,是一个摆在司法实务部门面前的一个重大课题并为刑法理论界指出了一片未垦之地。

笔者认为,罪过心理包括知、情、意三个基本因素,意志过程只能存在于行为人的心理活动中,而不能对他人的行为具有意志心理,与意志过程不同,情感活动却可以对他人的行为和结果产生态度体验。在监督故意心理中,监督故意人认识到他人的行为会发生危害社会的结果,而对他人对社会的危害既无追求也无放任的意志心理,其对他人行为危害社会的结果持冷漠以待的情感态度。正是因为监督故意人对危害结果持有冷漠以待的情感态度,才导致监督故意人的不作为,其冷漠以待的情感态度是唯一值得谴责的罪过心理因素。这种以冷漠以待情感态度占据心理主导方面的罪过心理属于冷漠型情感罪过。

(三)监督故意是一种过渡的称呼

监督故意既然名不副实,其实质是冷漠以待的罪过情感,即冷漠型情感罪过,但在刑法没有修改故意和过失这两种罪过形式之前,因为将情感因素纳入罪过理论的探索尚处于基础研究阶段,还没有进入或完成应用性的研究,所以,为了法律的统一适用,我们仍然建议使用监督故意的称呼。

在刑法对罪过形式没有修订之前继续使用监督故意的称呼并不说明我们的研究没有意义。它仍然具有重要的意义。第一,它为我们目前司法实践中如何认定监督故意犯罪提出了理论指导;第二,它也为日后刑事立法修订罪过形式的规定积累了理论基础;第三,它使我们从思想上对监督故意有了正确认识,让人达到对监督故意犯罪的罪过实质能够正确把握,在理论上使人具有先见之明。

(四)监督故意的独立性

与监督过失罪过心理一样,[1]笔者主张监督故意的独立性。监督故意的独

[1] 温建辉:《监督过失罪过心理分析》,载《公民与法》2012 年第 10 期。

立性即认为监督人的监督故意与被监督人主观心理各自独立，而且被监督人的罪过心理不限于故意或过失，也可以是无罪过事件，这样的观点是监督故意独立性说。

例如，事件三中被监护人是无责任能力人，其对社会的危害是无罪过事件。而如刑法第三百六十二条规定的包庇罪，被监督人（即从事旅馆业、饮食服务业、文化娱乐业、出租汽车业等单位的人员）的行为就不限于犯罪行为，而是“违法犯罪”，也即即便被监督人是违法行为，监督故意人也可能构成监督故意犯罪。

三、监督义务的来源

监督故意构成的犯罪不同于一般的故意犯罪，其不是间接正犯，也与不作为犯相区别。监督故意犯罪的成立，需要监督义务的存在为前提。构成监督故意犯罪监督义务的来源有如下三类。

（一）职务或业务要求的监督义务

从事某项工作的人，其职务或业务本身赋予他特定的监督义务。职务或业务要求的监督义务是监督义务的主要来源。例如，精神病院值班医生有监督精神病患者的义务。由于这些义务是以行为人所从事的工作、所担负的职责为前提，因而一般都由本单位、本行业的主管部门或者业务部门通过的职责守则、条例等形式加以规定。我国刑法特别规定的职务或业务领域的监督故意犯罪有13条15个罪名。

1.第二百九十四条第三款规定的包庇、纵容黑社会性质组织罪：国家机关工作人员包庇黑社会性质的组织，或者纵容黑社会性质的组织进行违法犯罪活动的，处五年以下有期徒刑；情节严重的，处五年以上有期徒刑。

2.第三百三十条第一款第三项规定的妨害传染病防治罪：违反传染病防治法的规定，有下列情形之一，引起甲类传染病传播或者有传播严重危险的，处三年以下有期徒刑或者拘役；后果特别严重的，处三年以上七年以下有期徒刑：准许或者纵容传染病病人、病原携带者和疑似传染病病人从事国务院卫生行政部门规定禁止从事的易使该传染病扩散的工作的；

3.我国第三百六十二条关于包庇罪规定：旅馆业、饮食服务业、文化娱乐业、出租汽车业等单位的人员，在公安机关查处卖淫、嫖娼活动时，为违法犯罪分子通风报信,情节严重的,依照本法第三百一十条的规定定罪处罚。

4.第三百六十三条规定的为他人提供书号出版淫秽书刊罪:为他人提供书号,出版淫秽书刊的,处三年以下有期徒刑、拘役或者管制,并处或者单处罚金;明知他人用于出版淫秽书刊而提供书号的,依照前款的规定处罚。

5.第三百四十九条第二款规定的包庇毒品犯罪分子罪:(第一款:包庇走私、贩卖、运输、制造毒品的犯罪分子的,处三年以下有期徒刑、拘役或者管制;情节严重的,处三年以上十年以下有期徒刑。)第二款:缉毒人员或者其他国家机关工作人员掩护、包庇走私、贩卖、运输、制造毒品的犯罪分子的,依照前款的规定从重处罚。

6.第三百五十四条规定的容留他人吸毒罪:容留他人吸食、注射毒品的。

7.第三百五十九条规定的容留卖淫罪:容留他人卖淫的。

8.第四百零二条规定的徇私舞弊不移交刑事案件罪:行政执法人员徇私舞弊,对依法应当移交司法机关追究刑事责任的不移交,情节严重的。

9.第四百零四条规定的徇私舞弊不征、少征税款罪:税务机关的工作人员徇私舞弊,不征或者少征应征税款,致使国家税收遭受重大损失的。

10.第四百一十一条规定的放纵走私罪:海关工作人员徇私舞弊,放纵走私,情节严重的。

11.第四百一十四条规定的放纵制售伪劣商品犯罪行为罪:对生产、销售伪劣商品犯罪行为负有追究责任的国家机关工作人员,徇私舞弊,不履行法律规定的追究职责,情节严重的。

12.第四百一十五条规定的办理偷越国(边)境人员出入境证件罪和放行偷越国(边)境人员罪:负责办理护照、签证以及其他出入境证件的国家机关工作人员,对明知是企图偷越国(边)境的人员,予以办理出入境证件的,或者边防、海关等国家机关工作人员,对明知是偷越国(边)境的人员,予以放行的。

13.第四百一十六条规定的不解救被拐卖、绑架妇女、儿童罪和阻碍解救被拐卖、绑架妇女儿童罪:对被拐卖、绑架的妇女、儿童负有解救职责的国家机关工作人员,接到被拐卖、绑架的妇女、儿童及其家属的解救要求或者接到其他人的举报,而对被拐卖、绑架的妇女、儿童不进行解救,造成严重后果的。负有解救职责的国家机关工作人员利用职务阻碍解救的。

（二）法律明文规定的监督义务

法律明文规定的监督义务是监督义务的来源之一，这也是罪刑法定原则的必然要求。这里的法律规定只能理解为刑法明文规定或者由其他法律规定而经刑法予以认可。不履行法律规定的监督义务构成犯罪，必须以刑法的明文规定为依据。例如，婚姻法规定的对未成年家属、精神病患者家属具有的监护义务是监护犯监督义务的法定来源。

（三）法律行为引起的监督义务

法律行为是指在法律上能够引起一定的权利和义务的行为。法律行为在实践中主要表现为合同行为。例如，建设工程委托监理合同中监理单位因接受工程建设单位聘请而产生对工程项目进行管理的监督义务；会计师事务所接受委托为上市公司进行财务审计，出具财务审计报告的监督义务。需要注意审计局的审计属于因职务而生的监督义务，而会计师事务所的审计是受委托即因法律行为而引起的监督义务。

四、监督故意的种类

监督故意的分类附属于对具有监督故意犯罪的分类，所以对监督故意的分类也需通过对监督故意犯罪的分类来实现，换言之，对监督故意的分类毋宁说是对监督故意犯罪的分类。

（一）按监督的类型划分

广义的监督包括狭义的监督、管理和监护，而传统一般意义上将狭义的监督和管理统称监督，这是一般意义上的监督，因此，按照一般意义上的词义分类，监督故意可划分为监督犯的监督故意和监护犯的监督故意。

1.监督犯的监督故意

监督犯是因犯罪人不履行或不积极履行监督义务并导致社会危害后果而构成的犯罪。从犯罪主观方面分类，监督犯可分为监督故意和监督过失两种类型。因为已有很长研究历史的监督过失一直以来是监督过失和管理过失的统称，为沿袭传统与此相一致，监督故意也包括监督故意和管理故意。像事件一、事件二中负有监督管理职责的国家机关工作人员即存有监督故意的罪过心理。

监督故意并不局限于有特定身份的人，只要具有特定监督职责即可成为监督犯的主体。例如，有一个经理A和一个员工B，骗子C来与A签约，A叫B查

C 的资质,B 查出 C 是骗子但因为和 A 有仇就没说,A 与 C 签约,受损失,C 是合同诈骗罪,那么 A 即构成监督故意犯罪。

2.监护犯的监督故意

民法上规定了不履行监护职责或不积极履行监护职责而由被监护人造成他人损害的,监护人应承担民事责任。监督过失可以构成犯罪,例如食品监管渎职罪、失职致使在押人员脱逃罪、国家机关工作人员签订、履行合同失职被骗罪,等等,都是监督过失犯罪。既然监督过失都能构成犯罪,那么,与此相对应,主观罪过更为恶劣的监督故意没有理由构不成犯罪,监护犯自然也应当存在。

具有对未成年人、无刑事责任能力人、限制刑事责任能力人监护职责的监护人认识到被监护人正在从事危害社会的活动,而不履行监护职责,放任危害结果发生的是监督故意犯罪。像事件三中的放纵被监护的精神病人伤害他人的行为即属于监护犯,其罪过心理即监护故意。

(二)按刑法有无规定的分类

按照刑法对监督故意犯罪有没有明确的专门规定,监督故意犯罪可以划分为刑法规定的监督故意犯罪和非特别规定的监督故意犯罪。做这样的划分,可使人们明确认识到监督故意犯罪不仅限于刑法的专门规定。

1.刑法规定的监督故意犯罪

在法律对监督故意犯罪有明文规定的情况下,可直接依刑法的规定的犯罪定罪处罚。如前述的我国刑法规定了 15 个监督故意犯罪的罪名。从刑法特别规定的监督故意犯罪来看,监督故意犯罪主要集中在渎职罪这一类罪名之下。对这类犯罪的认定有法律的具体规定,容易做到不枉不纵。

刑法规定的监督故意犯罪按照放任的方式可划分为包庇类的监督故意犯罪和纵容类的监督故意犯罪。其中的包庇、纵容黑社会性质组织罪作为选择性罪名分属包庇类犯罪和纵容类犯罪。包庇类犯罪比纵容类犯罪的主观恶性相比较而言一般要大一点。包庇类监督故意犯罪包括:包庇黑社会性质组织罪、包庇罪(刑法第三百六十二条)、为他人提供书号出版淫秽书刊罪、包庇毒品犯罪分子罪、徇私舞弊不移交刑事案件罪、徇私舞弊不征少征税款罪、办理偷越国境人员出入证件罪、阻碍解救被拐卖绑架妇女儿童罪等 9 个罪名;纵容类监督故意犯罪包括:纵容黑社会性质组织罪、妨害传染病防治罪、容留卖淫罪、放纵走私罪、放纵制售伪劣商品犯罪行为罪、放行偷越国境人员罪、不解救被拐卖绑架妇女儿童罪等7个罪名。

2.非特别规定的监督故意犯罪

在刑法没有特别规定具体罪名的情况下，具有监督故意放任被监督者危害社会的，可以按刑法规定的一般故意犯罪定罪处罚。例如，在食品监管渎职犯罪中，食品监管人员由于具有监管食品安全的职责，发现他人制售有毒、有害食品而放任不管，没有发生严重后果的，即有可能构成放纵制售伪劣商品犯罪行为罪；发生了严重危害后果的，则可能触犯以危险方法危害公共安全罪，生产、销售不符合安全标准的食品罪，生产、销售有毒、有害食品罪、生产、销售伪劣产品罪等罪名。[1] 这是因为按照放纵制售伪劣商品犯罪行为罪规定的处罚最高刑是5年有期徒刑，该刑对于放任重大食品安全事故发生的监督故意犯罪处罚明显偏轻，所以应当按照危害食品安全犯罪定罪处罚。

在实际的社会生活中，大量的监督故意犯罪还存在于危害公共安全罪之下的事故型犯罪，这是司法实践中需要高度重视的。在事故型犯罪中，不仅有造成事故发生的直接责任人，还有履行监督义务的监督人，如果监督人认识到重大事故可能发生，那么，监督人的罪过心理就不是过失，而只能是故意，[2]也就是监督故意，其所构成的犯罪也就是监督故意犯罪。

---

[1] 温建辉：《食品监管渎职罪的认定》，载《聊城大学学报(社会科学版)》2012年第3期，第77页。

[2] 温建辉：《事故型犯罪的罪过形式》，载《刑法论丛》2010年第3卷，第59页。

第十三章　对其他率性犯罪的认定

对率性犯罪的归类是一个在实践中逐步发现的过程，而对这些归类出来的率性犯罪的分析认定都需要运用罪过三因素分析的方法。通过对这些率性犯罪罪过心理的分析，我们会别有洞天地发现：胁从犯理智与情感的冲突，不作为犯纯粹的罪过情感，以及过当犯的认识错误本质。

第一节　胁从犯的罪过心理分析

胁从犯是指在共同犯罪中被胁迫参加犯罪的人，胁从犯是我国刑法的独特事例。胁从犯在主观罪过上是一种理智与情感相冲突，并且理智占据心理上风的情况下参加的共同犯罪。

一、胁从犯与直接故意犯罪的相似

共同故意犯罪是共同犯罪的主要形式，根据犯罪主体在共同犯罪中的作用大小，共同犯罪的群体可划分为主犯、从犯和胁从犯；也有将共同犯罪群体分为主犯和从犯，这种划分是将胁从犯划归在了从犯之中。这是胁从犯的一般意义。为了与直接故意犯罪相比较，此处有意将胁从犯指代胁从犯这一主体的犯罪行为，即胁从犯是共同故意犯罪的一个组成部分。然而就胁从犯从共同犯罪中独立出来的这一部分行为而言，它与作为实行行为部分的正犯一样，都是故意行为，属于故意犯罪的范畴。

胁从犯行为人在被胁迫的情况下，根据自己的理智权衡利弊，选择了实施犯罪行为，有着明确的认识和意志，所以它具有与直接故意相同的认识内容和意志内容。

二、胁从犯与直接故意犯罪的区别

胁从犯能够成为共同故意犯罪的一个组成部分，是因为它具有与直接故意犯罪相同的认识和意志内容。但是作为被胁迫的行为，它又与直接故意行为在心理上具有什么不同之处呢？对此，笔者认为，一个完整的罪过心理包括认识、情感和意志三种因素或者三种过程，而且其中的理智部分和情感部分有时会发生矛盾。胁从犯的罪过心理就是一种理智与情感相冲突的罪过，这种罪过由于理智占据上风所以在性质上属于理智罪过，但它具有对危害结果排斥的情感态度，而直接故意是一种理智与情感态度相一致的罪过心理。

三、典型案例分析

例如，2005 年 8 月 31 日晚 9 时许，绑匪甲纠集绑匪乙、丙等人将被害人丁绑架，并通过寄送摄有人质被关押画面的光碟的方式向其家属勒索赎金港币 1 千万元。在关押人质期间，绑匪甲为防止人质获释后报警，可谓用心良苦，出了一记让人闻之咋舌的新“招式”——从外面找来一名卖淫女，再持枪威胁被害人丁枪击已昏睡的卖淫女子头部，致其死亡。绑匪甲将上述场景摄录成光盘，意图让丁身负命债，从而向其施加巨大的精神压力，使原本为受害者的丁因转瞬间沦为杀人犯而不敢报警。丁的行为构成故意杀人的胁从犯，应当承担刑事责任。但考虑到其所受胁迫程度较大，可以免除刑事处罚。

在这个案例中，胁从犯丁权衡利弊，选择了枪杀卖淫女而保全自己的做法，是一种理智的故意，具有直接杀人的认识和意志内容，这是与直接故意犯罪相似的部分；而丁枪杀卖淫女尽管是理智的选择，但终究并非出自本意，也就是在情感上排斥这样的结果，这是胁从犯与直接故意犯罪的区别。在胁从犯的罪过心理中，理智占据了上风，因而胁从犯能够实施危害社会的行为。

第二节　不作为犯的罪过心理分析

不作为犯罪是一种与作为犯罪相对应的犯罪类型。理论上对于不作为犯罪罪过形式鲜有系统的论证，从现有的学术论著上看，要么将不作为做为犯罪客观要件中行为的一个类别来讲，这种思路是剥离了主观罪过的客观危害行为，要么认为“作为和不作为都是既有故意,也有过失”[1]。笔者认为,深究起来,不作为犯的罪过形式其实并不简单,也与人们习以为常的观念大相径庭。

一、不作为犯罪过心理的特点

笔者认为,不作为犯罪的罪过心理具有与一般的犯罪故意和犯罪过失不同的心理内容,因此也就不能以犯罪故意和犯罪过失给其定性。具体来讲,不作为犯的罪过心理具有如下与众不同的特点。

(一)不作为犯的罪过心理中没有意志因素

在不作为犯罪中,行为人对危害结果的发生有没有意志呢?没有,为什么没有?这是因为:意志指决定达到某种目的而产生的心理状态,它往往由语言和行动表现出来。[2] 而不作为是没有行动,应当行动而没有行动。那么,不作为犯的罪过心理中就没有意志的因素。

这里牵涉到不作为犯罪有没有行动?这个问题,在学术上有否定说和肯定说之争。否定说认为,作为是违反禁止性义务法规,不作为是违反义务性法规;凡是不应为而为的,就是作为;凡应为而不为的,就是不作为,不管其有无身体的积极活动;所以,作为与不作为是一种对立关系,一个犯罪行为不可能同时包含作为与不作为。[3] 肯定说认为,(1)一个犯罪的构成要件完全可能要求行为人以违反禁止性规范的行为实现不履行义务的效果;(2)许多犯罪包含了复数行为,而复数行为中完全可能同时包含了作为与不作为;(3)如果将抗税罪视为单纯的不作为,容易导致司法机关忽视对“暴力、胁迫方法”的认定,从而扩大处罚的范围。[4]

笔者赞成否定说并对肯定说提出如下商榷:(1)对犯罪是否成立具有意义的行为才能作为构成行为,换言之,作为与不作为是在构成行为的论域内谈论的,如果论者所说的“作为”不具有构成要件的性质,那么,它就不是我们说的“作为”。因此,不是违反刑法禁止性义务的作为,在实现了不履行刑法义务的

---

[1] 高铭暄、马克昌主编,赵秉志执行主编:《刑法学》,北京大学出版社、高等教育出版社 2011 年版,第 69 页。

[2] 《现代汉语词典》,商务印书馆 2002 年版,第 1496 页。

[3] 参见陈兴良:《本体刑法学》,商务印书馆 2001 年版,第 259 页及以下。

[4] 参见张明楷:《刑法学》,法律出版社 2011 年版,第 150 页。

效果，仍然是不作为犯；(2)包含了复数行为的且包含了作为与不作为的犯罪，比如，正常进入他人住宅(作为)，后在宅主要求退出的情况下，拒不退出(不作为)，可能构成非法侵入公民住宅罪，这里的进入他人住宅(作为)根本不具有构成要件的性质，所以，它是一个不作为犯罪；(3)作为与不作为做为构成行为，它们的意义是决定是否成立犯罪，在成立犯罪的基础上，再结合行为的特点，分别成立不同的具体罪名。例如，不交税是不作为犯罪，而不交税的行为特点如果是修改账簿或者暴力抗拒，就分别构成逃税罪和抗税罪。

(二)不作为犯的罪过形式不能以故意和过失简单套用

从犯罪故意的角度看，我国刑法第十四条的规定：明知自己的行为会发生危害社会的结果，并且希望或者放任这种结果发生，因而构成犯罪的，是故意犯罪。可见，故意犯罪行为人的罪过心理中必要意志的因素，但是在不作为犯罪中，行为人没有对危害结果发生的意志，所以不作为犯就不能具有直接故意和间接故意的罪过形式。

过于自信过失的不作为犯罪的罪过心理是认识到危害结果可能发生，意志上是放任危害结果的发生，在情感上持排斥的态度，但是由于不作为犯的罪过心理中没有意志的成份，因此，不作为犯罪也不能具有过于自信过失的罪过形式。

二、不作为犯罪过心理的分类

按照罪过三因素分析法，笔者认为，不作为犯罪过心理可分为如下三类。

(一)痛快型情感罪过

在一些不作为犯罪中，行为人积极创造条件，追求、希望危害结果的发生，例如，像徇私舞弊不征少征税款罪、逃税罪、抗税罪等不作为犯罪，它们所具有的积极创造危害结果发生条件的行为，因为在刑法评价中它们本身不具有犯罪构成行为的意义，它们只有定性为不作为的方式才具有构成行为的意义，所以这些犯罪不能定性为直接故意犯罪。

像徇私舞弊不征少征税款罪、逃税罪、抗税罪等犯罪既然不是直接故意犯罪，即它们不具有犯罪的直接故意，那么，它们的罪过心理是什么？它们的罪过性质是什么呢？笔者认为，像这种以非构成要件的积极作为方式实施的不作为犯罪，它们的罪过心理是情感罪过，行为人对危害结果的发生持乐见其成的情感态度。这样的不作为犯罪也可称之为积极的不作为犯罪。

（二）冷漠型情感罪过

在一些不作为犯罪中，行为人对于危害结果的发生听之任之，既不干预也不追求，例如，像遗弃罪、拒不支援友邻部队罪等不作为犯罪，它们与间接故意犯罪也不一样。因为在间接故意犯罪中，危害结果的发生系由行为人的行为直接引起，行为人在行为过程中能够具有放任的意志心理，而在放任危害结果发生的不作为犯罪中，行为人放任的危害结果不是自己行为引起的，没有行为就没有行为中的心理，所以不作为犯中的“放任”不是刑法第十四条规定中的“放任”。因此，这些不作为犯罪不能简单地定性为间接故意犯罪。

既然像遗弃罪、拒不支援友邻部队罪等不作为犯罪，它们的罪过心理与间接故意不同，那么，它们的罪过心理是什么呢？笔者认为，这种以纯粹的没有行动的方式实施的不作为犯罪，它们的罪过心理是一种冷漠以待的罪过情感，即行为人对危害结果的发生持冷漠以待的情感态度。而持有这样罪过心理的不作为犯也称之为消极的不作为犯。

（三）漠不关心情感罪过

在疏忽大意过失犯罪中，有一类忘记型的不作为犯罪，这类犯罪具有作为的义务，但因为疏忽大意而忘记，以致于危害结果的发生。这样的不作为犯罪对危害结果的发生既没有认识，也没有意志，它的罪过心理是一种单纯的漠不关心的罪过情感，这样的罪过也就是漠不关心型情感罪过。

第三节　过当犯的罪过心理分析

我国刑法关于过当犯的规定有两种类型，一个是防卫过当，一个是避险过当。尽管我国实行了罪刑法定原则，但是对于一些犯罪罪过形式的规定却不甚明了，过当犯的罪过形式就属于这种情况，为此，需要我们认真探讨，统一意见。

一、防卫过当的罪过心理分析

（一）关于防卫过当的罪过形式及简评

1.防卫过当罪过形式诸观点

我国刑法第二十条第二款规定，正当防卫明显超过必要限度造成重大损害的，应当负刑事责任，但是应当减轻或者免除处罚，这是我国刑法对正当防卫过

当犯的规定。然而理论界对防卫过当的罪过形式众说纷纭,向无定论。大体包括如下几种:

(1)故意说。这种观点认为制止不法侵害的行为是出自故意,因而对不法侵害人造成的损害也是故意,故意的主观心理可以是直接故意,也可以是间接故意。❶

(2)间接故意说。该观点认为,刑法第二十条第二款规定中的“明显”的意思是“清楚地显露出来,容易让人看出或感觉到”。防卫人在实施防卫行为时也能清楚地认识到其行为不符合正当防卫的限度条件。但他仍然在这种认识因素的作用下实施其过当防卫行为,这种主观心理态度就是间接故意。❷

(3)故意和过失说。认为防卫过当的罪过形式既存在故意,也存在过失。❸

(4)间接故意和过失说。这种观点是我国目前的通说。该观点认为,疏忽大意过失、过于自信过失以及间接故意,都是没有犯罪目的的罪过形式,与防卫过当需要具备的目的的正当性不矛盾,因而都可以成为防卫过当的罪过形式。❹

(5)无认识过失说。认为防卫过当的罪过形式只能是疏忽大意的过失,认为防卫过当虽是犯罪行为,但从整体上讲仍具有防卫性质,防卫过当行为的前提条件及目的正当性决定了防卫的动机和目的不可能和故意犯罪的罪过形式共存于防卫人的主观心理。并且,由于防卫人对制止不法侵害所造成的损害只能预见其合法性,而未能预见其可能产生的非法性,所以,轻信的过失也不能构成防卫过当的主观罪过。❺

2.对防卫过当诸观点的简评

笔者不赞成通说的观点,认为正当防卫的正当性不仅仅是目的的正当性,即“为了使国家、公共利益、本人或者他人的人身、财产和其他权利免受正在进行的不法侵害”,而是由防卫意图、防卫起因、防卫对象、防卫时间条件等共同构成

---

❶ 马克昌主编:《犯罪通论》,武汉大学出版社 1999 年版,第 766 页。

❷ 王政勋、贾宇:《论正当防卫限度条件及防卫过当的主观罪过形式》,载《法律科学》1999 年第 2 期,第 81—82 页。

❸ 郑丽萍、付丽杰:《刑法学理论研究综述》,群众出版社 2001 年版,第 191 页。

❹ 高铭暄、马克昌主编,赵秉志执行主编:《刑法学》,北京大学出版社、高等教育出版社 2011 年版,第 135 页。

❺ 利子平:《防卫过当罪过形式探讨》,载《法学评论》1984 年第 2 期;杨兴培:《刑法新理念》,上海交通大学出版社 2000 年版,第 227 页。

的,它体现的是一个整体行为的正当性。所以,对于通说将防卫过当需要具备的正当性限制为目的正当性存有商榷。

笔者赞成无认识过失说,认为过当犯系出于制止不法侵害的动机和保卫合法权益的目的,其认识内容很明确具体,而不是危害社会的结果,所以不能构成故意犯罪或者过于自信过失的犯罪。

尽管无认识过失说运用排除法得出防卫过当的罪过形式是疏忽大意的过失,但是在行为人具有防卫的动机和意图的情况下,且对过当结果没有认识,为什么不是正当防卫呢?它具有怎样的罪过心理呢?这仍然是个谜。

(二)防卫过当的罪过形式

1.防卫过当主观上是一种认识错误

(1)防卫过当在客观上超过了正当防卫的必要限度

防卫过当与正当防卫比较起来,它们在防卫意图、防卫起因、防卫对象、防卫时间条件等方面是相同的,它们唯一的不同是防卫过当超过了制止不法侵害的必要限度。简言之,防卫过当在客观上超过了正当防卫的必要限度。

(2)防卫过当在主观上认为自己没有超过正当防卫的必要限度

我们知道,心理决定行为,行为表现心理,心理是行为的本质。防卫过当作为正当防卫的特殊情况,至少在行为的起始阶段其在本质上属于正当防卫,即防卫过当人具有认为自己在实施正当防卫的心理,也就是认为自己的行为在防卫意图、防卫起因、防卫对象、防卫时间和防卫限度等条件上符合正当防卫的要求。简言之,防卫过当在主观上认为自己没有超过正当防卫的必要限度。

(3)防卫过当的本质特征是认识错误

既然防卫过当在客观上超过了正当防卫的必要限度,而在主观上认为自己没有超过必要限度,显然这是一种事实上的认识错误,一种对行为实际性质的认识错误。这也是防卫过当的本质特征。

2.对超过必要限度造成重大损害持漠不关心的情感态度

(1)防卫过当不存在对危害社会的认识

如前所述,防卫过当行为人是认为自己实施制止不法侵害行为而有利于社会的行为,所以,防卫过当行为人的心理中不存在危害社会的认识。防卫过当行为人对自己行为超过必要限度造成过当结果没有预见,如果有预见,该行为就不具有防卫的性质,转而具有加害的性质,就不能是正当防卫了。

(2)防卫过当对明显超过必要限度造成重大损害存在疏忽大意过失

笔者认为,既然没有预见,就没有意志,因此,从罪过的知情意三因素上看,过当犯的罪过心理只能落实到情感态度上。过当犯对过当结果持漠不关心的情感态度,因为这个漠不关心的态度,行为人才把明显超过必要限度的行为当作要的行为,以致于发生了重大损害。

防卫过当因为是过失犯罪,而过失损毁财物的行为不构成犯罪,所以,过当犯只有在致人伤亡的情况下,才构成犯罪,可以构成过失致人重伤罪、过失致人死亡罪等过失犯罪。

(三)相似行为的认定

1.反击引起的故意犯罪

对于不法侵害,可以进行防卫,防卫有的以制止不法侵害为限度,这是正当防卫;也可以进行反击,反击是以牙还牙的加害行为。对于不法侵害的反击,因为其是一种加害行为,且有对加害性质的认识,因此反击可以构成故意杀人罪、故意伤害罪或者故意毁损财物罪等犯罪。而且,这种情况不属于防卫过当,因为它不是认为自己是在正当防卫,即在制止不法侵害的必要限度内,对重大损害的发生不是基于错误的认识,而是有明确的反击加害的认识。

2.防卫设置构成的危害公共安全罪

预先设置防卫设置如果认识到会伤及无辜,那么,很明显,这已经不属于正当防卫的范畴,而可能触犯危害公共安全的犯罪。例如,被告人李某于 1999 年 7 月 2 日,为防止他人在自己饲养的鱼塘内偷鱼,就在鱼塘的四周架设了电网,并写上"偷鱼者防电"字样。夜晚,李某离开鱼棚到家中睡觉。当日夜晚,王某携带偷鱼工具到李某鱼塘内偷鱼,手刚一触到电网,当即倒地身亡。该案中,李某的行为不属于防卫过当,而是构成以危险方法危害公共安全罪。

3.正当防卫致特异体质人伤亡不构成犯罪

这里说的是正当防卫对于一般人而言不会致不法侵害人伤亡,但是因为不法侵害人属于特异体质,并且因为其特异体质导致伤亡结果。我们知道,一般的非法殴打他人致特异体质人伤亡的,可以构成过失致人重伤罪或者过失致人死亡罪。那么,对于因正当防卫致特异体质人伤亡的是否构成犯罪呢?

对于这个问题,笔者认为纯粹的正当防卫在不存在认识错误的情况下,因为正当防卫人不具有任何的主观罪过,因而他的行为不能构成任何犯罪。

二、避险过当的罪过心理分析

(一)避险过当的罪过形式

我国刑法第二十一条第二款规定,紧急避险超过必要限度造成不应有的损害的,应当负刑事责任,但是应当减轻或者免除处罚。这是我国对避险过当构成的过当犯的规定。由于避险过当和防卫过当同属于过当犯,因此,它们应当具有相同的罪过心理。基于这样的认识,并结合避险过当的具体特点,对避险过当的罪过形式简析如下。

1.避险过当主观上也是一种认识错误

避险过当的"必要限度"指为保护较大的利益而损害较小的利益,因此,避险过当是出于保护社会利益的意图即避险过当行为人主观上认为自己在保护社会利益,其认为自己的避险行为在保护社会利益的范围内,但事实上,避险过当行为人所要牺牲的利益超过了所要保护的利益,因此,紧急避险行为人主观上发生了错误认识,这是一种事实上的认识错误。

因为紧急避险行为人在实施保护社会利益的过程中发生了认识错误,它只是认识到自己是在保护更大的社会利益,而没有认识到损害的利益超过了保护的利益,所以,避险过当不能是故意犯罪,也不能是有认识的过失犯罪。

2.对更大利益的损害持漠不关心的情感态度

笔者认为,紧急避险行为人对过当结果没有预见,如果有预见,行为就不是避险的性质,转而具有加害的性质。既然没有预见,就没有意志,因此,从罪过的知情意三因素上看,紧急避险的罪过心理只能落实到情感态度上。过当紧急避险对过当结果持漠不关心的情感态度,因为这个漠不关心的态度,行为人才把超过所要保护利益的利益当作较小的利益而做出牺牲,以致于造成了不应有的损害。

避险过当因为是过失犯罪,而过失损毁财物的行为不构成犯罪,所以,紧急避险只有在致人伤亡的情况下,才构成犯罪,可以构成过失致人重伤罪、过失致人死亡罪等过失犯罪。

(二)相似行为的定性

1.损人利己的故意犯罪

即便在情况紧急、别无他法的情境下,如果行为人为了自己或者出于私心,以牺牲社会上较大的利益而保全较小的私人利益,那么,这是一种损人利己的加害行为。这样的客观上具有危害、主观上具有加害故意的行为,可以构成故意杀人罪、故意伤害罪或者故意毁损财物罪等犯罪。而且,避险过当是出于保护社会利益的目的,只是因为疏忽大意发生了错误的认识,才导致牺牲了更大的社会利益,所以,损人利己的故意犯罪不属于避险过当,因为它不是出于保护社会利益的目的,而是有明确的损人利己的目的。

2.紧急避险致特异体质人伤亡不构成犯罪。

这里说的是紧急避险对于一般人而言不会致被牺牲人伤亡,但是因为被牺牲人属于特异体质,并且因为其特异体质导致伤亡结果。那么,对于因紧急避险致特异体质人伤亡的是否构成犯罪呢?对于这个问题,笔者认为纯粹的紧急避险在不存在认识错误的情况下,因为紧急避险不具有任何的主观罪过,因而紧急避险致特异体质人伤亡的不能构成犯罪。

影　响　篇

第十四章　犯罪论的改观

传统罪过理论情感因素的阙如导致了一系列的问题，这已经为理论界和实务部门广为体察。在将情感因素纳入罪过理论的道路上，最终提出了"罪过情感"的概念。因为罪过理论是犯罪论的基础和核心，而犯罪论是刑法学的基础，因此，罪过情感概念的提出，从根本上革新了人们的罪过观念，直接更新了犯罪论的基本面貌，并将逐步显示出更为广阔和深远的影响。

第一节　罪过本质及其分类的改观

理性看待罪过心理，必须认识到罪过的本质，而传统罪过理论对于罪过本质的认识具有先天不足，因此对罪过本质的认识，应当打破传统习见。对罪过心理认识的明确和深化，必然要对罪过心理进行分类，而传统罪过的分类方法因为没有考虑情感因素而失之偏颇，所以对罪过的种类，必须进行全新的划分。

一、罪过本质的改观

当代的罪过理论自觉寻求心理学的知识支持，扬弃了传统罪过理论阙如情感因素的理论缺陷，认为罪过心理是包括知、情、意三因素在内的心理活动的综合体现。罪过的本质是犯罪活动中行为人认可危害结果发生的心理态度，而且这种心理态度是包括知、情、意三种因素在内的心理活动的综合体现。罪过还必然是一种犯罪行为人的主体意识，是人通过行为自主自由地改变社会和他人的心理活动。

罪过本质改观的第一个显著的特征是从罪过知意二因素向罪过知情意三因素的转变。这种转变体现了我国学者在刑法学研究中发扬原创精神的科学探索精神。这种理论的转变伴随着司法实践中对罪过心理分析从知意二因素分析向知情意三因素分析的转变。它的进一步影响是,因为犯罪本质被认为是犯罪人的主体意识,也就是犯罪人的主观罪过,那么,罪过本质的改观也引起了定罪方法的转变,从而产生了"罪过三因素分析法"的定罪方法。

罪过本质改观的第二个显著的特征是确认罪过是肯定危害结果发生的心理态度。在传统的罪过理论中,存在否定危害结果发生的罪过心理。例如对于轻信过失的罪过心理的阐释,刑法学界通说认为:"过于自信过失的行为人既不希望也不放任危害结果的发生,而是对这种结果的发生持否定态度,即自认为凭自己的能力、客观条件等,这种结果就不会真的发生。"❶笔者认为,如果行为人认为危害结果不会发生并且对危害结果的发生持否定的心理态度,甚至利用了有利的主客观条件来避免危害结果的发生,而危害结果竟然发生了,那只能说是不可抗力或意外事件,而不是罪过。所以,罪过心理必须是肯定危害结果发生的心理态度。这一结论也解决了刑法学一直以来对罪过定义的难题,因为传统观点认为过于自信过失存在否定危害结果的心理态度,这就导致其不能形成关于罪过的内涵定义,而只能使用罪过的外延定义。

这种关于罪过本质观的改变对于罪过理论的发展具有里程碑的意义。在理论上,它完美地契合了其他学科的理论认识,也化解了罪过理论自身存在的诸多弊病。在实践上,它解决了罪过理论与实践的脱节以及对于一些率性犯罪不能准确定性的问题。

二、罪过分类的改观

自由意志罪过理论与认识主义罪过理论自形成后便作为罪过理论 DNA 的双螺旋,成为传统罪过理论的核心构成及其沿革的核心动力。继其之后的罪过理论无不以其为理论的基本构成要素,也因此使得自由意志罪过理论与认识主义罪过理论的缺陷代代相传。

(一)传统罪过分类的不足

自 18 世纪中叶刑事古典学派系统提出罪过形式理论迄今,罪过理论与作为其理论支撑的心理学渐行渐远。最直接与突出的表现是罪过理论中对于情感因

❶ 马克昌主编:《犯罪通论》,武汉大学出版社 2003 年版,第 358 页。

素几无论及,在罪过理论之中没有情感因素的任何地位。首先,无论是大陆法系,还是英美法系,在认定和分析犯罪罪过心理的时候,他们都坚持认识因素和意志因素两个维度(甚至在认识主义罪过理论时期,罪过的分析只需要认识因素一个维度),而这就与心理学认为的人的心理活动由知、情、意三个维度构成的常识相背离。具体科学与其所依赖的基础科学不相一致,表明刑法学的罪过理论隐藏着一个人们习非成是的重大问题,并造成罪过理论一系列长期悬而未决的理论问题。例如,对于疏忽大意过失犯罪罪过性的问题,传统罪过理论至今不能提供一个圆满的解释说明。其次,一直以来,人们负担法律责任的根据是人的意志自由或者说是人的相对的意志自由,但是当罪过情感居于罪过心理主导方面的时候,我们按照主观心理中矛盾的主要方面应当如何定性就出现了问题,因为这时我们就不能简单地将行为人的行为归结为意志行为。例如,对于事故型犯罪罪过形式的确定就必须运用罪过情感的概念。❶

心理学认为,理智与情感有时会发生冲突,其实也就是意志与情感的冲突。所谓"理智对情感的驾驭",其实是由意志遵循理智的要求而实现的对情感的驾驭。认识过程本身并不具有控制情感的功能,控制是由意志来完成的。所谓"理智战胜情感",是指意志的力量根据理智的认识克服了与理智相矛盾的情感;而"情感战胜理智",是指意志力不足以抑制情感的冲动而成为情感的俘虏,背离了理智的方向。"❷同样,在认可危害结果发生的罪过心理中,不仅有知、情、意并存,还有意志因素和情感因素对危害结果肯定程度的问题,这成为罪过心理分类的客观基础。

(二)新的罪过分类

罪过的本质是行为人在犯罪活动过程中认可危害结果发生的主体意识,其中认可危害结果发生的心理既有理智的一面也有情感的一面,所以,罪过应当以理智和情感何者占据行为人心理的主导方面来加以区分。以理智或情感在罪过心理中的地位为标准,行为人的罪过心理可划分为理智罪过和情感罪过。

1.理智罪过

理智罪过的本质是在支配行为人实施犯罪行为的罪过心理中理智居于主导

---

❶ 参见温建辉:《事故型犯罪的罪过形式》,载赵秉志主编:《刑法论丛》第3卷,法律出版社2010年版。

❷ 参见曹日昌:《普通心理学(合订本)》,人民教育出版社1987年版,第364页。

地位的罪过心理。由于理智与情感会有冲突，所以理智罪过存在理智与情感相一致的理智罪过和理智与情感相冲突的理智罪过。其中直接故意和间接故意属于理智与情感相一致的理智罪过，轻信过失属于理智与情感相冲突的理智罪过。

(1)直接故意的理智罪过

罪过包括知情意三个方面。直接故意的认知因素是认识到行为会发生危害社会的结果，意志因素是希望这种危害结果的发生，情感因素是对危害结果持冷漠的态度。例如，2010年10月20日23时许，被告人药家鑫驾驶红色雪佛兰小轿车从西安外国语大学长安校区返回西安，当行驶至西北大学长安校区西围墙外时，撞上前方同向骑电动车的张妙，后药家鑫下车查看，发现张妙倒地呻吟，因怕张妙看到其车牌号，以后找麻烦，便产生杀人灭口之恶念，遂从随身背包中取出一把尖刀，上前对倒地的被害人张妙连捅数刀，致张妙当场死亡。[1] 药家鑫杀人的主观心理就是直接故意的理智罪过。

(2)间接故意的理智罪过

间接故意的认知因素是认识到行为会发生危害社会的结果，意志因素是放任这种危害结果的发生，情感因素是对危害结果是否发生持冷漠的情感态度。例如，在开枪打猎而放任杀伤附近小孩的情况下，猎物没有射中却将无辜小孩一枪毙命。猎人的罪过心理就是间接故意的理智罪过。

(3)轻信过失的理智罪过

轻信过失的认知因素是预见到行为可能发生危害社会的结果，意志因素是放任这种危害结果的发生，情感因素是对危害结果的发生持排斥的情感态度。例如，某外科主任在给一位患者手术中，病人曾两次出现心力衰竭，均经及时抢救好转。助手们劝其暂停手术以改期进行，但该主任自认医术精湛、经验丰富而不以为然，继续进行，以致病人心脏第三次衰竭时，未及抢救死亡。该主任当时的心理态度就是轻信过失的理智罪过。

2.情感罪过

情感罪过的本质是在行为人实施犯罪行为中认可危害结果发生的罪过心理中罪过情感居于主导地位的罪过心理。依据行为人罪过情感的强烈程度，罪过情感可划分为四个类别，它们是痴狂型罪过情感、痛快型罪过情感、冷漠型罪过

---

[1] 百度百科:《药家鑫案件》,http://baike.baidu.com/view/4800971.htm(访问日期:2011年9月13日)。

情感和漠不关心型罪过情感。其中痴狂型罪过情感和痛快型罪过情感属于积极的罪过情感，冷漠型罪过情感和漠不关心型罪过情感属于消极的罪过情感。因而，情感罪过亦分为积极的情感罪过和消极的情感罪过。

（1）痴狂型情感罪过

痴狂型情感罪过指行为人在犯罪活动中持有的这样一种心理，即痴迷己见，以致于对自己行为的性质不能正确认识，并且不顾一切地实施痴狂行为，以致造成危害社会的结果。这是一种丧失理智的行为。例如，江西省抚州市中级人民法院审理了这样一个案件，被告人敖某非常迷信，2010 年初其儿媳王某怀第一胎并将生产时，其听信算命人的话坚决要求王某做了引产手术。同年 5、6 月份，被告人敖某又听信两个外地算命男子的话，认为正怀孕的媳妇不能在第二年生产，必须于 2010 年生，家中才不会有事。为此，被告人敖某多次劝王某提前将小孩在 2010 年（虎年）生下来，但王某未答应。2011 年 2 月 16 日，王某产下一子后，被告人敖某即产生了要杀死孙子以保全家平安的想法。2011 年 4 月 7 日晚上 7 时 50 分左右，乘王某上厕所之机，被告人敖某将孙子抱至其房屋西侧一水井边，将孙子扔进水井后逃离现场。经法医鉴定，小孩系生前被他人扔进水中引起窒息死亡。次日，被告人敖某在其儿子、妹妹等亲属的陪同下到公安局自首。抚州市中级人民法院认为，被告人敖某因愚昧无知，沉迷封建迷信，将其孙子投入水井中并致死亡，其行为已触犯刑法，构成故意杀人罪，应依法严惩。笔者认为该案犯罪人的罪过心理即属痴狂型情感罪过。

（2）痛快型情感罪过

痛快型情感罪过指行为人在犯罪活动中对危害结果的发生有认识、对危害结果的发生持希望的意志态度，并且具有以他人痛苦为行为人快乐的罪过心理。例如，2010 年 10 月 2 日，正值国庆期间，据 29 岁犯罪嫌疑人刘某交代，当天，朋友李某（28 岁）给他打电话，称“想去小树林打会弹弓”。结果两人觉得没劲，合计后决定“去西单打漂亮姑娘去”。李某开着借来的商务车绕着西单转了多圈，“看见漂亮女孩就打，打了四十多个钢珠。”据被害人沈女士回忆，她当时走在西单大街的便道上，突然右眼下部被打了一下，当时就头晕耳鸣。“我一开始用手捂着眼睛，把手拿下来后手上全是血。”经法医鉴定，沈女士的伤情构成轻微伤。其他多名被害人表示，原本在路上走，突然脖子、手臂或背部等处遭遇“暗器”袭击，同时一辆商务车疾驰而过，“暗器”是一粒大约 0.8 厘米左右的钢珠。案发后,经过调查,民警发现,至少有二十多人"中弹",两男子除了打女人也打广告牌,钢珠引发"砰砰"的响声吓唬在广告牌下的人。其中一个弹珠还打到了一辆公交车车门上,玻璃打碎致使司机停车。后民警在石景山区将李某和刘某传唤。两人到案后说,"打漂亮女孩就是觉得刺激"。对于该案的犯罪嫌疑人,笔者认为他们持有的罪过心理即属痛快型情感罪过。

(3)冷漠型情感罪过

冷漠型情感罪过指行为人在犯罪活动中负有对他人关照的义务,也认识到危害结果可能发生,但是对危害结果的发生持冷漠无情的情感态度,且放任危害结果发生的心理态度。例如,2009 年 12 月 31 日凌晨,李文凯开着出租车,拉着同村人李文臣,在温州火车站附近招揽乘客。与此同时,15 岁的小薇乘火车正路过温州,准备转车去台州。看到李文凯的出租车,小薇上前去问价格。李文凯说,只要 5 元,就送她去新城站。相对于起步价 10 元,这个价格算便宜的,小薇上了车。而这时,李文臣就坐在出租车的副驾驶座上。车子还没开几分钟,李文凯突然停车,下车看了看,对副驾驶座上的李文臣说:"轮胎坏了,坐后面去吧。"途中,坐到后排的李文臣向小薇提出性要求遭到拒绝。李文臣便将小薇按倒在出租车后座,不顾她哭喊,强行和她发生了性关系。"救救我!"小薇曾向李文凯求救,要求他停车。李文凯见状出言劝阻,但受到李文臣威胁。之后,李文凯提醒"新城站快到了",李文臣让他一直往前开。接着,李文凯便按他的要求一直驾车绕路。事后,李文臣让小薇在新城汽车站附近下车,"的哥"李文凯驾驶出租车载李文臣离开现场,随后在黎明立交桥附近放下了他。然后,李文凯竟然像没发生任何事情一样,更换了后座椅套,然后开车去交班。很快,强暴小薇的男子李文臣被抓获,因犯强奸罪被判处有期徒刑 7 年 6 个月。2010 年 5 月,警方经过比对、辨认,确定了"冷漠的哥"是李文臣同村族亲堂弟李文凯,随即以涉嫌共同犯罪对李文凯实施上网缉捕。李文凯闻风潜逃,后被抓获。2011 年 5 月 6 日,温州鹿城检察院以强奸罪对李文凯提起公诉。因涉及受害人隐私,鹿城法院对此案进行不公开审理。最终,"冷漠的哥"李文凯因强奸罪被判处有期徒刑两年。笔者认为,该案中李文凯的罪过心理即属冷漠型情感罪过。

(4)漠不关心型情感罪过

漠不关心型情感罪过包括两种情况。第一种指行为人在犯罪活动中对危害结果的发生没有认识、对危害结果的发生也没有意志、而是对危害结果的发生持漠不关心情感态度的罪过心理。例如,王某的父亲在顺义区开办了某塑料制品厂,王某为其父亲工作,主要负责送货,王某和妻子女儿都住在厂里宿舍。2011年3月25日上午10点多,王某想起来有事要去一趟银行,而银行管支票的人11点就下班了,王某就匆匆出了门直接上了其开的货车。点火之后其就往后倒车,因该车右后方停着另外一辆车,其怕刮到那辆车就往右后方看着,倒了大概十七、八米,就听见妻子大声喊让他把车停下来。王某看见妻子怀里抱着两岁的女儿,就跑过去,看到女儿头上都是血,后王某赶紧叫上家人送孩子去了医院,后经抢救无效死亡。原来,王某出门前他的女儿正和妻子在屋内,后女儿跑到了院子里,王某倒车时,其女儿正在车的左侧后方玩耍。事后王某感到非常后悔没有看管好女儿,倒车时也没有检查好车的后方。公诉机关认为,被告人王某过失致一人死亡,其行为触犯了刑法第二百三十三条之规定,应当以过失致人死亡罪追究其刑事责任。笔者认为,王某的主观罪过属于漠不关心型情感罪过。第二种指在结果加重犯中,行为人对基本的危害结果和加重的危害结果都有罪过心理,但对于罪过性质的确定具有决定意义的应当是对后果严重的危害结果的心理态度,所以结果加重犯的罪过性质应当以对加重结果的心理态度来定性,因此,结果加重犯的罪过形式是漠不关心型情感罪过。

第二节　刑事责任能力概念的重塑

一、当前关于刑事责任能力的概念

(一)我国当前刑事责任能力三种

第一种观点认为,刑事责任能力指行为人构成犯罪和承担刑事责任所必需的,行为人具备的刑法意义上辨认和控制自己行为的能力。❶

第二种观点认为,刑事责任能力作为一种犯罪能力就是刑法上的行为能力,是行为人能够理解自己行为的性质和控制自己行为的能力,即认识能力和控制能力。❷

第三种观点认为,辨认、控制能力即行为能力是一个人实施犯罪行为的能

---

❶ 高铭暄、马克昌主编:《刑法学》,北京大学出版社、高等教育出版社2011年版,第84页。

❷ 张文等:《刑事责任要义》,北京大学出版社1997年版,第182页。

力,而刑事责任能力是犯罪后接受刑事处罚时必须具备的能力,二者是不同的。[1]

(二)当前刑事责任概念存在的缺陷

第一,对于刑事责任能力的内容,仅仅考虑了行为人的认识因素和意志因素,而没有考虑行为人情感因素。这就与心理学认为人的心理活动包括认识过程、情绪情感过程和意志过程等三个过程相矛盾。比如,我们以疏忽大意过失犯罪为例,疏忽大意过失犯罪行为人没有对危害结果发生的认识,也没有对危害结果发生进行控制的意志,如果不考虑其有没有感情性反应能力的话,这就无从表明行为人有没有刑事责任能力;而只有基于疏忽大意过失犯罪行为人对危害结果的发生产生了漠不关心的情感态度,而这种感情性反应能力,也是一种主体意识能力,并藉此才能够说明其具有刑事责任能力。

第二,如果将刑事责任能力归结为单一的犯罪时的能力或者单一的服刑时的能力,那么,另一方面的服刑能力或者犯罪能力就没有了存身之地。而完整的刑事责任能力包括犯罪能力和服刑能力两个方面。认识行为危害社会的性质并且能够控制危害结果是否发生与认识刑罚的性质并且能够承担刑罚内容是性质不同的两种能力,它们各有其功用,不可混淆或者相互取代。

二、刑事责任能力的重新定义

(一)刑事责任能力包括犯罪能力和服刑能力

笔者认为刑事责任包括产生刑事责任和承担刑事责任两个方面。而刑事责任的产生需要行为人具有犯罪能力,刑事责任的承担则需要行为人具有服刑能力。因此,刑事责任能力包括犯罪能力和服刑能力。

犯罪能力即行为人行为时具有理智(辨认行为危害性质和控制行为的能力)或者具有感情性反应。简言之,犯罪能力的内容包括行为人的理智方面和感情性反应两个方面。前者如药家鑫故意杀人体现的是刑事责任能力中的理智,后者如法轮功痴迷者超度亲人比较突出地体现了刑事责任能力中的感情性反应。

---

[1] 侯国云、么惠君:《辨认控制能力不等于刑事责任能力》,载《中国人民公安大学学报》2005年第6期,第87页。

服刑能力即犯罪人对刑罚的认识能力和承受能力。如果服刑人员对于刑罚没有认识能力或者承担能力,那么这样对于服刑人员就是不人道的和不能达到刑罚预期的效果。

概括地讲,刑事责任能力是行为人的主体意识能力,即行为人产生主体意识的能力,就是行为人知道自己在做什么、能够控制自己行为和进行感情性评价。例如,过于自信过失犯罪的行为人预见到行为可能发生危害社会的结果,放任这种结果发生,且在情感上排斥这种危害结果,这里的行为人具有的对危害结果发生的认识、意志和情感态度,是行为人的主体意识,能够产生这样的主体意识也表明了行为人具有刑事责任能力。

(二)犯罪能力和服刑能力的关系

在主张刑事责任能力包括犯罪能力和服刑能力两个方面的观点中,必须妥善解决两者之间的关系。在实际的司法实践中,犯罪能力与服刑能力存在三种情况:第一种情况是行为人同时具有犯罪能力和刑罚能力;第二种情况是行为人具有犯罪能力而不具有服刑能力;第三种情况是行为人具有服刑能力而不具有犯罪能力。

第一种情况为比较常见的一般情况,行为人既具有犯罪能力,也具有服刑能力,即具有完整的刑事责任能力。在第二种情况下,行为人行为时因具有犯罪能力而成立犯罪,因不具备服刑能力而不能够适用刑罚。在第三种情况下,依据我国的犯罪构成理论通说,不能成立犯罪,当然也不能适用刑罚。但是,这种情况,在大陆法系可以成立犯罪而免除刑责,因为在大陆法系三阶层的犯罪构成理论中,符合了犯罪构成要件符合性就成立犯罪,而在有责性评价中,因为不具有有责性而没有刑事责任。

通过上面分析可知,在我国四要件的犯罪构成理论的语境中,犯罪能力是刑事责任能力的前提条件,两者可以同时成立,也可以具有犯罪能力而没有服刑能力,但不能没有犯罪能力而具备服刑能力。

(三)犯罪主体的分类

刑事古典学派立足于犯罪主体为“理性人”的立场来看待犯罪,而从其中发展出来的刑法客观主义也秉持了这一传统。而当我们将情感因素纳入罪过理论之后,并以这一理论反观刑事责任能力,我们随即发现刑事责任能力的内容不仅包括认识上的辨别能力和意志上的控制能力,亦包含了感情性反应能力。这样,依据刑事责任能力的不同内容，犯罪主体可划分为“理性人”和“性情中人”。理性人，是指为人处世理智的人。这样的人能够明辨是非和利害关系，并依据这样的认识理智做事。性情中人，是指感情丰富，率性而为的人，它常常用来形容一个人随其本性、情感外露、率性而为。理性犯罪和率性犯罪的犯罪主体亦分别对应于理性人和性情中人。例如，犯罪集团预谋的抢劫银行，是一种理性犯罪，此时的犯罪主体属于理性人；而像寻衅滋事罪这样的流氓性质的犯罪是一种率性犯罪，此时的犯罪主体应当划归为性情中人。

第三节　犯罪本质及其种类的革新

一、犯罪本质的重新认识

犯罪萌芽于母系氏族社会，发展成长于父权制社会。在阶级、国家产生以前漫长的两个无阶级社会里，都存在着犯罪。[1] 而犯罪的本质是关乎刑法学体系建设的一个根基性概念。人们对犯罪本质的认识是一个持续深入和渐进的过程。从历史角度来看，大体经历了神学本质观和法律本质观两个阶段。目前关于犯罪本质已经形成几种相对稳定的观点，这些观点基本定型，并被所影响的受众接受而几成定论。笔者通览纵观，认为尚有进一步研究的余地，特此提出一些商榷性意见。

（一）目前关于犯罪本质的基本观点

任何一个事物都有多种属性，在不同的实践活动中会表现出不同的属性。犯罪这种现象也是这样，也具有多种属性，而在这些不同属性之中，存在着它的本质属性。犯罪的本质属性由犯罪的本质所决定并反映了犯罪的本质。在对犯罪本质的揭示中，目前流行的观点通常将犯罪的本质属性当作了犯罪的本质。

1.法律本质观

在犯罪本质学说进化史上，法律本质观取代神学本质观是一大历史进步。因为犯罪与法律如形影相随，因而从法学的角度定义犯罪概念是一个普遍现象。在大陆法系，关于犯罪本质的观点大体形成主观主义和客观主义两大派系，主观主义主张规范违反说，客观主义坚持法益侵害说。近年来，我国也受到这些主张

---

[1] 赵廷光：《犯罪的本质、起源与产生的原因》，载《社会公共安全》1994 年第 1 期。

的影响。其融入我国已有学说之中，丰富了我国犯罪本质的学术观点。就当前关于犯罪本质的法律观点，具体来讲，存在多种情况。首先是犯罪论角度的犯罪本质观，其中的规范违反说认为犯罪是对刑法规范的违反，而法益侵害说认为犯罪是对刑法所保护利益的侵害，❶其次是刑罚论角度的犯罪概念认为，犯罪是“触犯刑律、具有刑事违法性应受刑罚处罚的行为”❷。再次是犯罪的混合概念，混合概念综合了犯罪的犯罪论本质属性和刑罚论本质属性。主流的混合概念认为，犯罪是应受刑罚的具有社会危害性的行为。❸ 等等。

2.政治本质观

马克思揭示了犯罪的政治属性，他指出，犯罪——孤立的个人反对统治关系的斗争，和法一样，也不是随心所欲地产生的，相反的，犯罪和现行的统治都产生于相同的条件。同样也就是那些把法和法律看作是某种独立存在的一般意志的统治的幻想家才会把犯罪看成是单纯对法和法律的破坏。对于马克思关于犯罪政治属性的这个判断，常常被我国较多的学者理解为马克思关于犯罪本质的定义。

3.社会危害性本质观

犯罪的社会危害性本质观认为社会危害性是犯罪的本质，并且强调社会危害性对刑事违法性的决定作用。犯罪的社会危害性本质观是我国学习前苏联犯罪实质概念的重要成果，并一度成为我国的通说。当前犯罪的社会危害性本质说面临着因超法规的评价不利于罪刑法定原则的贯彻而遭质疑。犯罪的社会危害性本质观思想基础来源于西方刑事古典学派，例如，意大利刑法学家贝卡利亚指出：“我们已经看到什么是衡量犯罪的真正标尺，即犯罪对社会的危害。”❹我国当代学者也指出，社会危害性作为犯罪的本质特征，是界定犯罪概念的不二法门。❺

（二）目前关于犯罪本质诸观点存在的缺陷

对象都有属性，属性或表现为对象自身具有的性质，或表现为对象之间的关

---

❶ 丁后盾：《刑法法益原理》，中国方正出版社 1999 年版，第 63 页。

❷ 陈兴良：《规范刑法学》，中国人民大学出版社 2008 年版，第 61 页。

❸ ［苏］A.A.皮昂皮科夫斯基等：《苏联刑法科学史》，曹子丹等译，法律出版社 1984 年版，第 19—20 页；许久生：《德国犯罪学研究探要》，中国人民公安大学出版社 1995 年版，第 2 页，等等。

❹ ［意］贝卡利亚：《论犯罪与刑罚》，黄风译，中国大百科全书出版社 1993 年版，第 67 页。

❺ 温建辉：《论社会危害性在犯罪概念中的核心地位》，载陈泽宪主编：《2010 年中国刑法学年会论文集》，中国人民公安大学出版社 2010 年版，第 224 页。

系。界定对象的本质，就是从这两个角度通过把握对象的本质属性来揭示对象的本质，犯罪本质的揭示也不外这两个思路，然而，现行对犯罪本质的揭示，无论是从自身性质的角度还是从与其他对象的关系上来看，都值得商榷。

1.犯罪本质不宜由其他现象来界定

从犯罪自身性质的角度来看，犯罪本质不能用违反刑法、法益侵害、政治斗争或其组合来界定。总体而言，对于本质的揭示，笔者认为，因为对现象的体察是感性认识，对现象本质的认识是理性认识，所以不能以一种现象来定义另一种现象。现象与现象之间的意义表现为，现象作为一种客观存在，它们之间可以相互限定对方的存在范围。两个现象在认识论上只能相互限定外延而不能相互界定内涵。而犯罪与法律现象、政治斗争或其组合同样是现象，他们只能相互限定对方的存在范围，而不能界定另一方的本质。

具体而言，第一，刑法、法益侵害等不适合用来界定犯罪的本质。马克思曾经就犯罪法律本质的肤浅指出，“只有那些把法和法律看作是某些独立自在的一般意志的统治的幻想家才会把犯罪看成单纯是对法和法律的破坏”。第二，法益侵害说是近来影响日盛的一种观点，但其在侵犯不受法律保护的赃款赃物等非法利益如何定罪的问题上，便显得捉襟见肘。我们知道，赃款赃物等非法利益是不受法律保护的利益，也即不是法益，但对这些非法利益的侵犯仍然可以构成犯罪，这使“法益侵害说”无法解释。其实，刑法规定对非法利益的侵犯构成犯罪不是因为这些非法利益应当受法律保护，而是因为侵犯非法利益的行为应当受惩罚。第三，政治斗争也不宜用来界定犯罪的本质。当前一些学者将犯罪的政治属性理解为犯罪本质的观点可能造成对马克思见解的误判，马克思做出如此的表述，是对犯罪政治属性的科学表述，也仅仅指出了犯罪的政治属性，而不是界定了犯罪的本质。事实上，“犯罪是一种非常复杂的社会现象，既有作为阶级斗争表现的犯罪，也有不属于阶级斗争表现的犯罪；而且，这两类犯罪的比例，也是随着社会政治经济情况的变化而变化的。”[1]可见，犯罪的政治属性也不适合用来界定犯罪的本质。

2.犯罪本质也不适用关系属性来界定

从犯罪与其他对象关系的角度来看，犯罪本质也不适用关系属性来界定。

[1] 何秉松、曹子丹：《关于马克思主义犯罪观的几个理论问题》，载《政法论坛》1983年第3期，第44页。

关系属性即对象与其他事物间的特殊关系。对象的关系属性只能通过揭示其与其他对象的独特关系才能显示出来。比如，叔父是指跟父亲辈分相同而年纪较小的男子。对象与用以揭示对象关系属性的其他对象之间必然具有相互规定且不可脱离的关系，而犯罪与刑法或刑罚不是必然伴随的关系。因此，不能用刑法或刑罚来界定犯罪的本质属性。犯罪的本质属性不是关系，而是性质。犯罪具有自身的固有属性，其之所以成其为犯罪不是因为与刑法和刑罚的并存。

具体来讲，首先，从实体法上看，在不实行法制的国家或时期，没有刑法照样有行为被认定为犯罪而遭到取缔或消灭。第一，在不实行法制的国家，例如，在1327年的意大利，天文学家采科·达斯科里因为说地球是球状、在另一个半球上也有人类居住，违背了圣经的教义，被宗教裁判所认定为异端而惨遭迫害，被活活烧死。1600年2月17日，意大利哲学家布鲁诺，也是因为到处宣传哥白尼的学说，动摇了地球中心说，在罗马百花广场也被宗教裁判所活活烧死。第二，在国家不实行法制的时期，例如在我国“文革”时期，是没有刑法和法定刑的，犯罪只是反革命的类别，一切罪名乃至具体的惩罚方法皆依掌权者的想象力而定，只有政治上的专政，而不是法律上的依法办事。其次，从诉讼程序上看，第一，犯罪与刑法或刑罚的适用也无必然联系。在人类历史上，对犯罪的控告由私人起诉发展为国家起诉，经历了漫长的演变过程。在人类早期的认识上，犯罪被认为是对被害人及其家属利益的侵犯，而不是对国家和社会利益的侵犯，因此首先产生的是原告控告式诉讼，并且实行不告不理的原则。“被害人可以与加害人订立赔偿协议，自行了结；也可对加害人表示宽恕，他人不得干预；是否起诉，也主要取决于被害人的意志。”❶这些情况表明犯罪与刑法或刑罚并非并存。第二，审查起诉阶段的不起诉和审判阶段的定罪免刑，也在一定程度上支持了犯罪与刑法或刑罚的两不相关。可见，在诉讼程序上对犯罪的认定并不依赖其与刑法或刑罚的关系。

3.犯罪本质也不是社会危害性

将犯罪的本质界定为社会危害性在我国具有普遍性，然而，社会危害性也没有揭示犯罪的本质。第一，犯罪并非都有社会危害性。马克思、恩格斯在《共产党宣言》中指出，资产阶级的法不过是被奉为法律的资产阶级的意志。同样，犯

---

❶ 张穹主编：《公诉问题研究》，中国人民公安大学出版社2000年版，第34页。

罪也不过是被统治阶级认定是犯罪的统治阶级的判断，而并不一定具有社会危害性。有的犯罪是反对腐朽没落的政治统治，不仅没有社会危害性，相反还会促进社会的发展和进步。

第二，应当区分犯罪的本质与犯罪的本质属性。事物之间固然是普遍联系的，事物的属性也固然是在这种联系中存在，但事物的本质却是事物内在的固有的，事物的本质属性只是事物本质的表现。事物的本质相对于事物自身现象而言，而事物的属性相对于其他事物而言。社会危害性即便是犯罪的本质属性，也是与犯罪的本质有区别的。"犯罪作为一种独立的行为方式，其自身无以生成害益，只有在它与社会发生相互作用时，才会有社会危害事实的形成。所以说，犯罪的社会危害不是犯罪所固有的，也不是社会原存的。"[1]因此，在揭示犯罪本质的时候，应当区别犯罪的本质与犯罪的本质属性这两个概念。换言之，我们在把握犯罪的本质属性之后，仍然需要进一步揭示犯罪具有这些属性的内在本质。

（三）犯罪的本质究竟是什么？

1.犯罪的本质是一种不见容于社会的心理态度

人性问题是一切人文社会科学的"阿基米德点"。认识犯罪，应当从认识人性开始。人性的本质是分层次的，人性的本质由浅入深可以依次表现为社会主体、精神主体和生物主体。人作为生物主体，需要从外界获取物质和能量，而人的欲壑难填与资源有限之间的矛盾，使得人性的生物主体的属性表现为贪婪。而精神主体的价值判断是人类行动的指南针，生物主体的贪婪经过价值判断的筛选也就转变为精神属性的欲念。而精神主体的欲念一旦以行为表现出来，就要接受社会规范的评判。精神主体成功进化为社会主体必需使人的行为具备规范性。规范性的行为谓之善，反之谓之恶。严重的恶行经法律程序评价后就是犯罪。

人在本质上是实践的，是一个持续不断的社会化和继续社会化的过程。所以，理解行为就要理解人的社会化，理解犯罪也必须从社会化着手。行为是人社会化的基本环节，犯罪是行为人社会化失败的一种表现，社会化概念是理解犯罪的钥匙。社会化是指个体从自然人向社会人过渡的过程，其实质是人从生物主

[1] 孔凡军：《对犯罪本质社会危害观理论与实践的几点反思》，载《滨州师专学报》1994 年第 10 卷增刊，第 14 页。

体或精神主体逐步地转变为社会主体的过程。在这个过程中，人从具有自然属性或精神属性逐渐地进化为具备社会属性，从而与社会融为一体。❶ 社会属性是人在社会关系中表现出来的属性，换言之，它是人在社会实践中的行为属性。实践是主观见之于客观的东西，它体现了人的意志性，但这种意志行为不是人为所欲为的一意孤行，而是合乎必然性的人的意志行为；实践体现了人的交往性，但这种交往不是你死我活的利益争夺，而要彼此都可接受，也即具有正义性；人们的实践活动也决不是单个人的恣意枉为，而是由在一起生活的人们群体的物质生活条件决定的。实践所具有的这三种品格，即合乎必然性的意志性、具备正义性的利益性、群体物质生活条件的制约性，我们简而称之为实践的规范性。❷规范性是社会性的基本内容和本质特征，当人的社会活动没有具备实践的规范性时，行为就具有了犯罪的特征。

综上所述，犯罪是行为人在社会化的过程中，不能完成从精神属性向社会属性的转变，不能顺利社会化的结果。那种不与行为相对人协商、不为社会接受的独断专行就是犯罪。其本质是一种不见容于社会的心理态度。

2.犯罪的本质属于心理的"自我"层次

心理决定行为，行为表现心理。心理与行为这种表现与被表现的关系反映了两者之间的本质与现象的关系。对犯罪本质的心理学认识无疑是一条正确的道路。在 1923 年精神分析学家弗洛伊德提出了本我、自我与超我等三个心理动力学的概念。本我包含要求得到眼前满足的一切本能的驱动力，它按照快乐原则行事，一味追求满足。本我中的一切，永远都是无意识的。自我处于本我和超我之间，代表理性和机智，具有防卫和中介职能，它按照现实原则来行事，监督本我的动静，给予适当满足。超我代表良心、社会准则和自我理想，是人格的高层领导，它按照至善原则行事，指导自我，限制本我。简言之，本我的目的在于追求快乐，自我的目的在于追求现实，超我的目的则在于追求完美。可见，超我具有社会性，超我的表现是合乎社会规范的行为。而本我属于无意识的心理状态，这种无意识因为不能为人控制所以也没有规范的价值而与犯罪的认定无缘。

---

❶ 温建辉:《人性与人的本质新解》，载《内蒙古农业大学学报》2005 年第 2 期，第 102 页。
❷ 温建辉:《从社会化看犯罪产生》，载《理论界》2006 年第 1 期，第 125 页。

从心理动力学的角度分析，犯罪的本质属于心理的“自我”层次，是犯罪行为人“自我”欲念和妄想的表现。例如，2011 年 5 月 8 日，一名山东籍叫石柏魁的男子因为自己缺钱而潜入故宫博物院盗窃价值数千万元的珍贵珠宝文物，该犯罪行为就是犯罪者“自我”欲念和妄想的表现，这种心理态度的表现因为不见容于社会而只能成为犯罪行为。

犯罪的本质是一种不见容于社会的心理态度，这种态度在刑法学上被评价为罪过。具体而言，犯罪的本质是犯罪活动中支配行为认可危害结果发生的心理态度，而且这种心理态度是包括知、情、意三种因素在内的心理活动的综合体现。因为行为人对于危害结果的发生存在知、情、意三种心理过程或活动，所以这种心理也就是知、情、意这三种因素的综合体现。作为犯罪本质的心理态度具有如下几个基本的特点：第一，它是行为人在犯罪活动过程中的心理态度。罪前态度和罪后态度都不属于作为犯罪本质的心理态度，例如，激情犯的激情因为是作为犯罪动机的罪前心理而不属于作为犯罪本质的心理态度。第二，它是行为人在犯罪活动过程中认可危害结果发生的心理态度。例如，支配交通肇事罪行为人的心理是对交通事故发生的过失心理，而不是违犯交通规章的故意心理。第三，它是行为人在犯罪活动过程中包括知、情、意三者的综合体现。因为有的犯罪如果不考虑情感态度的话，就不能科学解释犯罪的主观罪过。

二、新的犯罪分类方法

以往的犯罪分类有多种多样，例如按立法的规定可划分为故意犯罪和过失犯罪，以及按其他标准将犯罪分为重罪与轻罪、亲告罪与非亲告罪、政治犯与普通犯、自然犯与行政犯等等类别。然而这些犯罪的分类都是理性犯罪内部的划分，是一种片面的划分。而依照罪过三因素分析法对犯罪进行分类，犯罪可划分为理性犯罪和率性犯罪两种类型。

（一）理性犯罪与率性犯罪

1.以理智为标准的划分

理智固然可以支配人的行为，依支配人的理智不同，人的行为可以区分为故意的行为和过失的行为。故意和过失都可能危害社会，相应地就可能构成故意犯罪和过失犯罪。此种认识已经尽人皆知。然而这种划分是对犯罪不完全的划分，因为这种划分会遗漏情感罪过主导的犯罪。

2.以性情为标准的划分

性情同样可以支配人的行为,我们亦可以依支配人的性情不同,将人的行为进一步划分。人对外界事物是否符合自己的需要会有一定的评价与判断,合乎自身需要的就“喜欢”,相反就产生“讨厌”的情绪与情感。情绪、情感是价值判断的风向标。人经过对外界各种对象的评价和筛选,一分为二为:好之则淫,恶之则怠。而人的性情一旦以行为表现出来,就必然要接受社会规范的评价,规范性的行为谓之“善”,反之,谓之“恶”。其中严重的恶行经司法程序评价后就是法律意义上的犯罪。于是,依性情对行为的支配就可以将犯罪一分为二,“淫”与“怠”是人类两种基本类型的犯罪。一切的违法犯罪行为无非是这两种基本罪行的具体表现形态。例如,滥用职权是一种淫,玩忽职守是一种怠。简言之,依性情可以将犯罪划分为淫之罪与怠之罪。然而,这种划分也有失片面,因为它易于忽视纯粹的理智罪过主导的犯罪。

3.以罪过心理的主导因素为标准的划分

鉴于片面以理智或情感为标准对犯罪行为分类所具有的缺陷,笔者认为,理性行为和率性而为都能构成犯罪,犯罪行为依此可划分为理性犯罪和率性犯罪。理性犯罪与率性犯罪是以理智和情感何者占据行为人心理的主导方面来加以划分的,这是区分理性犯罪与率性犯罪的标准。理性犯罪是行为人在理智的支配下或意志作用大过情感作用的犯罪;率性犯罪是行为人在罪过情感引导下或情感作用大过意志作用的犯罪。理性犯罪与率性犯罪各有罪过所重,分享犯罪特色。率性犯罪具有比较强烈的感性色彩,而理性犯罪具有比较强烈的理性色彩。

(二)理性犯罪的种类

理性犯罪是行为人在理智罪过的支配下实施的犯罪。理智罪过是在支配行为人实施犯罪行为的罪过心埋中埋智居于主导地位的罪过心理。由于理智与情感会有冲突,所以理性犯罪存在理智与情感相一致的理性犯罪和理智与情感相冲突的理性犯罪。其中直接故意犯罪和间接故意犯罪属于理智与情感相一致的理性犯罪,轻信过失犯罪属于理智与情感相冲突的理性犯罪。

1.直接故意的理性犯罪

罪过包括知、情、意三个方面。[1] 直接故意犯罪的认知因素是认识到行为会

---

[1] 温建辉:《将情感因素纳入罪过理论的探索》,载《社会科学家》2007 年第 5 期,第 103 页。

发生危害社会的结果，意志因素是希望这种危害结果的发生，情感因素是对这种危害结果的发生乐观其成。希望危害结果的发生是这种犯罪的显著特征。例如，药家鑫杀人就是一种直接故意的理性犯罪。

2.间接故意的理性犯罪

间接故意犯罪的认知因素是认识到行为会发生危害社会的结果，意志因素是放任这种危害结果的发生，情感因素是对危害结果是否发生持漠不关心的情感态度。放任危害结果的发生是这种犯罪的显著特征。例如，在开枪打猎而放任杀伤附近小孩的情况下，结果致人死亡的犯罪，就是一种间接故意的理性犯罪。

3.轻信过失的理性犯罪

轻信过失犯罪的认知因素是预见到行为可能发生危害社会的结果，意志因素是放任这种危害结果的发生，情感因素是对危害结果持排斥的情感态度。轻信过失犯罪的显著特点是行为有节制，并尽可能避免危害结果的发生。例如，交通肇事罪多是一种轻信过失的理性犯罪。

（三）率性犯罪的种类

率性犯罪是行为人在情感罪过引导下实施的犯罪。情感罪过是在伴随行为人实施犯罪行为的罪过心理中罪过情感居于主导地位的罪过心理。依据行为人罪过情感的强烈程度，情感罪过可划分为四个类别，与之相对应的就是痴狂型率性犯罪、痛快型率性犯罪、冷漠型率性犯罪和漠不关心型率性犯罪。而情感罪过又分为积极的情感罪过和消极的情感罪过，因而率性犯罪亦分为积极的率性犯罪和消极的率性犯罪。

1.痴狂型率性犯罪

痴狂型犯罪指行为人在犯罪活动中持有的这样一种心理，即痴迷嗜好，甚至于对自己行为的性质不能正确认识，并且不顾一切地实施痴狂行为，以致造成危害的结果。例如，“法轮功”痴迷者接二连三地制造的一系列令人发指的刑事案件就是痴狂型率性犯罪。

2.痛快型率性犯罪

痛快型犯罪指行为人在犯罪活动中对危害结果的发生有认识、对危害结果的发生持希望的意志态度，并且具有以他人痛苦为行为人快乐这样情感态度的犯罪。将快乐建立在别人痛苦之上是这种犯罪的显著特征。例如，在 2012 年发生在浙江温岭蓝孔雀幼儿园的虐童事件中,肇事者小2班老师颜艳红虐待幼儿,称“其”好玩,并让同事拍下许多照片留着观赏。该案件反映的犯罪就是痛快型率性犯罪。

3.冷漠型率性犯罪

冷漠型犯罪行为人在犯罪活动中负有对他人关照的义务,也认识到危害结果可能发生,但是对危害结果的发生持冷漠无情的情感态度,且放任危害结果的发生。冷漠以待或者冷酷无情是这种犯罪的显著特征。例如,遗弃罪就是典型的冷漠型率性犯罪。

4.漠不关心型率性犯罪

漠不关心型犯罪行为人在犯罪活动中对危害结果的发生没有认识、对危害结果的发生也没有意志,而是对危害结果的发生持漠不关心情感态度的罪过心理。❶ 也就是传统犯罪分类中的疏忽大意过失犯罪。

第四节　犯罪既遂标准的重新审订

犯罪既遂是犯罪范畴中的一个重要概念,只有掌握了犯罪既遂的标准,犯罪概念才能完美确立。而从犯罪既遂的角度认识社会危害性,有助于准确理解犯罪的本质属性。但是在犯罪既遂成立标准众说纷纭的情况下,犯罪既遂的概念同样难以确定,我们只能在论证和确立犯罪既遂标准的过程中一并或附带知晓犯罪既遂的含义。

一、关于犯罪既遂标准诸观点及其评析

在犯罪既遂的观点争鸣中,犯罪结果发生说、犯罪目的实现说和犯罪构成要件齐备说是其中的主要观点。笔者试对其做一简要评析,以为正本清源之先。

(一)犯罪结果发生说及其评析

犯罪结果发生说以犯罪危害结果的发生作为犯罪既遂的标准。犯罪行为发生了犯罪结果的,是犯罪既遂;否则,是犯罪的未完成。❷

---

❶ 谢勇、温建辉:《破解疏忽大意过失罪过性的两难之题》,载《河北法学》2007年第3期,第37页。

❷ 刘之雄:《犯罪既遂论》,中国人民公安大学出版社2003年版,第3页。

任何行为都有完成形态，犯罪是一种行为，所以，任何犯罪都有完成形态；而犯罪既遂是犯罪的完成形态，因此，任何犯罪都有既遂形态。以此观点观之，犯罪结果发生说存在不可克服的问题。首先，对于不以危害结果发生为犯罪客观要件的犯罪，比如危险犯和行为犯，看不到此说的解释作用。其次，对于过于自信过失的犯罪和疏忽大意过失的犯罪，危害结果的发生，犯罪结果发生说却并不认为其是犯罪既遂。另外，对于存在加重结果发生情况的犯罪，例如抢劫致人死亡，在这样的犯罪里存在基本危害结果与加重危害结果，哪个结果是抢劫罪既遂的危害结果，也没有看到犯罪结果发生说给出确定的说明。

（二）犯罪目的实现说及其评析

犯罪目的实现说认为犯罪既遂应当以犯罪目的的实现为标准。犯罪人通过犯罪行为达到了犯罪目的的，是犯罪既遂；未达到犯罪目的的，是犯罪的未完成形态。❶

笔者认为犯罪结果发生说也存在几个不可克服的问题。第一，在没有犯罪目的的间接故意犯罪和过失犯罪中，如何认定犯罪既遂将无以为据。第二，在犯罪目的没有实现的行为犯中，也将难以认定犯罪既遂。比如强奸犯，在行为人尚未实现释放性欲的情况下，只要性器插入被害人，犯罪已经既遂。第三，在以犯罪为手段而另有目的的犯罪中，也即没有犯罪目的的实现即可认定为犯罪既遂。例如，以杀害他人幼子而报复他人的犯罪中，即便他人没有因幼子被害而痛苦，只要幼子被害，行为人也已经犯罪既遂。对这些情况的难以解释，证明犯罪目的实现说难以成立。

（三）犯罪构成要件齐备说及其评析

犯罪构成要件齐备说认为犯罪既遂的标准是指犯罪行为具备了刑法分则规定的犯罪构成的全部要件。此说是我国关于犯罪既遂标准的通说。❷

笔者对犯罪构成要件齐备说有如下商榷意见。第一，犯罪的成立与犯罪既遂是两个问题。只要是刑法禁止的行为，就是犯罪，难道犯罪未遂刑法就不能禁止吗？就不能成立犯罪吗？例如，组织、领导、参加恐怖组织罪等犯罪本身只是

---

❶ 刘之雄：《犯罪既遂论》，中国人民公安大学出版社2003年版，第9页。

❷ 赵秉志主编：《当代刑法学》，中国政法大学出版社2009年版，第196页；高铭暄、马克昌主编：《刑法学》（上编），中国法制出版社1999年版，第246、275页；何秉松主编：《刑法教科书》，中国法制出版社2000年版，第419页及以下；苏惠渔主编：《刑法学》，中国政法大学出版社1997年版，第205、211页。

一种犯罪的预备形态，不是也被刑法规定为犯罪了吗？第二，刑法对于过失犯罪也规定有构成要件，如果以过失犯罪具备了刑法规定的构成要件就认定过失犯罪为既遂，这又与主流的观点认为犯罪既遂只存在于直接故意犯罪中❶相矛盾。既然作为一种认定犯罪既遂的标准，那么它就应该使没有既遂形态的犯罪不符合它的条件，犯罪构成要件齐备说显然不能做到这一点。而实际情况是，过失犯罪不仅有既遂形态，也有未完成形态。例如，危险驾驶罪就是交通肇事罪的未完成形态，一种过失犯罪的未完成形态。

二、需要澄清的几个问题

（一）任何犯罪都有既遂状态

任何行为都有完成形态，这是一个朴素的观念。犯罪既遂即犯罪的完成形态，任何犯罪都有完成形态，也就是说任何犯罪都有既遂形态，而不限于直接故意犯罪。传统的观点认为犯罪既遂只存在于直接故意犯罪中，间接故意犯罪和过失犯罪不存在犯罪既遂。他们认为，犯罪完成形态是与犯罪未完成形态相对而言的，过失犯罪与间接故意犯罪既然没有未完成形态，那么，它们也就没有既遂形态。❷ 而实际情况是，犯罪停止形态是相对于构成犯罪的危害行为本身的停止形态而言的。犯罪过程中的停止形态，只是对危害行为各种停止形态在刑法学语境中的另一种称呼。直接故意的危害行为在行为过程中存在预备形态、未遂形态、中止形态和既遂形态，因此，直接故意的危害行为存在犯罪预备、犯罪未遂、犯罪中止和犯罪既遂等犯罪形态。

而过失行为没有预备形态和中止形态，但有未遂形态和既遂形态；间接故意行为没有预备形态，但有未遂形态、中止形态和既遂形态。由过失行为和间接故意行为在多数情况下造成严重危害结果的，也即在既遂的情况下才能构成犯罪，所以这两种行为多数只存在犯罪既遂的形态。事实上，少数犯罪像交通肇事罪就存在危险驾驶罪这样的未完成形态的过失犯罪。换言之，过失犯罪和间接故意犯罪多数只有完成形态，而且过失犯罪和间接故意犯罪的未完成形态不构成犯罪不等于这两种行为没有未完成形态，因此也不是传统观点认为的“犯罪完

---

❶ 赵秉志等：《刑法学》，北京师范大学出版社 2010 年版，第 209 页。
❷ 赵秉志等：《刑法学》，北京师范大学出版社 2010 年版，第 206 页。

成形态是相对于犯罪未完成形态而言,这两种行为由于没有犯罪的未完成形态而没有犯罪既遂”。

(二)区分物质性危害结果与精神性危害结果

犯罪的社会危害可以划分为物质性危害结果与精神性危害结果。区分物质性危害结果与精神性危害结果有助于我们正确认识行为犯的危害实质。物质性危害结果众所周知,即物质的、有形的、可测量的危害结果,而笔者对精神性危害结果另有见解,特予说明。概括地讲,刑法维护和促进的是整个社会的良好秩序;就具体的刑法规范,其维护和促进的是个别的社会关系。行为犯造成精神性危害结果分为两种情况。其一,行为犯基于其行为构建的社会关系本身就是一种恶果。例如,违背妇女意志的性行为这样的性关系本身就是一种恶劣的思想社会关系,一种违背社会良好秩序的危害结果。换言之,行为犯的危害结果尽管没有物质性危害结果,但却是一种精神性危害结果。其二,行为犯是对思想社会关系的破坏,这种被破坏的情况也是一种精神性危害结果。例如妨害公务罪是对社会管理这种思想社会关系的危害。在侮辱罪、诽谤罪等犯罪中,危害结果是思想社会关系主体人格、名誉的损害,也属于精神性危害结果。

(三)区分犯罪成立与犯罪既遂

在笔者看来,犯罪成立与犯罪既遂并不一致,因而有必要严格区分这两个概念。而且以犯罪构成要件齐备为犯罪既遂的标准于法无据,刑法也只是表明符合犯罪构成要件的行为成立犯罪。如果认为犯罪构成以既遂为模式,那么会出现如下弊端:第一,有的犯罪明显不是既遂,如果既遂就不会成立犯罪,例如煽动颠覆国家政权罪。第二,以犯罪既遂为犯罪构成的立法模式,那么,犯罪构成就失去了作为认定犯罪成立标准的作用,罪与非罪就失去了法定的区分标准。例如,故意致人轻伤构成故意伤害罪,而故意致人轻微伤不是伤害既遂,那么,它能否成立犯罪未遂的故意伤害罪呢,只能认为刑法没有明确规定,而且,这样的不明确是普遍的,罪刑法定就成为泡影。第三,也会发生一个犯罪有多个犯罪既遂标准的逻辑错误。例如,故意伤害他人,你既然承认致人轻伤是既遂,就没有理由否认致人重伤不是既遂,那么,一个犯罪就有了两个既遂的形态。第四,对于仅具有犯罪成立意义的行为,如果认为是犯罪既遂,那么,在客观上会使犯罪未遂和犯罪中止等犯罪形态没有容身之地。

区分这两个概念有助于我们避免误入歧途，从而找准认定犯罪既遂的标准。危害社会的行为只要为刑法所禁止，这个行为在刑法上足以成立犯罪，而无需考虑犯罪人是否遂愿，即不必考虑犯罪是否既遂。犯罪成立与犯罪既遂完全是两个概念，犯罪未遂同样可以规定为犯罪，即便是过失犯罪的未遂也可能被刑法规定为犯罪，例如危险驾驶罪就是一种未完成形态的过失危险犯，所以，犯罪构成要件齐备只能表明该种犯罪的成立，而不是犯罪的既遂。换言之，犯罪构成要件齐备说不能成立。

在将犯罪划分为结果犯与行为犯时，其中传统观点的行为犯在笔者看来包括两种情况：第一种是以精神性损害为危害结果的行为犯，例如强奸罪，通说采“插入说”，即其抽插行为本身就是一种危害结果，因而是结果犯；至于强奸幼女，亦应采“插入说”，不宜采用“接触说”，如果因强行抽插造成幼女身体损伤，可按结果加重犯处罚，如果明知会造成幼女身体伤害而强行插入，可构成故意伤害罪。这种犯罪属于笔者主张的行为犯。第二种是犯罪行为属于这样的情况，就是这个行为从实现一个完整的目的来看，可以划分为犯罪预备行为和犯罪实行行为。例如现实生活中毒品犯罪中的“非法种植毒品原植物罪”是贩卖毒品、吸食毒品的预备行为，而贩卖毒品、供人吸食以及损害人体健康等严重后果的发生才是直接发生危害社会的实行行为。这种犯罪的实行行为尚未实施就被刑法规定为犯罪，也就是说非法种植毒品原植物只是贩卖毒品供人吸食的预备行为。这种由犯罪预备行为成立的犯罪被传统的既遂分类方法认为也是行为犯。这种犯罪在实行行为没有实施的情况下，实质上是犯罪未遂形态。

（四）主客观相统一的范围

主客观相统一是现代法制国家基本的定罪原则，这一原则要求在追究犯罪人的刑事责任时不仅要有危害社会的结果，必须同时具备认可危害结果发生的主观罪过，而且客观的危害结果的范围亦必须与主观罪过的范围相一致。

社会危害性的现实表现是犯罪行为的客观危害，而且这种危害结果是犯罪行为人主观心理认可的危害结果。这里的主观心理不同于行为人的目的，因为犯罪目的有时与危害结果并不一致；这里的危害结果也不是与行为人主观心理无关的危害结果，与行为人主观心理无关的危害结果行为人不应当负刑事责任。

三、犯罪既遂标准的确证

(一)主观见之于客观的危害结果的发生是犯罪完成的唯一标志

犯意的实现意味着犯罪的完成,而主观见之于客观的危害结果是犯意实现的表证,所以主观见之于客观的危害结果是犯罪完成的标志。刑法理论认为,犯罪的社会危害性是行为的客观危害与行为人的主观恶性的统一。在犯罪活动中,行为人的主观恶性已经物化为行为的客观危害,行为的客观危害是行为人主观恶性见之于客观的东西。合乎逻辑地,社会危害性的现实表现就是行为的客观危害。

既然社会危害性的现实表现就是犯罪的客观危害,那么对客观危害重视的实质也就是对社会危害性的重视。持法益侵害说的学者也认为客观危害是犯罪构成首要应当考虑的要素。如持法益侵害说的学者认为:“在判断行为是否构成犯罪时,也必须以法益是否受到侵害为核心。”❶这也印证了社会危害性对于犯罪成立的重要性。而在坚持主客观相统一原则的指导下,同样应当重视认可危害结果发生的主观罪过。如果片面重视客观的危害结果,将很容易导致追究没有对应的主观罪过的“客观的超过要素”的刑事责任。例如该论者为避客观归罪之嫌,讲了三条理由:“首先,从前述笔者所列举的一些犯罪来看,行为人主观上都认识到了行为的危害性质。如非法发放贷款的人、丢失枪支不及时报告的人、擅自进口固体废物的人,他们都认识到了自己行为的危害性质。其次,行为人主观上对客观的超过要素以外的某种危害结果显然具有希望或者放任发生的态度。例如,上述犯罪的行为人对金融秩序的破坏、公共安全的危险、环境资源保护的破坏等危害结果都具有希望或者放任发生的态度。最后,行为人对作为客观的超过要素的危害结果具有预见可能性。”❷与此相对应,笔者认为,首先,行为危害性质与客观的超过要素以外的某种危害结果不属于主客观相统一的客观内容。其次,犯罪行为人对行为危害性质的认识与行为人主观上对客观的超过要素以外的某种危害结果所具有的希望或者放任发生的态度不属于主客观相统一的主观内容。最后,行为人对作为客观的超过要素的危害结果具有预见可能性不能等同于行为人对作为客观的超过要素的危害结果具有预见,没有

---

❶ 张明楷:《法益初论》,中国政法大学出版社2000年版,第358页。

❷ 参见张明楷:《“客观的超过要素概念”之提倡》,载《法学研究》1999年第1期。

预见即没有认识，没有认识当然也没有意志。对危害结果既没有预见，也没有意志，那么，对这样的危害结果以罪相论，算不算客观归罪呢？

不以犯意认可的危害结果的发生为衡量犯罪既遂的标准，不仅会导致把犯罪预备行为构成的犯罪作为既遂形态，而且也可能导致把直接故意犯罪的故意内容作为主观超过要素的结论，❶而这为笔者所不赞同。另外，还要特别注意精神性危害结果也是一种犯罪结果，对这一点的忽视可能造成结果犯与行为犯之间的混淆不清。

（二）犯意的完全实现是认定犯罪既遂的唯一标准

既然主观见之于客观的危害结果是犯罪完成的标志，而犯罪完成就是犯罪既遂，所以只有主观见之于客观的危害结果才能担任认定犯罪既遂的标准，简言之，犯意的完全实现就是犯罪既遂。而且当我们承认主观见之于客观的危害结果是认定犯罪既遂的标准之后，便可看到相关犯罪既遂的问题变得简单而易于理解，原先关于犯罪既遂标准三种学说的合理因素亦在新的犯罪既遂标准中获得新生。

首先，将危害结果作为认定犯罪既遂的标准直观而易于操作。因为危害结果是形之于外的客观表现，它相对于犯罪目的和犯罪构成要件齐备更容易掌握；而且将危害结果界定为物质性危害结果和精神性危害结果之后，又克服了危害结果不统一，以及部分犯罪行为没有危害结果（物质性危害结果）的弊端。其次，将危害结果的发生作为认定犯罪既遂的标准符合刑法的规定，从我国刑法对故意犯罪和过失犯罪的规定显而易见。再次，主观见之于客观的危害结果符合主客观相统一的定罪原则。同时克服了人们对于“客观超过要素”以及“主观超过要素”客观归罪与主观归罪的诟病。❷ 最后，原先诸种学说的弊端在新的标准中不复存在。例如，对于行为犯可以用精神性危害结果予以解释；对于危险犯可以用区分犯罪成立与犯罪既遂给以说明（即危险犯不属于犯罪既遂的形态）；对于犯罪目的与危害结果不一致的情况，可以正确地选择危害结果为认定犯罪既遂的标准；对于间接故意犯罪、轻信过失犯罪和疏忽大意过失犯罪的既遂亦可以

❶ 张明楷：《论短缩的二行为犯》，载《中国法学》2004年第3期，第149页。文中云：“杀人未遂时，行为人虽然对死亡结果具有希望或者放任的态度，但死亡结果并没有发生，所以，故意的意志因素便成了超出客观要素范围的要素，因而也被一些学者称为主观的超过要素。”

❷ 温建辉：《超过要素概念的证伪》，载《西华师范大学学报》2012年第5期。

主观见之于客观的危害结果来说明;❶最重要的是,在严格区分犯罪成立与犯罪既遂这两个概念的基础上,扬弃了居于犯罪既遂标准通说地位的犯罪构成要件齐备说,从而使犯罪既遂的观念焕然一新。

犯意的完全实现才是犯罪既遂。例如,2010 年 5 月 5 日 16 时许,被告人林荣培在广东省珠海市湾仔邮局,以“湖南鸭子帮”的名义,用特快专递方式寄给被害人珠海市金鼎精艺珠宝有限公司老板温乃棉一封勒索信,向其勒索人民币 6.88 万元,并令其于 5 月 8 日 18 时将上述款项放于珠海市香洲区南坑市场门口第二个垃圾桶内,否则准备 6 月 1 日前给其儿女收尸。被害人温乃棉收到恐吓信后报警。5 月 8 日 18 时许,公安机关在南坑市场附近布控,但被告人林荣培没有到现场取钱。2010 年 5 月 14 日,被告人林荣培被抓获归案。❷ 该案中的犯罪行为是一种结果犯,一种由犯罪预备行为构成的结果犯,其危害结果是“非法占有他人财物的物质的社会关系”——一种物质性的危害结果,由于危害结果尚未实现,所以被告人林荣培的行为属于犯罪未遂。

四、相关的几个问题

(一)犯罪既遂的形态

划分犯罪的形态是在犯罪既遂的语境中谈论的,或者直言犯罪既遂的形态,其实质是犯罪既遂的种类。在坚持任何犯罪都有既遂的前提下,我们以主观见之于客观的危害结果作为认定犯罪既遂的标准,而这个危害结果包括物质性危害结果与精神性危害结果,同时我们也区分了犯罪成立与犯罪既遂这两种情况,从而避免了把未遂犯纳入犯罪既遂形态的歧途,这样,犯罪的形态或曰犯罪既遂的形态被笔者分类为:行为犯和结果犯。

危险犯属于结果犯的未遂形态,例如放火罪,行为实施后,一旦产生危害公共安全的危险,即便没有造成危害公共安全的实际结果,放火罪仍然成立。举动犯本质上属于由犯罪预备行为成立的犯罪。具体可分为两种情况,一种是作为结果犯的预备形态而被规定为犯罪的情况,如组织、领导、参加恐怖组织罪,组

---

❶ 参见谢勇、温建辉:《区分间接故意与轻信过失的最终方案》,载《河北法学》2007 年第 1 期;谢勇、温建辉:《破解疏忽大意过失罪过性的两难之题》,载《河北法学》2007 年第 3 期。

❷ (2010)珠中法刑终字第 275 号,http://www.criminallaw.com.cn/article/default.asp? id=6905。

织、领导、参加黑社会性质组织罪等；另一种是教唆煽动性质的行为成立的犯罪，如我国刑法规定的煽动民族仇恨、民族歧视罪，传授犯罪方法罪等。这两种行为尽管不是行为人实现犯罪意图的实行行为，但是它们具有对立的侵犯法益，而且它们自身的危害性较大，因而独立构成犯罪。举动犯属于结果犯还是行为犯取决于具体的危害社会的实行行为构成的犯罪性质。

而意大利“法律结果说”认为，所有的犯罪都产生侵害法益的后果，因而所有的犯罪都是结果犯，划分行为犯和结果犯没有意义。但笔者认为，无论是对法益，还是对社会关系，抑或对犯罪对象的危害结果，为了深化认识、明确对象，就有必要进行分类，根据危害结果是物质性的还是精神性的，把犯罪既遂形态划分为行为犯和结果犯是一种必然的结论。而且对行为犯和结果犯的区分对于正确认定犯罪停止形态和正确定罪量刑具有重要意义。

（二）认识错误与犯罪形态

在行为人故意犯罪但是因为对事实认识错误而没有造成法定危害结果的情况下，依行为未遂的原因可将其划分为手段不能和对象不能。其中手段不能分为两种情况，一种是错误地选用了犯罪手段导致不能实现犯罪目的；另一种是选用了在任何情况下都不能实现犯罪意图的行为，如“迷信犯”。迷信犯因为行为本身没有社会危害性，不会造成危害社会的结果，所以不能构成犯罪；而误用犯罪手段的行为没有实现犯罪目的，属于犯罪未遂。

而对象不能一律构成犯罪。因为对行为对象认识错误而导致行为未遂的行为对社会具有危害性。这个对于社会的危害，不仅仅是对行为对象的危害，因为即便该行为对“此对象”没有造成实际的危害，但这种行为可以造成“彼对象”——社会的一般对象危害后果，所以这种行为就应当为刑法所禁止，就应当被认定为犯罪。这也可以解释为什么对于同类对象认识的错误仍然以相同的罪名定罪的原因，就是因为这种行为危害的客体一样。所以故意杀害甲，结果误杀乙，而仍然以故意杀人罪来定罪，而仍然可以成立故意杀人既遂的形态。

（三）危险犯和行为犯中的未完成形态

行为犯直接造成了精神性危害结果，所以行为犯一旦实施构成要件的危害行为就成立犯罪既遂。作为犯罪既遂形态的行为犯，其本身即是犯罪的既遂形态，既然行为犯有既遂形态，那么行为犯就可以产生犯罪预备、犯罪未遂或犯罪中止的形态。例如，强奸犯是一种以强奸行为构成的性关系为精神性危害结果的行为犯。当强奸犯遇到了石女，就只能成立犯罪未遂。再如，妨害公务罪是一种以妨害公务行为破坏行政执法法律关系为精神性危害结果的行为犯。在妨害公务的犯罪过程中，行为人可以自动终止暴力抗拒公务的行为，从而使行政执法的公务继续下去。这样的情形，就可以成立犯罪中止，而这是一种行为犯的犯罪中止。

而危险犯作为一种结果犯的未完成形态，即犯罪未遂，不仅其本身是一种犯罪未遂，而且其也存在犯罪预备或犯罪中止。例如放火罪，在火苗独立燃烧后，行为人良心发现，自动将火苗熄灭，可以成立犯罪中止；或者随即天降大雨，将火苗扑灭，那么，可以成立放火罪的犯罪未遂。这就避免了通说认为的危险犯属于既遂犯，一旦危险发生后就成立既遂，而不能成立犯罪中止的情况。而这种认识显然是不符合客观实际的。事实上，对于危险犯，一旦发生了法定的危险，只是犯罪成立，而不是犯罪既遂。

第五节　共同犯罪观念的完善

共同过失犯罪在我国古代和近代法律中早有规定，而这种规定也为承认共同过失犯罪提供了法律根据。例如我国《唐律名例》和 912 年的《暂行新刑律》都有共同过失犯罪的规定。而 1928 年的《中华民国刑法》第四十七条也有这样的规定。可见，共同过失犯罪的立法由来已久，有其存在的渊源。[1] 而今，对于共同过失犯罪的司法实践和理论争议更是惹人关注。

一、共同犯罪的成立条件

（一）共同犯罪成立条件的通说及其困境

1.成立条件的通说

我国刑法理论通说认为，成立共同犯罪必须具备下面三个条件。

第一，必需是行为人为二人以上。共同犯罪的主体，必须是两个以上达到刑事责任年龄、具有刑事责任能力的人或单位。第二，必需有共同的犯罪行为。它指各行为人的行为都指向同一犯罪，相互联系，相互配合，形成一个统一的犯罪

---

[1] 张二军：《论共同过失犯罪的成立根据》，载《临沂师范学院学报》2009 年第 2 期。

活动整体。第三,必需有共同的犯罪故意。它是指各共同犯罪人认识他们的共同犯罪行为和行为会发生的危害结果,并希望或者放任这种结果发生的心理态度。包括:(1)认识因素;(2)意志因素;(3)共同犯罪人之间必须存在意思联络。

2.困境

关于过失犯罪不能成立共同犯罪的理由主要有:

第一,共同的犯罪故意是共同犯罪成立的必要条件。而共同过失犯罪,彼此缺乏意思联络,不可能使各个人的行为形成一个互相支持、互相配合的统一体,因而各个行为人只可能分别构成过失犯,而不可能是共同犯罪。第二,在过失共同犯罪中,不存在组织犯、教唆犯、实行犯的分工,也无主犯、从犯、胁从犯的差别,只要根据各人的过失犯罪情况科刑就可以了,不需要按照共同犯罪的规定来处理。[1]

(二)共同犯罪成立条件新解

1.主体

共同犯罪的主体需要二人以上,这是尽人皆知。但我们还需要知道这个二人以上,不是二个以上的犯罪主体,它们仍然只是结合为一个犯罪主体而存在的。这种由二人以上构成的犯罪主体称之为犯罪群体。群体,由两个或两个以上的人组成,彼此之间能够相互识别、交流和影响。犯罪群体就是共同犯罪中二个以上人员组成的具有意思联络和行为上相互配合的犯罪主体。

2.意思上有联络

笔者主张共同过失犯罪的成立,而且对于主流观点的共同犯罪的成立要求有行为人之间的意思联络,也为笔者所赞成。因为犯罪成立的根据是犯罪心理,所以共同犯罪必需有共同的犯罪心理,否则就是多个人的单独犯罪。笔者认为共同犯罪必需的意思联络应当包括两个方面的内容。即它们是犯罪群体之间思想上的沟通和情感上的共鸣。

犯罪其中的思想沟通也就是传统共犯理论中的意思联络,这是成立共同犯罪所必需的。笔者不仅认为成立共同犯罪需要犯罪群体间的思想沟通,他们之间还应当具有情感共鸣。情感共鸣,指两个人或者一个群体在情感上产生了一种沟通,对事物的态度基本一致,达到配合默契的交往。只有思想上有沟通、情

[1] 马克昌主编:《犯罪通论》,武汉大学出版社 1999 年版,第 319 页。

感上有共鸣，意思联络才是完整的和全面的。

故意犯罪由于其具有故意心理，因此它们之间能够形成意思联络。而如果主张过失行为能够成立共同犯罪，就必需找到过失犯罪成立共同故意的奥秘所在，因为这时必须解决共同过失行为犯罪化可行性的问题，值得庆幸的是我们找到了解开过失共同犯罪具有共同故意的秘密。我们的研究发现，在事故型犯罪以及过失危险犯中，都存在故意的犯罪心理（非罪过部分的犯罪心理），这为事故型犯罪和过失危险犯能够成立共同过失犯罪奠定了基础。

需要特别注意的是，我国刑法规定的“共同故意”是指多个犯罪行为人具有共同故意的犯罪心理，而不是共同故意的罪过心理，即不限于共同的犯罪心理中罪过部分的故意，也包括共同的犯罪心理中非罪过部分的故意。所以，在非罪过部分具有故意心理的数个过失行为就能够形成共同故意实施过失犯罪，即共同过失犯罪。因此，由过失行为构成的共同犯罪不存在立法障碍。

3.行为上有配合

成立共同犯罪需要共犯群体之间的行为相互配合、相互协作。笔者认为，这种行为上的配合，不独在故意犯罪中存在，在过失犯罪中也有存在。例如在事故型犯罪中，我们知道事故型犯罪存在违法的故意，那么，犯罪人基于违法的故意即可成立行为上的配合与协作。

二、共同故意犯罪观念的完善

（一）共同故意犯罪的范围

1.间接故意行为与共同犯罪

关于间接故意的共同犯罪能否成立的问题，在前苏联和我国，都有着各种不尽统一的观点。在我国刑法学界，主要有三种观点。第一种观点是否定说。该观点认为，共同犯罪只能由直接故意构成，间接故意不能构成共同犯罪。第二种观点是折衷说。该观点认为，共同犯罪或者只能由共同直接故意构成，或者只能由共同间接故意构成，而直接故意行为和间接故意行为难以构成共同犯罪。第三种观点是肯定说。该观点认为，共同犯罪不仅包括共同直接故意犯罪，还包括共同间接故意犯罪以及直接故意和间接故意相结合的共同犯罪。

笔者赞成肯定说。第一，承认间接故意行为可以成为共同犯罪中的参加行为没有立法障碍。因为直接故意和间接故意都属于故意的类型，所以，即便坚持共同犯罪必需有共同故意罪过心理的学者也不能对此予以驳斥。第二，事实上，间接故意行为能够成立共同犯罪。例如，两个小夫妻，新生一个孩子，某天，媳妇想去市里买新衣服，还要老公陪同，两人把孩子丢在家里，放任其死活，早上出门，晚上回来，孩子已经奄奄一息，随即很快死亡。该案件中的两个小夫妻就是共同间接故意杀人。

2.胁从犯与共同犯罪

我们知道，胁从犯是不完全自愿参加犯罪的，那么，胁从犯的犯罪心理究竟是什么呢？笔者认为，胁从犯在被胁迫的情况下，理智上选择了实现犯罪，而在情感上排斥犯罪行为及其结果，也即胁从犯在认识上是明知行为会发生危害结果、意志上是追求危害结果的发生、情感上持排斥危害结果发生的态度，这是与直接故意有所不同的；直接故意是明知危害结果的发生、追求危害结果的发生和乐见危害结果的发生。然而胁从犯能够与主犯共同实现犯罪，就在于它们具有相同的认识因素和意志因素，因而它们能够结合起来，在犯罪心理上具有联络，在行为上互相协作，形成共同犯罪。

（二）实行共犯、教唆共犯、帮助共犯

按照在共同故意犯罪中分工的不同，共犯行为有实行行为、教唆行为和帮助行为的划分，那么，它们就可以成立实行共犯、教唆共犯以及帮助共犯。

需要指出，对于实行共犯、教唆共犯和帮助共犯的称呼，在使用上有两种意义，一个是指共同犯罪人，另一个是指共同犯罪行为中的组成行为。在此笔者对这些称呼专指共犯行为中的组成行为。还需要清楚这些行为仅仅是共犯行为中的组成部分，而不具有独立的犯罪行为的意义。

（三）为了他人犯罪，准备工具、制造条件

为他人犯罪“准备工具、制造条件”是犯罪预备还是共犯这个问题，无论在理论上还是在实践中都是一个具有价值的问题。如果认为属于犯罪预备，那么，对于预备犯，可以比照既遂犯从轻、减轻处罚或者免除处罚；如果认为属于共同犯罪，那么，对于从犯，应当从轻、减轻处罚或者免除处罚。可见，对两者的刑罚是不同的。

笔者认为，第一，“为了他人犯罪，准备工具、制造条件的”在有意思联络的情况下，从刑罚适用的角度看，它是一个法规竞合的问题，即它在适用刑法上同时符合了犯罪预备和共同犯罪从犯的法律规定，但是犯罪预备的规定可以适用于任何犯罪的预备，而从犯的规定只能适用于共同犯罪，可见，从犯的规定较之于犯罪预备的规定是特殊规定，因此，应当适用从犯的规定，也就是说，“为了他人犯罪，准备工具、制造条件的”是共同犯罪的从犯。

第二，在没有意思联络的情况下，可以认为是片面共犯，因而可以依照第一种情况按照法规竞合处理，即认为是共同犯罪的从犯处罚。反过来讲，一个具有危害社会本质属性的犯罪行为，在不受外界干预的情况下，它的结果必然是发生危害社会的结果；如果行为到终结都没有发生危害社会的结果，就不能认为是犯罪。而为了他人犯罪准备工具制造条件，直到行为终了都不会有危害结果的发生，所以，这种情况不能成立犯罪。换言之，对没有意思联络而为他人犯罪预备的，在刑法评价上没有意义。因此，在没有意思联络的情况下，为了他人犯罪，准备工具、制造条件的，只能属于共同犯罪中的从犯。

三、共同过失犯罪的成立

过失犯罪能否成立共同犯罪，在学术界争议很大。笔者认为共同过失犯罪的成立必需具有犯罪化的可行性，即能够使参加该过失犯罪的行为人在被追究刑事责任和接受刑罚的时候，能够起到预防危害结果的发生或者惩罚的效果。而共同过失行为符合犯罪化的标准，能够成立犯罪，谨就共同过失犯罪的司法案例和理论根据叙述如下。

（一）共同过失犯罪的司法案例

关于共同过失犯罪的问题，我国的司法实践已经走在了理论研究的前面。我国司法实务已有“误射行人案”：1994 年 4 月 26 日，雷某与孔某相约在一阳台上，选中离阳台 8.5 米左右处一个树干上的废瓷瓶为目标比赛枪法（共用一支 JW—20 型半自动步枪）。两人轮流各射出三发子弹，均未中的，其中一发子弹穿过树林，将行人龙某打死，不能查明击中被害人的子弹由谁所发。重庆市九龙区人民法院及重庆市中级人民法院均认定两被告人构成过失犯罪，分别判处 4 年有期徒刑，但没有适用刑法总则关于共同犯罪的规定。

外国的司法实践更有走在我国前面的，有着比较丰富的共同过失犯罪的案例。例如，在日本的“甲醇酒案”中，被告甲、乙共同经营一个食品店，二人对于从丙处购入含有法定量以上甲醇的威士忌液体，因不注意而没有检查，并一起贩卖给了丁、戊、己等，导致饮用该液体者中毒死亡。法院判决认为，该饮食店由二被告人共同经营，对贩卖不合格的威士忌液体存有意思联络，应成立共同犯罪。❶ 再如，瑞士的“滚石案”发生在1983年4月21日下午6时55分左右，当时两个瑞士的年轻人A和B，从某森林小屋返回家的途中，发现Toess河右岸的山坡上有两块大石，重约50公斤和100公斤以上，于是A提议将大石头从山坡上推下去。A和B对于此处的地理环境非常熟悉，并且知道河岸经常有渔夫出现，将如此重的石块推落下去有可能对他人产生危险，在这样的状况下，B接受了A的提议。为了确认河岸边是否有人，B跑到绝壁边大声喊叫一声“有谁在下面吗”，但是他的位置使得他无法看到Toess河右岸的全部景观。在没有听到任何回应之后，B跑回A所在之处，用手将超过100公斤重的大石块推动使其滚落到山坡下，随后，A也以同样的方式将重达50多公斤的石块推落。两块大石头之一碰巧击中了在河边垂钓的渔夫C，导致了C的死亡，但是对于究竟是哪块石头砸死了C，事后根本无法确定。该案被瑞士联邦法院最终判决A和B均成立过失犯的正犯。等等。

（二）共同过失犯罪成立的范围

按照共同犯罪的主观罪过形式，共同犯罪可以划分为共同故意犯罪和共同过失犯罪。我国已有为数不少的学者主张共同过失犯罪的成立，然而对于共同过失犯罪的成立在法律上是否解释得清，这些学者基本上无例外地认为应当修改立法规定，对此，笔者认为解释论在共同过失犯罪的问题上完全行得通。

在学术上对过失共同犯罪的成立范围，主要有三种见解：一是认为共同正犯、教唆犯或从犯，都可以成立共同过失犯罪。二是认为不存在过失教唆犯，但可能存在过失共同正犯和过失从犯。如我国台湾刑法学者翁国梁就这样认为❷。三是认为过失犯只可能构成共同正犯，不存在过失教唆犯和过失从犯。我国刑法学者冯军教授、林亚刚教授等持这种观点。❸ 笔者赞成第一种观点，认为共同正犯、教唆犯和从犯都能成立共同过失犯罪，它们都具有共同犯罪的心理，因而不存在立法上的障碍。

---

❶ 参见昭和28年（1953年）1月23日最高法院判例。转引自甘添贵：《正犯与共犯：第四讲——过失共同正犯与过失共犯》，载《月旦法学教室》第18期，第86页。

❷ 马克昌主编：《犯罪通论》，武汉大学出版社1999年版，第518页。

❸ 参见冯军：《论过失共同犯罪》，载《西原春夫先生古稀祝贺论文集》，法律出版社1998年版，第264页；林亚刚：《犯罪过失研究》，武汉大学出版社2000年版，第256页。

1.共同故意行为引起的共同过失犯罪

共同实行行为成立的共同过失犯罪，不仅要符合成立共同犯罪的条件，还必须是过失犯罪，所以它们的各个组成行为必须都具有故意心理，以保证成立共同犯罪必须具备的共同故意，而且它们还必须是过失犯罪，即对危害结果的发生是过失的罪过心理。这些条件是可以具备的，因为在一些犯罪的心理中，比如交通肇事罪是出于违犯交通道路法规的故意，对交通事故的发生又是过失，这样的行为就完全符合成立共同过失犯罪的条件。

笔者认为，在事故型犯罪、过失危险犯等犯罪中，行为人都是出于违法的故意，所以这些犯罪的行为人能够形成共同故意；而它们又都是过失犯罪。因此，这些犯罪都能够成立过失共同犯罪。

2.故意教唆构成的共同过失犯罪

笔者认为故意教唆的行为，能够成为共同过失犯罪的组成行为。第一，这样的共同犯罪中的教唆行为是故意的，而不是过失教唆行为；第二，教唆者对于教唆行为引起的犯罪是过失的，即教唆者对自己教唆后果的认识存在差错，正犯行为不是教唆者的本意；第三，实行者的实行行为也是过失行为，如果教唆者和被教唆者有一方具有故意犯罪的罪过心理，就不能成立共同过失犯罪。2000 年 11 月 21 日《最高人民法院关于交通肇事刑事案件具体应用法律若干问题的解释》第五条第二款规定："交通肇事后，单位主管人员、机动车辆所有人、承包人或者乘车人指使肇事人逃逸，致使被害人因得不到救助而死亡的，以交通肇事罪的共犯论处。"我国多位学者已经认可这是司法解释对故意教唆引起的过失犯罪的肯定。而在笔者看来，该解释第七条的"单位主管人员、机动车辆所有人或者机动车辆承包人指使、强令他人违章驾驶造成重大交通事故，具有本解释第二条规定情形之一的，以交通肇事罪定罪处罚"的规定也是对故意教唆引起的过失犯罪的肯定。

3.故意帮助行为引起的共同过失犯罪

笔者认为故意帮助的行为，能够成为共同过失犯罪的组成行为。第一，这样的共同犯罪中的帮助行为是故意的，而不是过失帮助行为；第二，帮助者对于实行行为的危害后果的发生是过失的心理，即帮助者对自己帮助后果的认识存在差错；第三，被帮助者的实行行为也是过失行为，如果帮助者和实行者有一方具有故意犯罪的罪过心理，就不能成立共同过失犯罪。

例如,甲和乙一起去打猎,甲是猎手,乙是甲的助手,甲看到林间一个形似野兽的东西,问乙,乙也说是野兽,甲开枪射击,结果是把人误做野兽射死。这个案件中的甲和乙具有共同行为的故意,而他们对致人死亡又是过失的心理,所以他们的行为成立共同过失犯罪。

主要参考文献

一、中文著作

（一）法学类

1.中文原版

[1]高铭暄:《刑法学》,浙江大学出版社 2007 年版。
[2]高铭暄主编:《刑法专论》(上编),高等教育出版社 2002 年版。
[3]马克昌:《犯罪通论》,武汉大学出版社 1999 年版。
[4]马克昌:《西方刑法学说史略》,中国检察出版社 2004 年版。
[5]赵秉志主编:《犯罪总论问题探索》,法律出版社 2002 年版。
[6]赵秉志等主编:《当代刑法学》,中国政法大学出版社 2009 年版。
[7]储槐植:《刑事一体化与关系刑法论》,北京大学出版社 1997 年版。
[8]储槐植编著:《美国刑法》,北京大学出版社 1987 年版。
[9]谢勇:《犯罪学研究导论》,湖南出版社 1992 年版。
[10]谢勇:《宏微之际:犯罪研究的视界》,中国检察出版社 2004 年版。
[11]张远煌:《犯罪学原理》,法律出版社 2010 年版。
[12]卢建平:《中国刑事政策研究》,中国人民大学出版社 2006 年版。
[13]陈忠林:《刑法散得集》,法律出版社 2003 年版。
[14]陈兴良:《刑法哲学》,中国政法大学出版社 2004 年版。
[15]张明楷:《刑法学》,法律出版社 2011 年版。
[16]邱兴隆:《刑罚的哲理与法理》,法律出版社 2003 年版。
[17]姜伟:《罪过形式论》,北京大学出版社 2008 年版。
[18]袁彬:《刑法的心理学分析》,中国人民公安大学出版社 2009 年版。
[19]吴宗宪:《西方犯罪学史》,中国人民公安大学出版社 2010 年版。
[20]张智辉:《刑事责任通论》,警官教育出版社 1995 年版。
[21]冯军:《刑事责任论》,法律出版社 1996 年版。
[22]刘志伟、聂立泽:《业务过失犯罪比较研究》,法律出版社 2004 年版。
[23]孟庆华:《重大责任事故罪的认定与处理》,人民法院出版社 2003 年版。
[24]王志祥:《犯罪既遂新论》,北京师范大学出版社 2010 年版。
[25]左坚卫:《罪责刑专题探索》,中国人民大学出版社 2010 年版。

[26]王俊平:《刑法新增犯罪研究》,人民法院出版社 2004 年版。
[27]阴建峰:《刑法的迷思与匡正》,中国人民公安大学出版社 2009 年版。
[28]黎宏:《刑法总论问题思考》,中国人民大学出版社 2007 年版。
[29]周光权:《犯罪论体系的改造》,中国法制出版社 2009 年版。
[30]谢望原主编:《刑法学》,北京大学出版社 2003 年版。
[31]李海东:《刑法原理入门(犯罪论基础)》,法律出版社 1998 年版。
[32]刘明祥:《刑法中错误论》,中国检察出版社 1999 年版。
[33]林亚刚:《犯罪过失研究》,武汉大学出版社 2000 年版。
[34]童德华:《刑法中的期待可能性论》,中国政法大学出版社 2004 年版。
[35]李邦友:《结果加重犯基本理论研究》,武汉大学出版社 2001 年版。
[36]许发民:《刑法的社会文化分析》,武汉大学出版社 2004 年版。
[37]许玉秀:《刑法新思潮》,中国法制出版社 2005 年版。
[38]宁汉林、魏克家:《大陆法系刑法学说的形成与发展》,中国政法大学出版社 2001 年版。
[39]苏惠渔主编:《刑法学》,中国政法大学出版社 1999 年版。
[40]何秉松:《刑法教科书》,中国法制出版社 1997 年版。
[41]甘雨沛:《刑法学专论》,北京大学出版社 1989 年版。
[42]宁汉林、魏克家:《中国刑法简史》,中国检察出版社 1997 年版。
[43]陈兴良:《规范刑法学》,中国政法大学出版社 2003 年版。
[44]向朝阳主编:《中国刑法学教程》,四川大学出版社 2002 年版。
[45]王晨:《刑事责任的一般理论》,武汉大学出版社 1998 年版。
[46]张文:《刑事责任要义》,北京大学出版社 1997 年版。
[47]杨兴培:《犯罪构成原论》,中国检察出版社 2004 年版。
[48]杨书文:《复合罪过形式论纲》,中国法制出版社 2004 年版。
[49]何勤华主编:《外国法制史》,法律出版社 2011 年版。
[50]王渝生主编:《2002 年中国反邪教协会年会论文集》。
[51]吴振兴:《罪数形态论》,中国检察出版社 2006 年版。
[52]赖宇:《中国刑法之争》,吉林大学出版社 1989 年版。
[53]吴平:《资格刑研究》,中国政法大学出版社 2000 年版。
[54]柯耀程:《变动中的刑法思想》,中国政法大学出版社 2003 年版。
[55]徐立:《刑事责任根据论》,中国法制出版社 2006 年版。
[56]李立丰:《美国犯意研究》,中国政法大学出版社 2009 年版。
[57]王雨田:《英国刑法犯意研究》,中国人民公安大学出版社 2006 年版。
[58]楼伯坤:《行为加重犯研究》,知识产权出版社 2006 年版。
[59]王明辉:《复行为犯研究》,中国人民公安大学出版社 2008 年版。
[60]邹兵:《过失共同正犯研究》,人民出版社 2012 年版。
[61]侯国云:《刑法因果新论》,中国人民大学出版社 2012 年版。

2.中文译著

[1][意]切萨雷·龙勃罗梭著:《犯罪人论》,黄风译,中国法制出版社 2005 年版。

[2][意]加罗法洛著:《犯罪学》,耿伟、王新译,中国大百科全书出版社 1996 年版。

[3][意]恩里科·菲利著:《实证派犯罪学》,郭建安译,中国人民公安大学出版社 2004 年版。

[4][意]杜里奥·帕多瓦尼著:《意大刑法学原理》,陈忠林译,法律出版社 1998 年版。

[5][德]弗兰茨·冯·李斯特著:《德国刑法教科书》,徐久生译,中国法制出版社 2000 年版。

[6][德]乌尔里希·贝克著:《风险社会》,何博闻译,译林出版社 2004 年版。

[7][法]卡斯东·斯特法尼等著:《法国刑法总论讲义》,罗结珍译,中国政法大学出版社 1998 年版。

[8]徐久生、庄敬华译:《德国刑法典(2000 年修订)》,中国方正出版社 2004 年版。

[9]罗结珍译:《法国刑法典》,中国法制出版社 2003 年版。

[10]许久生译:《奥地利联邦共和国刑法典(2002 年修订)》,中国方正出版社 2004 年版。

[11]陈志辉译:《冰岛刑法典》,中国人民大学出版社 2009 年版。

[12][苏]皮昂特科夫斯基著:《苏联刑法科学史》,曹子丹等译,法律出版社 1984 年版。

[13][俄]俄罗斯联邦总检察院编:《俄罗斯联邦刑法典释义》,黄道秀译,中国政法大学出版社 2000 年版。

[14][俄]Н.Ф.库兹涅佐娃,И.М.佳日科娃:《俄罗斯刑法教程》,黄道秀译,中国法制出版社 1999 年版。

[15]黄道秀等译,何秉松审订:《俄罗斯联邦刑法典》,中国法制出版社 1996 年版。

[16][英]J.W.西塞尔·物纳著:《肯尼刑法原理》,王国庆、李启家译,华夏出版社 1989 年版。

[17][英]哈特著:《惩罚与责任》,王勇等译,华夏出版社 1989 年版。

[18][日]大塚仁著:《刑法概说(总论)》,冯军译,中国人民大学出版社 2003 年版。

[19][日]大谷实著:《刑法总论》,黎宏译,法律出版社 2003 年版。

[20][日]泷川幸辰著:《犯罪论序说》,王泰译,法律出版社 2005 年版。

[21][美]道格拉斯·N.胡萨克著:《刑法哲学》,谢望原等译,中国人民公安大学出版社 2004 年版。

[22][美]博登海默著:《法理学、法哲学与法律方法》,邓正来译,中国政法大学出版社 1999 年版。

(二)其他学科类

[1]王瑞生等:《社会哲学导论》,人民出版社 1994 年版。

[2]赵总宽等编著:《辩证逻辑原理》,中国人民大学出版社 1986 年版。

[3]彭漪涟:《概念论——辩证逻辑的概念理论》,学林出版社 1991 年版。

[4]吴家国主编:《普通逻辑原理》,高等教育出版社 2000 年版。

[5]李秀林、王于、李淮春:《辩证唯物主义和历史唯物主义原理》,中国人民大学出版社

2005 年版。

[6]苗东升:《系统科学精要》,中国人民大学出版社 1998 年版。

[7]吴于廑、齐世荣:《世界史(近代史)上卷》,高等教育出版社 1992 年版。

[8]吴于廑、齐世荣:《世界史(近代史)下卷》,高等教育出版社 1992 年版。

[9]张志伟主编:《西方哲学史》,中国人民大学出版社 2002 年版。

[10]宋希仁主编:《西方伦理思想史》,中国人民大学出版社 2004 年版。

[11][苏]A.古谢伊诺夫著:《西方伦理简史》,刘献洲等译,中国人民大学出版社 1992 年版。

[12][英]边沁著:《道德与立法原理导论》,时殷弘译,商务印书馆 2000 年版。

[13]王海明主编:《伦理学》,北京大学出版社 2001 年版。

[14]罗继才编著:《欧美心理学史》,华中师范大学出版社 2002 年版。

[15]车文博、张春兴:《西方心理学史》,浙江教育出版社 1998 年版。

[16]杨岚:《人类情感论》,百花文艺出版社 2002 年版。

[17][美]诺尔曼·丹森著:《情感论》,魏中军、孙安迹译,辽宁人民出版社 1998 年版。

[18]曹日昌主编:《普通心理学》,人民教育出版社 1987 年版。

[19]孟昭兰主编:《普通心理学》,北京大学出版社 1994 年版。

[20]孟昭兰主编:《情绪心理学》,北京大学出版社 2005 年版。

[21][苏]П.М.雅科布松著:《情感心理学》,王玉琴译,黑龙江人民出版社 1988 年版。

[22][美]K.T.斯托曼著:《情绪心理学》,张燕云译,辽宁人民出版社 1986 年版。

[23][奥]弗洛伊德著:《精神分析引论》,高觉敷译,商务印书馆 1984 年版。

[24]乔建中:《情绪研究:理论与方法》,南京师范大学出版社 2003 年版。

[25][美]R.S.鲁德纳著:《社会科学哲学》,曲跃厚、林金城译,生活·读书·新知三联书店 1989 年版。

[26]曹杰:《行为科学》,科学技术文献出版社 1989 年版。

[27]刘潮:《行为科学理论与实践研究》,冶金工业出版社 1998 年版。

[28]黎鸣:《命运的诅咒》,中国社会出版社 2006 年版。

[29]黎鸣:《西方哲学死了》,中国工人出版社 2003 年版。

[30]郭永玉:《孤立无援的现代人:弗洛姆的人本精神》,湖北教育出版社 1999 年版。

二、中文论文

[1]高铭暄:《论刑事责任》,载《中国人民大学学报》1988 第 2 期。

[2]马克昌:《结果加重犯比较研究》,载《武汉大学学报》1993 年第 6 期。

[3]赵秉志、王志祥:《中国犯罪构成理论的发展历程与未来走向》,载赵秉志主编:《刑法论丛》2009 年第 3 期,法律出版社 2009 年版。

[4]储槐植、杨书文:《复合罪过形式探析——刑法理论对现行刑法内含的新法律现象之解读》,载《法学研究》1999 年第 1 期。

[5]张明楷:《罪过形式的确定——刑法第 15 条第 2 款“法律有规定”的含义》,载《法学

研究》2006 年第 3 期。

[6]张明楷:《“客观的超过要素”概念之提倡》,载《法学研究》1999 年第 1 期。

[7]张明楷:《行政违反加重犯初探》,载《中国法学》2007 年第 6 期。

[8]张明楷:《监督过失探讨》,载《中南政法学院学报》1992 年第 3 期。

[9]陈兴良:《故意责任论》,载《政法论坛》1999 年第 5 期。

[10]陈兴良:《目的犯的法理探究》,载《法学研究》2004 年第 3 期。

[11]陈兴良:《过失责任论》,载《法学评论》2000 年第 2 期。

[12]陈兴良:《主观恶性论》,载《中国社会科学》1992 年第 2 期。

[13]曲新久:《论吸收犯》,载《中国法学》1992 年第 2 期。

[14]刘志伟:《主观明知的内容、程度及证明》,载《人民检察》2007 年第 11 期。

[15]黎宏:《过失共同正犯质疑》,载《人民检察》2007 年第 14 期。

[16]周光权:《论主要罪过》,载《现代法学》2007 年第 2 期。

[17]袁彬:《罪过的心理学分析》,载《中国刑事法杂志》2008 年第 5 期。

[18]袁彬:《论情绪的刑法评价》,载《西南政法大学学报》2006 年第 2 期。

[19]王志祥、姚兵:《论目的犯目的的本质》,载《刑法论丛》2008 年第 1 期。

[20]劳东燕:《公共政策与风险社会的刑法》,载《中国社会科学》2007 年第 3 期。

[21]温建辉:《率性犯罪的发现》,载《社会科学家》2011 年第 1 期。

[22]温建辉:《犯罪本质新论》,载《理论探索》2012 年第 1 期。

[23]温建辉:《论犯罪既遂的标准》,载《广西社会科学》2012 年第 1 期。

[24]温建辉:《事故型犯罪的罪过形式》,载《刑法论丛 2010 年第 3 期。

[25]温建辉:《结果加重犯的罪过形式》,载《中国刑事法杂志》2012 年第 6 期。

[26]温建辉:《将情感因素纳入罪过理论的探索》,载《社会科学家》2007 年第 5 期。

[27]温建辉:《论罪过情感》,载《山东警察学院学报》2013 年第 3 期。

[28]温建辉:《论监督故意》,载《福建警察学院学报》2013 年第 2 期。

[29]温建辉:《过失危险犯的罪过心理分析》,载《法治研究》2013 年第 2 期。

[30]谢勇、温建辉:《罪过理论历史沿革初探》,载《刑事法学》2007 年第 7 期。

[31]宫敬才:《试论意识的客观性》,载《河北大学学报》1986 年第 4 期。

[32]粟克元:《犯罪心理的实质》,载罗大华、胡一丁主编:《犯罪心理与矫治新论》,中国政法大学出版社 2003 年版。

[33]姜伟:《复杂罪过定罪刍议》,载《现代法学》1984 年第 2 期。

[34]周文峰:《让记忆作证》,载《检察风云》2005 年第 1 期。

[35]李玫瑾:《侦查中犯罪心理画像的实质与价值》,载《中国人民大学学报》2007 年第 4 期。

[36]张晓华、潘申明:《犯罪结果分层与罪过形式的确定》,载《法学》2007 年第 11 期。

[37]王安异、毛卉:《我国刑法中的复杂罪过研究》,载《法学评论》2005 年第 6 期。

[38]李兰英、任国库:《透视复合罪过的心理机制》,载《河北法学》2004 年第 4 期。

[39]何通胜、吉罗洪:《试论间接故意与轻信过失的异同》,载《法学杂志》1989 年第 1 期。

[40]黄志岗:《论疏忽大意之过失犯罪》,载《湖北广播电视大学学报》2005 年第 9 期。

[41]郭小安:《论疏忽大意过失犯罪的主观责任》,载《北京人民警察学院学报》2003 年第 4 期。

[42]高艳军、杨立新:《疏忽大意过失犯罪主观责任的认定》,载《东北大学学报(社会科学版)》2003 年第 1 期。

[43]刘为波、牛克乾:《放任的心理定性》,载《政治与法律》2002 年第 4 期。

[44]阿碧:《同情反射》,载《聪明泉(中学版)》2005 年第 3 期。

[45]李安、沈琪:《刑法罪过的心理学分析》,载《杭州师范学院学报(社会科学版)》2004 年第 2 期。

[46]李兰英:《探问"意欲"为何——对故意概念中希望和放任的新诠释》,载《法律科学(西北政法学院学报)》2005 年第 5 期。

[47]李兰英:《对放任的考究》,载《中国刑事法杂志》2001 年第 2 期。

[48]韩轶:《情感因素与刑事责任》,载《政法论坛》1996 年第 2 期。

[49]皮艺军、郭玉川:《情绪及其对刑事责任影响的多学科分析》,载《犯罪研究》2005 年第 5 期。

[50]周振杰:《论激情犯的若干问题》,载陈泽宪主编:《刑事法评论(第一卷)》,中国人民大学出版社 2004 年版。

[51]康均心、董邦俊:《罪过责任之思考——兼评严格责任之冲突》,载《法学评论》2000 年第 5 期。

[52]邱兴隆:《从报复到该当——报应刑的生命路程》,载《法律科学》2000 年第 2 期。

[53]程利国:《"法轮功"痴迷者杀害亲人的心理分析》,载《2002 年中国反邪教协会年会论文集》。

[54]刘凤科:《罪过原则与例外研究》,中国优秀硕博士论文库 2002 年卷。

三、外文文献

[1]Alan William Norrie, *Crime, Reason and History*, London: Butterworths, 2001.

[2]Victor Tadros, *Attribution, Ethics and Emotion in Criminal Responsibility*, The Modern Law Review. Oxford: Black well Publishing, 2004.

[3]Andrew Spink, *Negligence-joint and Concurrent Negligence*, Criminal Law Review, 2005.

[4]Claire Finke stein, *mens rea and other criminal inefficiencies*, Chicago: University of Chicago press, 1996.

[5]J Ll J Edwards, *Mens rea in statutory offences*, London: Macmillan; New York: St. Martin's Press, 1955.

[6]Albert Kiralfy, *The cognitive psychology of mens rea*, The Journal of criminal law & criminology, Vol.99, No.2 (2009), 317-379.

[7]Claire Finkelstein, *Mens rea and other criminal inefficiencies*, Criminal Law Forum. Vol.8 No. 1 (1997).

责任编辑:张 立
装帧设计:周涛勇
责任校对:方雅丽

图书在版编目(CIP)数据

罪过情感研究/温建辉 著. -北京:人民出版社,2013.12
ISBN 978 - 7 - 01 - 012922 - 8

Ⅰ.①罪… Ⅱ.①温… Ⅲ.①刑事犯罪-犯罪心理学-研究 Ⅳ.①D917.2

中国版本图书馆 CIP 数据核字(2013)第 291673 号

罪过情感研究

ZUIGUO QINGGAN YANJIU

温建辉 著

人民出版社 出版发行
(100706 北京市东城区隆福寺街 99 号)

北京中科印刷有限公司印刷 新华书店经销

2013 年 12 月第 1 版 2013 年 12 月北京第 1 次印刷
开本:710 毫米×1000 毫米 1/16 印张:16.75
字数:280 千字 印数:0,001-2,500 册

ISBN 978 - 7 - 01 - 012922 - 8 定价:42.00 元

邮购地址 100706 北京市东城区隆福寺街 99 号
人民东方图书销售中心 电话 (010)65250042 65289539